Minerva Shobo Librairie

絵本を読みあう活動のための保育者研修プログラムの開発

子どもの成長を促す相互作用の実現に向けて

仲本美央

［著］

ミネルヴァ書房

まえがき

　本書は，保育現場における絵本を読む活動のうち，子どもの育ちに効果的であるとされている子どもと保育者または子ども同士が絵本を読みあう活動を保育者に研修していくプログラムの開発に関する実証的研究を行うことを目的とし，その研修の有効性を明らかにしようとしたものである。

　近年，絵本や児童書を読む活動は，国や地方自治体の読む活動に関する施策が実施され，教育分野や保育分野の現場のみならず，子どもの育つ環境において読む活動の取り組みを強化する場がさらに増えてきた（仲本，2012b）。読む活動の中でも，「読み聞かせ」については国の様々な施策が投じられる以前から子どもにとって効果的であるとされてきた経緯があり，国内では秋田・無藤（1996）や，国外ではGest, S. D., Freeman, N. R., Domitrovich, C. E., Welsh, J. A.（2004）やWells, G.（1985）の研究等によって報告されている。これまでの我が国における読みあいに関する研究は，母親が子どもに「読み聞かせ」を行う際のパタンの分析（外山，1989；針生・荻野・大村・遠藤・石川，1989；石川・荻野・大村・遠藤・針生，1989；横山，1997）の研究が多く，子どもの情緒面や行動面においての発達への影響に関する研究（古屋ら，2000；磯部・池田，2002）や「読み聞かせ」にかかわる養育者や保育者らが子どもと共に読む活動に取り組むことによって子どもの育ちに及ぼす効果に関する研究（田島，1994）は少ない。さらに，読みあいや読みあう活動が子どもに及ぼす効果とともにその効果的な方法に関する先行研究は乏しい。効果的方法とは，すなわち，読みあいや読みあう活動中に養育者や保育者にとってどのような知識や技術が必要であるのか，読みあいや読みあう活動に有効なねらいや保育方法とは何かなどということであり，それらに関する研究的示唆は

i

少ないのである。

　保育現場における絵本の読みあう活動は，一人で本と向き合って活動するだけでなく，本というモノを媒体として，ヒトとヒト（保育者と子どもまたは子ども同士など）がかかわりあいながら読みあうという相互のやりとりがある。そのなかで，人間関係の形成や豊かな感情や行動が育まれる等，子どもの成長・発達へとつながると考えられる。『保育所保育指針』や『幼稚園教育要領』の領域「言葉」では，日々の保育現場における絵本や物語などに親しむことは生活体験の一部として日常生活や経験と結びつけた活動である。その配慮が必要であると明示されている。子どもたちはこの絵本や物語を親しむ体験を積み重ねる中で，豊かにそうぞう（想像・創造）したり，思考したり，表現したり，語ったり，感じたり，またはそれらを人と共有したりなど，さまざまな力を育んでいくこととなる。子どもたちがこれらの力を育んでいくためには，やはり，単に1冊の本を読むことや聞くことだけでなく，共に読んでいる人とつながるなかで，その活動が展開されていることが重要である。これまでの研究においても「読み聞かせ」の意義は共有体験を生み出す活動であることが指摘されている（波木井，1994）。

　また，前述した通り，保育現場における「読み聞かせ」活動は人とのつながりだけでなく，他の保育内容の領域における配慮も含め，その他の保育活動と関連し合いながら，子ども自身のさまざまな活動へと広がっていくことが重要である。しかし，未だ絵本を通した読む活動の体験は，生活の流れのなかで時間を調整する役割として扱われたり，豊かに絵本を読んだとしてもその前後の子どもたちの日常生活や経験と結びついていなかったりする現状がある（大橋・中平・松本，2005）。先行研究では，横山・水野（2008），高橋・首藤（2005; 2007）による保育現場の集団における絵本の「読み聞かせ」の研究などはあるものの，1クラスもしくは2～3クラスといった集団の絵本を「読み聞かせ」活動の状況について発話内容を中心に分析した結果から，その活動の意義に関して明らかにしたものや単一集団の絵本の「読み聞かせ」

活動の過程としてその実践方法を明らかにしたものであり，一般的な保育者が「読み聞かせ」活動においてどのような方法を用いているのか，どのような保育方法が子どもの育ちにおいて有効なのかについて明らかにした研究には至っていない。さらに，絵本を読んでいる時だけではなく，子どもと保育者が絵本を読んだ後の活動も含めて連続性ある保育活動の展開を捉えた研究は少ない。また，保育のねらいや保育方法に関しては，その保育活動の一つとして絵本を読みあう活動を家庭へとつなげる保育のねらいや保育方法もある（Nakamoto et al., 2011）が，その具体的な活動展開を捉えた研究も少ない。未だ，全体的に読み聞かせるという言葉の通り，子どもに本を与える側からアプローチした視点のみに偏った研究が多いのが現状である。

　このように，保育現場での絵本の読み聞かせでも子どもと保育者または子ども同士が共に絵本を読みあうなかで，互いの相互作用が生まれ，その相互作用によって発展して別の活動を生み出している活動については読みあう活動として捉え直した上で，保育現場で子どもと保育者，子ども同士が絵本を読みあう活動に関する実態調査・研究が必要であると考える。さらに，研究を進める上では，単一集団として読みあう活動を捉えていくのではなく，よりよい読みあう活動の実践を積み重ねている保育者の一般的な保育のねらいや保育方法を明らかにしていく必要性がある。

　さらに，2008（平成20）年に『保育所保育指針』や『幼稚園教育要領』が改正され，これまで以上に保育者は資質向上に向けて，自己研鑽を重ねることが求められるようになり，日頃から多くの研修に参加するようになっている。絵本や保育現場での読む活動に関しても，保育者の関心は高く，園内・園外研修として数多く開催されている。しかし，その研修内容も絵本の紹介や絵本の読み方，聞かせ方等に留まり，保育現場で保育者と子どもが絵本を読みあうための具体的なねらいや保育方法に関する研修の構築には至っていない。保育学分野における研修プログラム開発に関する先行研究については，これまでに佐野（2010）の音楽活動や関する研究や梶・豊田（2007）の食援

助に関する保育プログラム開発と実践の研究などがあるものの，保育学領域の研究におけるプログラムの開発・実践・評価の研究は非常に乏しい。この現状に対し，小川（2010）は今後の保育専門領域の研究においてプログラム開発は重要であると述べている。このような現状からも，絵本を読みあう活動の保育者研修プログラムの開発に関する実証的研究は必要であり，かつ保育者の資質向上に向けて有効であると考える。

そこで，本書の研究では，読みあう活動を「絵本などを媒介として子どもと保育者または子ども同士が言葉，感情，表情，行動などを交わし合う双方向からの働きかけによって互いに絵本の内容を楽しむだけでなく，さまざまな感情や行動を共有していくこと。さらには，絵本を読むことを通して生み出された互いの感情や行動から，新たな活動へと発展し，より深くヒト・モノ・コトとの経験へとつながっていく活動」として定義し，研究を進めている。

なお，本書では，絵本などというモノを媒体として，ヒトとヒト（保育者と子どもまたは子ども同士など）が関わり合いながら読みあうという相互のやりとりを「読みあい」や「読みあう」などという言葉，また，その読みあいのなかでの人間関係の形成や個々の心のなかで育まれた感情や行動が生み出されている活動を「読みあう活動」という言葉を使用して論を展開する。これは，一般的に使用されている「読み聞かせ」という言葉と同じ意味を持つ場合もある。しかし，保育現場における絵本などを読むことが，一人で本と向き合っていることや一方的に与えられるのではないことを示している。

本書にて取り上げる文献・研究の説明では使用されている用語を「読み聞かせ」「読みあい」「読みあう」「読み」「読む」などの括弧書きで明記するものの，その使用されている用語の意味が本研究にて定義づけた読みあいを意味している内容については，括弧書きのない読みあいという用語で論ずることとする。

第1章では，本書における研究の問題の所在と目的を明らかにするため，

国内外の読みあう活動に関する歴史的展開を示している。第2章では，読みあう活動において必要な保育技術・能力について明らかにするため，先行研究や文献によって国内外の保育現場における読みあう活動の重要性を述べるとともに，現職の保育者に対する質問紙調査によって保育現場における読む活動の実際を捉え，読みあう活動の保育技術・能力に関する関連要因を検討している。第3章では，研修に対する保育者のニーズを明らかにするため，先行研究や文献から国内外の保育者研修の必要性を述べるとともに，現職の保育者に対する質問紙調査によって保育者にとってどのような研修が必要とされているのか，特に読みあう活動に関する研修についてはどのような研修内容が必要とされているのかを検討している。第4章では，第1～3章までの研究をもとに，読みあう活動に関する保育者研修プログラム第1版を作成・実施・評価し，その改善点を明らかにしている。第5章では，プログラム第1版の改善点をもとにプログラム第2版を作成・実施・評価し，その研修の有効性について検討している。第6章では，本書における研究の課題を明確にし，読みあう活動のための実践モデルの構築に向けての可能性を論じている。

　なお，本書題は『絵本を読みあう活動のための保育者研修プログラムの開発——子どもの成長を促す相互作用の実現に向けて』とした。これは，筆者の主張である読みあう活動の意義を保育現場に普及し，よりよい保育者研修プログラムを保育者へ提供することで，絵本を読みあう活動をとおして子どもの成長・発達を支える保育現場づくりを目指すためにある。本書が多くの保育者または保育関係者に読まれ，そのことによって「私の保育現場でも，ぜひこのような研修を受けてみたい」というニーズが増え，保育者とともに絵本の読みあう活動に関する学びあいの場が広がることを心より願っている。

2015年3月

仲本美央

目　　次

まえがき
第1章　読みあう活動の歴史的展開……………………………………1
1　読み聞かせから読みあいへ………………………………………1
（1）読み聞かせのはじまり　1
　　　──読み聞かせで教育された子どもたち
（2）戦後から昭和時代の読み聞かせ　7
　　　──大人が子どもへ読んであげる活動の定着
（3）平成初期のブックスタートの広がり　10
　　　──赤ちゃんと保護者が絵本を開いて楽しむ体験
（4）現代における読みあい　13
　　　──読みあいという活動に含まれる多様な要素
（5）名称と考え方の変遷　16
2　家庭における読みあい…………………………………………19
（1）子どもの感情や想像の育ちを重視する日本の読みあい　19
（2）子どもの言語習得を重視する欧米の読みあい　24
3　読みあいに関する国内外の施策…………………………………28

第2章　読みあう活動に必要な専門的知識・技術……………………33
1　保育現場における読みあいの現状………………………………33
（1）『保育所保育指針』と『幼稚園教育要領』にみる読みあい　33
　　　──大人主体から子ども主体の読みあいへ
（2）日本の保育現場における読みあいに関する研究の動向　37
　　　──読みあいに関する研究の広がり

（3）欧米の保育現場における保育カリキュラムと保育環境評価スケール　44
　　　　　　──リテラシー能力の向上に重点をおいた読みあい
　　　（4）欧米の保育現場における読みあいに関する研究の動向　52
　　　　　　──縦断的研究で明らかにされる読みあいの意義
　　　（5）読みあう活動に関する研究の必要性　55
　　　　　　──解明が必要とされている具体的な保育方法
　2　保育現場における読む活動に関する調査 ……………………………60
　　　（1）調査対象者　60
　　　（2）方　法　61
　　　（3）結　果　61
　　　（4）考　察　66
　3　読みあう活動の保育技術・能力に関する関連要因の検討 …………70
　　　（1）調査対象者　70
　　　（2）方　法　70
　　　（3）結　果　71
　　　（4）考　察　72

第3章　読みあう活動の研修に対する保育者のニーズ……77

　1　保育者研修プログラムの必要性 ………………………………………77
　　　（1）今，求められている保育者研修　77
　　　　　　──幅広い保育者の職務内容と質の確保
　　　（2）日本の法令などに見る保育者研修の位置づけ　81
　　　（3）国内における保育者研修の現状とその研究動向　85
　　　　　　──数少ない保育者研修に関する研究
　　　（4）保育者研修の実施に必要とされる諸条件　89
　　　（5）保育者研修プログラム開発の必要性　91
　2　研修に対する保育者のニーズ …………………………………………92
　　　（1）質問紙調査結果に見る保育者に必要とされている研修内容　92
　　　（2）若手保育者に必要な読みあう活動に関する研修　99
　3　絵本の知識，読みあう活動における読む技術，そして具体的展開方法… 103

第4章　保育者研修プログラムの開発1 ……………………………… 105
　　　　──知識・保育技術中心型か，保育のねらい・年間計画中心型か

1 知識・技術・ねらい・計画を学ぶ保育者研修プログラムの開発 … 105
　　（1）　方　法　105
　　（2）　結果と考察　107

2 実践事例を含めた研修内容の開発 ………………………………… 111
　　　　──読みあう活動を実施する保育現場に対する調査

3 保育者研修プログラム第1版の完成 ……………………………… 112
　　　　──プログラム第1版の素案と実践事例に関する協力者との内容検討

4 保育者研修プログラム第1版の実施と評価 ……………………… 114
　　　　──グループ学習型研修への改版
　　（1）　保育者研修プログラム第1版の実施　114
　　（2）　保育者研修プログラム第1版の評価　116
　　（3）　保育者研修プログラム第1版への参加者の評価　148
　　　　　　──「読みあう活動の知識・保育技術」と「グループ学習」に
　　　　　　　対するニーズの高さ

第5章　保育者研修プログラムの開発2 ……………………………… 157
　　　　──グループの話し合いを中心として

1 グループ学習を中心とした保育者研修プログラムの開発 ……… 157
　　（1）　方　法　157
　　（2）　保育者研修プログラム第2版の作成　158

2 保育者研修プログラム第2版の実施と評価 ……………………… 160
　　　　──グループ学習を中心とした保育者研修プログラムは参加者にとって
　　　　　より有効なのか
　　（1）　保育者研修プログラム第2版の実施　160
　　（2）　保育者研修プログラム第2版の評価　161
　　（3）　保育者研修プログラム第2版への参加者の評価　170
　　　　　　──「読みあう活動の意義」と「子どもの理解と支援」の理解
　　　　　　　が深められた研修の誕生

3 保育者研修プログラム第2版の適切性 …………………………… 177

（1）保育者研修プログラム第 2 版の適切性を明らかにするために　177
　　　　──研修参加者に対する研修前と研修直後，研修 1 ヶ月後の
　　　　　　調査
　　（2）保育者研修プログラム第 2 版が導いた保育者の認識への効果　193
　　　　──研修 1 ヶ月後に持続した 8 つのカテゴリーの読みあう活
　　　　　　動のねらいや保育方法に対する認識

第 6 章　絵本を通した相互作用を実現させるために　199
　　　　　──読みあう活動のための実践モデルの構築に向けて

1　各研究のまとめ　199
2　総合的考察　203
3　今後の研究展開　209
　　（1）質の高い保育者研修プログラム作成を目指すために　209
　　（2）保育者の保育実践とともに読みあう活動の保育者研修プログ
　　　　ラムを構築する　211

あとがき
引用文献
巻末資料
索　引

第1章　読みあう活動の歴史的展開

　第1章では，読みあう活動の歴史的展開を明確にする。第1節では，子どもに対する読みあいおよび読み聞かせに対する考え方を捉えるため，読みあいおよび読み聞かせの歴史的変遷を明らかにする。第2節では，日本および欧米の家庭における読みあいの現状とその意義を明らかにする。第3節では，読みあいに関する国内外の施策の現状を概観していく。

1　読み聞かせから読みあいへ

(1) 読み聞かせのはじまり——読み聞かせで教育された子どもたち
1) 絵本の起源と読み聞かせた大人たち
　絵本研究の諸概説書では，絵本の起源は『世界図絵』(Comenius, 1658) であると述べられることが多い。コメニウスは，近代において教育を受ける対象者となった子どもには学問を習得するためのツールが必要であると考えた。そこで，子どもが読者であることを位置づけて全ての内容を絵によって表現した『世界図絵』を作成した (Hürlimann, 1967)。同書はドイツを中心に教科書として使用され，子どもたちへの教育ツールである「読みもの」もしくは「読み聞かせられるもの」として大人から与えられていた。Aries, P. (1960) によって論じられたように，子ども期の重要性が世の中で認識されるようになった17世紀のヨーロッパにおいて，子どもは保護される対象者であった。このことから，『世界図絵』にみる子どものために作られた絵本は，教育する大人が教育される子どもに与えるという教育的配慮の元に産出され

たものであると捉えることができる。

　家庭で読む絵本が作られた歴史としては，ドイツの医師であるハインリッヒ・ホフマンが息子のために絵本を作ったことにはじまると言われている（瀬田，1985）。ハインリッヒ・ホフマンは，質のよい本が世の中になかったことからいたずらな男の子を主人公とした絵本を作った。この絵本は，後の1845年，*Lustige Geschichten und drollige Bilder mit 15 schön kolorierten Tafeln für Kinder von 3-6 Jahren*（3歳から6歳児のための，15枚の美麗に彩色された滑稽な挿絵と愉快な物語）として出版された。日本においては，1936年に『ボウボウアタマ』（後に『もじゃもじゃペーター』と改題）と訳されて出版された。これはそれまでに出版されてきた大人が子どもに説明し教えるための本とは異なった子どもが楽しむための絵本であったと言える。また，19世紀のイギリスにおいては，絵本を子どもに与えるための芸術的に価値が高いものとして位置づけてきた歴史もある。エドモント・エヴァンスは，子どもに芸術性高い絵画の本を与えるため，彫版師である自らが持つ開発技術でウォルター・クレイン，ランドルフ・コールデコットなどが作成した絵本を出版している。当時の代表的な絵本画家の一人であるウォルター・クレインは，1877年に出版した『幼子のオペラ』などトイ・ブックス（童謡やお伽噺を題材にした児童書）を作成した。このことは，この時代に，文章と絵の両方で子どもが楽しめる絵本を世に送り出したと言える。これら19世紀の編集者や絵本作家が，芸術性の高い絵で子どもに与える絵本を作成したことは絵本の歴史として意味深いことであった。その後，この様式は，世界の国々の絵本に影響を与えた。このことから，この時期の絵本から絵と物語が調和した子ども向けの絵本が完成したと言われている（三宅，1994）。家庭で読む絵本は，これまでの子どもに説明し教える本とは異なる子どもが楽しむ絵本，さらにはトイ・ブックスという言葉の通り，子どもの玩具という要素が加えられたものへと変化している。しかし，ここでも未だ芸術性高い絵本を大人が子どもへ与えるという教育的配慮が備わっていた。

近代のヨーロッパ社会において子どものための絵本が作られた背景には，大人にとって子どもは常に教育対象であるという位置づけが存在した。大人による子どもへの教育的意図を考えると，絵本は子どもが自らで読むだけでなく，大人が子どもへ読み聞かせることで教え導く手段ともなっていたと考えられる。

2） おはなしの語り聞かせから生み出された日本の絵本の読み聞かせ

日本における絵本は，平安時代の絵巻物を起源として，民間における口碑伝説，昔話や寺社の縁起まで幅広い説話を物語った室町時代の奈良絵本，江戸時代の草双紙，赤本と続いた歴史的展開があったと言われている（鳥越，2001）。江戸時代の草双紙までの絵本は，子どもを対象とした本というよりも，当時の創作物語や伝説，昔話などを伝承するための文書形態として文章と挿絵で作り上げられた本というものに過ぎなかった。一般的に純粋な子どものためのものとして作られたと言われる絵本は，江戸時代に作られた赤本であった。児童文学者で絵本の翻訳家でもあった瀬田（1985）は，著書『絵本論——瀬田貞二子どもの本評論集』の中で赤本が出現した時代を「日本ではじめての純然たる子どものための絵本があらわれました」と述べている。桃太郎，舌切り雀，さるかに合戦などの昔話が赤本の題材となり，当時の芸術性名高い絵師の挿絵と文が子ども向けの絵本として世の中に出回っていた。その後，黒本，青本，黄表紙，合巻なども刊行されたが時代の流れとともに消滅していった。明治時代に入るとグリム童話などの洋装本が出版されるようになり，子ども向けに語られた童話や昔話に挿絵が掲載された絵本が出版されるようになった。巌谷小波の「お伽画帖」シリーズはその代表的な絵本であった（村山，2012）。

日本の絵本の起源は，必ずしもその読み手となる対象者を子どもと限定して生み出されたものではない。むしろ社会に生きる子ども大人を問わず，後世に続く者へ向けた民間の教育やしつけの手段として伝統的に話されていた口碑伝説や昔話，説話を絵本という形で表現していた。やがてその教育・し

図1-1 『母のみやげ』広告文

つけの手段であったこの絵本に娯楽の要素が加わった。当時の昔話について，柳田（1968）が「昔話は，娯楽の一つであり重要なる教育の手段であった。我々の想像力は，これによって培われ，知能と情操は，これによって養われた」と述べているように，明治期までの日本においては，絵本や児童文学，口話，素話，談話など「おはなし」とされるものの多くは，娯楽と教養を深めるための両方の要素が含まれ，子ども自らが読むものであった。

さらに，常に昔話が語られる際には，教育する者と教育される者の関係性の元で語り聞かされるものであった。明治後期の家庭教育におけるおはなし観について考察した是澤（2002）によれば，当時の民友社が発行していた『家庭教育』の掲載内容から，幼い子どもに話を聞かせることは「耳学問」

となるので「教育となる談話」を聞かせることが親の努めであったことを明らかにしている。また，当時の東京女子高等師範学校（現・お茶の水女子大学）教授兼附属幼稚園批評掛であった東基吉が1905（明治38）年に刊行した『家庭童話――母のみやげ』の広告文（図1-1）から，子どもへのおはなしの語り手の役割は主に母親が担っていたことがわかる。この広告文には，「おっ母さん，昔噺を聞かせて頂戴！ とは毎晩可愛い子供たちの口から聞く所ではありませんか？ この書物は，子供たちのこの無邪気な請求に感じる為めに出来た教育お伽話を集めたものであります。……」という文章が掲載されている。この文章にも述べられているように，おはなしを読み聞かせることは家庭教育の一つであり，大人が子どもを教え導く手段であった。

3）大正期から昭和初期における芸術性の高い本と読み聞かせの考え方

1900年代に入ると，大正デモクラシーによる民主主義，自由運動主義の影響により子どもに対する教育においても自由でいきいきとした教育を目指そうとする大正自由教育運動が広まった。この運動の一環として，当時に出版された児童雑誌や絵雑誌も影響が与えられ，『赤い鳥』や『金の船』『おとぎの世界』『コドモノクニ』『子供の友』『コドモアサヒ』などが生み出された。これらの児童雑誌や絵雑誌には，当時の童画家である清水良雄や武井武雄，初山滋などが起用され芸術性の高い表紙絵や挿絵，飾り絵が描き出された。この当時の児童出版物における絵画は，のちに児童出版美術と言われた。この時代に，現在の子どもの本などに絵を書いている画家の団体である日本児童出版美術連盟（童美連）が結成されているように，絵本における画家の専門性の確立と社会的認知が得られた時代とも言える。

当時の子ども向けの雑誌は，物語や伝説，昔話に関する童画だけではなく，当時の世相や世界の国々の風景などを童画とグラビア版の画報で掲載し，それらを目にすることで子どもは図説によって社会を学習する要素もあった（仲本，1997：1998）。瀬田（1985）は，昭和初期に出版された『科学絵本』について「米とか汽船とか衣服とか歴史や働きを美しく図説した先駆的な啓蒙

絵本です」と述べている。啓蒙という言葉で表現されるように，当時の雑誌編集者たちの思想として，子どもに向けて人々に正しい知識を与え，合理的な考えを身につけるように導くことが含まれていた。仲本（1996）は，『赤い鳥』の読者投稿欄から，当時の子どもたちは芸術性が高いと言われる表紙絵や挿絵，飾り絵などの児童出版美術を子どもの読者が楽しみ，編集者へさまざまな意見や感想を投稿していたことを明らかにしている。さらに，仲本（2003）は『赤い鳥』196冊全ての読者投稿欄の内容に関する研究から読者は子どもだけでなく，子どもの本の選び手となる親や先生といった大人が参画して子どもと共に読み，『赤い鳥』の編集者側が与えたモットーに沿った活動に取り組んでいたことも明らかにした。

　大正から昭和前期における子ども向けの児童雑誌や絵雑誌は，価値ある美術作品の一つとして子どもに美しい挿絵を与えたことや『コドモノクニ』のように総アートで見開きページを作り出した現在の絵本の原型を世に生み出した。このことは，子どもが本を読む生活にとって大きな変化の時代であったと言える。しかし，一方で，これらの雑誌が作り出された背景には，大正自由主義教育運動の一端として生み出された経緯もある（横谷，1974；西尾，2005）。子どもにこれらの児童雑誌や絵雑誌を与えていた保護者たちの多くは，この運動を広げる活動として子どもたちに雑誌を読み聞かせて教育をしていた。『コドモノクニ』の綴じ込み付録では，「コドモノクニは執筆される画家それぞれに各受持ちの製版師が付随してゐて，熱心にふるつて製版します。子供絵の大家を網羅してゐること。童謡と童話との権威。編集上に細心の注意と親切なること。常に絵雑誌の代表となってゐること。お父様お母様の雑誌ともなること」と唱えあげているように，当時の編集者の意図と保護者の姿が垣間みえる一文が掲載されていた。子どもが本を読む際には読む活動に保護者が参与することが求められる社会であったと言える。

　また，この時期は多くの児童文学作品が世に送り出された時代でもあるが，その一冊に内田老鶴圃が幼児の「読み聞かせ」を目的に出版した『幼児に聞

かせるお話』（日本幼稚園協会編，1920）が存在しており，当時の家庭教育に「読み聞かせ」が浸透していたことが裏付けられる。

（2）戦後から昭和時代の読み聞かせ
——大人が子どもへ読んであげる活動の定着
1）『こどものとも』の誕生

1956年，日本の代表的な子どもの本の出版社である福音館書店が月刊絵本『こどものとも』を創刊した。福音館書店では，『こどものとも』の前提として1953年に童話一日一話と幼児教育を中心とした『母の友』を創刊していた。『こどものとも』が創刊された当初は，この『母の友』の童話一日一話に掲載された童話を絵本にしていることが多かった。販売方法は，幼稚園・保育園への定期購読の形式を導入し，月刊予約販売を行っていた。この形式は，その後の日本における保育現場に絵本が浸透していったきっかけであったと言える。『こどものとも』は創刊当時，以下の3ケ条を標榜としていた（松居，2012）。

> 「1 『わが国でも本格的な，楽しい創作の物語絵本を作り出さなければならない』
> 2 『絵本を保育の教材から子どもたち自身の手へ取り戻さねばならない』
> 3 『幼児期こそ，絵は美しく，すばらしいという美的体験をして，それを通して芸術を感じ取れる豊かな目と感性を養ってほしい』」

また，創刊当時から1968年まで『こどものとも』の編集長であった松居は，創刊当時の関係者である作家，画家，編集者の考えを次のように述べている（松居，2003）。

「そのころは，"戦後"という言葉に実感があり，第2次世界大戦の戦禍の記憶を，皆がまだなまなましく持ち続けていました。それ故に未来を見つめて，現在を精一杯に生きようとしていたのです。私たちも新しい絵本の創造に夢を託し，子どもたちにほんとうに"美しい"ものを見せたいと願い，またその気持ちを言葉にして繰返し語り合っていました。心から"楽しい""おもしろい"と子どもが感じてくれる絵本を，未来そのものである子どもたちに手渡したいと思い，作家も画家も編集者も精魂こめて仕事をしました。そこに未来への道が拓けると信じました。それはまた戦争に生き残った者の努めでした。今を精一杯生きることが平和につながると，互いに感じていました」。

『こどものとも』の標榜や松居の言葉に記されているように，『こどものとも』は戦前までの教訓的な絵本の活用を求める意図はなく，子どもが"楽しい""おもしろい""美しい"と感じてくれるための絵本という子どもが主体として喜べる絵本づくりを目的としている。さらに，『こどものとも』では，子どもに絵本を与える側となる読者に向けて創刊当初より付録冊子を発行していた。この付録冊子の作成は，絵本とは何であるのかを明確化することや絵本の楽しみ方を保護者や保育者，教師などに啓蒙・教育していく編集者の意図があった。それと同時に編集者である松居自身にとっての勉強となったり，かつ絵本作りの方向性を確認するためにも役立っていたりしたのではないか，と考えられている（三宅，1997）。

現在発行されている小冊子『絵本の与え方』（松居，2000）では，絵本を購入している大人に向けて子どもの成長に即して最適な絵本の与え方を，年齢ごとにわかりやすく説明している。このなかで，松居は絵本を子どもに読んであげることについて「絵本は子どもに読ませる本ではなく，"おとなが子どもに読んであげる本"であること。親と子の絆が問題となっている現代の家庭で，家族ができるだけ夕食を共にすることと，絵本を読んであげること

とが，子どもの成長に大きなよりどころを与えます。絵本は，親と子が心を開き，通いあわせる心の広場です」と説明し，さらには絵本を読む方法を「読みっぱなしでよいのです。特に家庭では，絵本を読み終えた後，あれこれと質問したりして，無理にわからせようなどとは決してなさらないでください。もちろん，子どもの方から語りかけてきたり，質問したりした場合は喜んで話し合いたいものです1冊の絵本を読み終えたときの喜びや満足感を大切にすることが読書の楽しみです」と説明している。松居の説明する絵本についての考え方や読み方は，戦後の日本において絵本や児童書出版の最大手となった福音館書店からの声として，手に取る家庭や保育現場に大きな影響を与えたと考えられる。松居は『絵本の与え方』や自らの多くの著書のなかでも，絵本を読むことについて読み聞かせや読みあいなどの用語説明はせず，絵本は大人が子どもに読んであげるまたは読んでやるものであるという一貫した説明をしている（松居，1973；1978；1983；1992；2003；2004；2012）。松居による大人が子どもに絵本を読むことの概念には，大人が子どもの方へ心が向くことや愛情を感じあうこと，それらの行為が子どもの育ちや教育の土台になることが含まれている。

　三宅（1997）が，『こどものとも』が果たした役割について「読者の反応に学びながら，60年代後半に，いわば『こどものとも』絵本制作方式とでも名付けられるものを確立し，こうすれば，子どもに受容されるという絵本作りを基本にすえるようになった」と述べている。このように，『こどものとも』の絵本制作ならびに絵本を読むことに関する啓蒙は，絵本を読むことが子ども（読者）主体の思想を持った活動であり，読者は子どもと共に楽しみながら読むものという認識を深めていったに違いない。

2）読書運動のはじまりと読み聞かせの考え方

　読書運動は，1960年に椋鳩十の提唱によってはじめられた「親と子の20分間読書」に発している（山田・棚橋，2009）。この運動の中で母親が子どもに読んで聞かせるという活動が今日の「読み聞かせ」の原型であり，「読み聞

かせ」はその際に広まった造語であると言われている（鈴木，2004）。「親子20分間読書」は，小学校の校長であった堀内徹が読書で「子どもの心を開き，親子の会話を取り戻したい」と願い，椋鳩十との話し合いによって取り組まれた活動である。これまでの教育や教訓という大人が子どもを教え導くこととは異なった，読む者同士が心を向かい合わせて会話をする「読み聞かせ」の目的や母親が子どもをひざに乗せて一緒に絵本を見ながら読んで聞かせるスタイルはここで生み出されていったと考えられる。

　読書運動が徐々に広がるなか，1967（昭和42）年には日本子どもの本の研究会や日本親子読書センターなどが発足し，子どもの本の研究と普及を目指した小学校教員が「読み聞かせ」を積極的に行った。この活動は次第に全国へと広がることとなり，母親たちも参加するようになっていった。公民館，学校や図書館，幼児教育の場などで「読み聞かせ」の活動をしていた日本子どもの本研究会会員でもある波木井は，読書運動以後，全国で読み聞かせという名称で30年あまり活動が展開する中で誤解や疑問が生じていたとしている（波木井，1994）。読み聞かせが広まるほど参加者の「読書は文字を自分で読むもので，聞くものではない」「《読み聞かせ》の読んで聞かせるという，読み手の押し付けがましいイメージが良くない」「《読み聞かせ》ということばは，子どもにとって差別だ」などの声が現れていたことを言及している。現在においても，「読み聞かせ」という活動名称に対する議論は絵本や絵本を読む活動に関わる研究者や実践者，一般の読者において続けられている。

（3）平成初期のブックスタートの広がり
──赤ちゃんと保護者が絵本を開いて楽しむ体験

　ブックスタートとは，0歳児健康診査時などにおいて赤ちゃんと保護者に絵本を開く楽しい体験を提供するとともに，絵本を手渡すこと（ブックスタートパックの配布）によって家庭における親子が心ふれあうひとときを持つきっかけを作ることを目的とした活動である。この活動は，1992年にイギリ

スのバーミンガム市において世界で最初に実施された。当時のイギリス国内は多民族文化であるゆえに就学前の子どもの読み書き能力低下問題や本の取り扱いを知らない子どもたちが多く，その対応策として取り組まれた。活動実施から6年が経過した1998年のバーミンガム大学のブックスタート研究グループによってその活動効果の研究報告がなされている。この研究報告によると，就学前に子どもたちが受ける基礎学力テストにおいてブックスタートを体験した子どもと体験していない子どもを比較したところ，体験した子どもは読む，書く，話す，聞くという言語能力とともに計算や図形認識，空間把握といった数学的な能力でも学力が高かったことが示されている（Wade, B. & Moore, M., 1998）。研究結果によってブックスタートの効果が実証されたこともあり，2000年11月時点ではイギリス全土のうち92％程度の自治体がブックスタートを採用していた（Bookstart公式HPより）。この後，多くの研究者によってブックスタート直後，または継続的経過後の言語能力や数学的能力において学力が高くなったことが実証されている（Moore, M. & Wade, B. 1997；Wade, B. & Moore, M., 2000）。

　日本では2000（平成12）年の子ども読書年にイギリスのブックスタートの活動が紹介され，同年11月に杉並区の200家庭を対象として試験実施を行い，2001（平成13）年4月より自治体での活動がスタートしている。世界で2番目にブックスタートを始めているが，イギリスの読み書き能力や本の扱い方といった能力を習得するためではなく，絵本を通して親子が楽しい時間を分かち合うことを基本理念とした。ブックスタート支援センター（2004〔平成16〕年にNPOブックスタートに変更）が全国の自治体に向けて活動を推進し，2014（平成26）年12月末現在，全国の1,741市区町村のうち，900の自治体が活動を実施している（NPOブックスタート公式HPより）。これまでのブックスタートの活動効果については，日本においても調査研究が実施され，さまざまな結果が導きだされている。パイロット試行として実施していたブックスタート直後の効果としては，母親の絵本や地域の「読み聞かせ」活動の興味

関心が喚起されたり，家にある絵本を見る機会の増加，父親が育児参加などの親の家庭内での行動変化が示されている（秋田・横山，2002）。

ブックスタートが始まって以後，その活動直後および継続的な活動効果としては，活動地域ごとに対象である親子に向けての調査を多くの研究者が実施し，絵本に対する意識の変化，「読み聞かせ」に対する行動の変化，子どもの育ちへの効果を示している（梶浦，2002；原崎・篠原，2005；2006；原崎・篠原・安永，2007；桑名，2010；森・谷出・乙部・竹内・高谷・中井，2011）。その他にもブックスタートの活動の実態調査や効果的な実施方法に関する研究（中村・南部，2007）や絵本や「読み聞かせ」，子育て支援の一環としてブックスタート事業を位置づけることの有効性に関する調査（仲本・鈴木・望月，2006；藤井，2010）などもある。調査研究結果のほとんどが，絵本や「読み聞かせ」に関する親の意識や行動，子どもの育ちへの効果が示されたなかで，武田・大村（2009）は，岩手県内におけるブックスタート運動に関する調査から，本を通して，赤ちゃんと保護者が楽しいひとときをわかちあうという運動目的とは異なる本来の目的を理解していない保護者がいることを示している。具体的には，花巻市のブックスタートとして受けている保護者へのインタビュー調査にて，「本をもらえるのはうれしいけど，まだ本は読まないので読むようになってからでいい」「読書はまだ早すぎます」「上の子に手かがり，絵本を読んではいない。これからも読む機会が増えるとは思えない」などの否定的な意見があったことを明らかにしている。

ブックスタートの活動では，親子のふれあいをその活動目的としたことにより，活動以前よりも育児に絵本を一緒に読むことを取り入れ，親子が共に楽しむことが定着してきた。しかし，その一方，佐々木（2006）は，「赤ちゃん絵本」の関心を急速に広げた時代の流れのなか，ブックスタート運動が始まったことで「赤ちゃんが絵本を読むと，どのような効果が期待できるのか？」という疑問が保護者に生み出されていることを指摘し，「絵本は効果を問いかけるものではなく，絵本を読みあうことでどのような楽しい時間を

創り出せたのか，どんな発見や冒険をしたのか，ユーモアに満ちた不思議な時間は存在したのか，子どもの内面世界で何が変わったのかなど，について語り合うべき」と提言している。ブックスタート活動が進行している現在，活動に参加する親子のもつ絵本を一緒に読むことの考え方については，より具体的に現状を把握し，捉え直しが必要な時期であると言える。

（4）現代における読みあい
―― 読みあいという活動に含まれる多様な要素

前述したように，戦後の日本における「読み聞かせ」とは，戦前と異なった考え方へと変化しながら，大人と子どもの日常的な活動として定着した。その過程で，「読み聞かせ」を家庭や保育現場，地域社会の場においてどのように実践していくことが重要なのかを定義した研究者や保育の実践家が数多く存在する。そこで，戦後の読み聞かせや読みあいに関する文献（インターネット上の本・書籍通販検索サイトにおいて読み聞かせや読みあう，読みあいなどのキーワードを入力して導き出された文献21冊）を調査対象に，文章中に含まれていた読み聞かせや読みあいを意味づけている「名称」および「説明」「聞き手」「読み手」を整理したのが，表1-1である。

聞き手についてみると，子どもだけでなく大人や高齢者も含まれている。聞き手である子どもの対象年齢や生活背景の幅は広く，家庭や保育現場，学校，病院内の赤ちゃんから児童期にかけての子どもを対象としている。文字が読めない対象者から文字が読める対象者までおり，これまでの先行研究のなかでも「読み聞かせ」の対象は幅広いことが明らかになっている（Fingerson, J. & Killeen, E. B., 2006）。

読み手についてみると，大人だけでなく子どもも含まれているが，読み手である大人にも多様性がある。親，保育者を中心に祖父母，学校の教員，文庫を開催している人まで「読み聞かせ」または読みあいの場を作る人の目的や背景によって読み手が異なっており，先行研究においても絵本の読み手の

表1-1　近年の絵本・児童書を読むことに関する文献

	名　称	説明内容
1	えほん育児学	・子どもとの対話を大切にする方法 ・一方的に見せる、聞かせるのではなく、物語の要所で、子どもの心を開かせることばかけを行ない、子どもから返ってきたことばを受け止め、それを物語のなかにうまくはめこんで進めていくというやり方
2	絵本を一緒に読む	・子どもと一緒に絵本を読む
3	読み聞かせ	・大人の子どもに対する愛情行為 ・大人と子どもの心が結ばれること ・絵本で教えたり、絵本を解説したりするのではなく、保育者が心をこめて絵本を読むことであり、絵本を見ながら保育者の声を聞いている子どもたちは、それぞれの生活（遊び）の体験をふまえ、自由自在に絵本の世界に入っていくこと ・絵本に見入る子どもたち、受動的に読み聞かせをしてもらっているにもかかわらず、受動的でなく自分から主体的に絵本の世界に入り込んでいること
4	読み聞かせ	・子どもの読書への、おとなのお手伝い
5	読み聞かせ	・子どもの心に保育者の優しい声、心、絵本の言葉が届くようゆったりとした気持ちで楽しむこと ・子どもの能動的な活動
6	読みあい 読み聞かせ	・赤ちゃんと遊ぶつもりでゆっくり語りかけること ・友達と楽しみあうこと ・おたがいの心が通いあえるひととき
7	読みあい	・絵本の中から湧き出るものがたり（絵も言葉も含めて）に、読み手のものがたりと聞き手のものがたりが加わり、重なりあい、その豊かな深まりの過程
8	読み聞かせ	・ストーリーがあって楽しめるだけでなく、読んでいくうちに新しいことばと絵のイメージが結びついて、自然に生きたことばとして自分のものになっていく ・子どもが登場人物に感情移入することによって本来子どもになかなか教えることのむずかしい「喜び」や「悲しみ」などの情緒的なことばが本を通じて子どものこころと体に実感として刻まれていく
9	読みあい	・絵本のものがたりを通して、向かいあったひとりずつの時間と出会うこと
10	読みあい	・絵本のものがたりを通して、向かいあったひとりずつの時間と出会うこと
11	読んでやる 読み語る	・読み手と聴き手がわかちあうもの
12	読み聞かせ	・子どもの心も感性も探究心も育つもの ・文字に興味をいだくもの ・読み聞かせをしてくれる人から人間としての温かい愛を受け取るもの
13	読みあい	・絵本と人が場と共に育ちあっていく関係
14	子どもと共に読む	・読んでやるものではなく、一緒に楽しむもの ・共感し、共有する楽しさ ・大人との愛情、スキンシップ
15	読み合い	・向き合った二人の人間が、描かれた世界をお互い解釈で深めたり広げたりしつつ、楽しむこと ・一冊の絵本の中身や解釈を「赤ちゃんとともに創る」こと
16	読み聞かせ	・大人と子どもが心を通い合わせるとき ・子ども同士が仲間と一緒に楽しむこと ・子どもが共通の気持ちや遊びを展開すること
17	読み合う	・絵本で子育てすること ・楽しい親子のひととき ・絵本の世界にその子どもなりの形ややり方で深く没頭し、遊び学ぶこと
18	子どもたちと一緒に絵本を読む	・子どもの心によりそうこと ・楽しさ、喜びを共有すること
19	読み聞かせ	・絵本は楽しみとして与える ・絵本は"おとなが子どもに読んであげる本"である ・絵本は繰り返し読んであげる ・質問したり、感想を求めたりしない。読みっぱなしにする。 （福音館書店による『絵本の与え方』より引用）
20	読み聞かせ	・お話を共有すること ・大人と子どもが共にお話を味わい、楽しみ喜びあうこと ・子どもと大人の絆を深めること ・人間関係の体験の不足を補うこと
21	読み合う	・子どもの個性を見つけるために絵本を読み合う ・赤ちゃんとコミュニケーションを楽しむこと

第1章 読みあう活動の歴史的展開

における読み聞かせや読みあいの名称および説明内容

聞き手	読み手	研究者	文献名	年度
子ども	大 人	浜島代志子	『えほん育児学のすすめ』	1984年
子ども	大人（保育者，親）	長谷川摂子	『子どもたちと絵本』	1988年
子ども	大人（親，保育者）	梅本妙子	『ほんとの読み聞かせをしていますか──えほんとほいく』	1989年
子ども，高齢者	大人（親，保育者，教員など）	波木井やよい	『読みきかせのすすめ──子どもと本の出会いのために』	1994年
子ども	大人（保育者）	梅本妙子	『絵本と保育──読み聞かせの実践から』	1995年
子ども	大人（保育者）	中村征子	『絵本はともだち』	1997年
子ども，大人	大 人	村中李衣	『読書療法から読みあいへ──［場］としての絵本』	1998年
子ども	大 人	笹倉剛	『感性を磨く「読み聞かせ」──子どもが変わり学級が変わる』	1999年
子ども（病院内）	大 人	村中李衣	『子どもと絵本をよみあう』	2002年
高齢者	大 人	村中李衣	『お年寄りと絵本を読みあう』	2002年
子ども	大人（親，保育者）	松居直	『絵本のよろこび』	2003年
子ども	大 人	高山智津子 徳永満理	『絵本でひろがる子どものえがお』	2004年
子ども，大人問わずいろいろな人	大 人	村中李衣	『絵本の読みあいからみえてくるもの』	2005年
子ども	大 人	棚橋美代子 阿部紀子 林美千代	『絵本論──この豊かな世界』	2005年
子ども（主に赤ちゃん）	大 人	佐々木宏子	『絵本は赤ちゃんから──母子の読み合いがひらく世界』	2006年
子ども	大人（親，保育者，おじいちゃん，おばあちゃん，文庫のおばちゃんなど）	田島康子	『もっかい読んで！──絵本をおもしろがる子どもの心理』	2007年
子ども	大人（親）	秋田喜代美 増田時枝	『絵本で子育て 子どもの育ちを見つめる心理学』	2009年
子ども	大 人	瀧薫	『保育と絵本──発達の道すじにそった絵本の選び方』	2010年
子ども（小学生，中学生，高校生含む）	大人（学校の先生）	余郷裕次	『絵本のひみつ』	2010年
子ども	大人（親，保育者）	脇明子	『子どもの育ちを支える絵本』	2011年
子ども（主に赤ちゃん）	大 人	佐々木宏子と岡山・プー横丁の仲間たち	『すてきな絵本タイム』	2012年

15

多様性が明らかになっている（森下，2009）。

名称についてみると，読み聞かせを中心に読みあい，読みあう，読んでやる，読み語る，一緒に（共に）読む，えほん育児学などの表現がなされており，一貫性はないが読み聞かせ，読みあいの名称が割合として多く使用されている。説明についてみると，その内容を整理した結果，人と人とが絵本や児童書を読む行為として，読み手と聞き手または聞き手同士の①一緒（共）に読む，②絵本の内容（言葉・絵）・感情・愛情・対話・行為・場の共有，③楽しみ・喜びなどの共感，④子どもが主体的（能動的）な活動，⑤人間関係を深める（構築する），⑥コミュニケーションやスキンシップ，⑦文字・言葉への興味や関心を抱く，⑧感性や探究心が育つ，⑨読んでいる最中もしくは読み終わった後に遊びへ発展するの9つの要素が含まれている。名称の使い方や絵本や児童書を読む背景は異なりながらも，その説明における共通性として読み手と聞き手が互いに場や関係性を構築していき，共感・共有する活動であるとする要素がある。

さらに，名称の変化として，2000年代に入り，読みあい，読みあう，共に読むなど読み聞かせとは異なる名称を活用した文献が増加している。この読み手と聞き手が互いに場や関係性を構築して共感・共有する活動であるとする認識や，読みあい，読みあう，共に読むなどの名称を活用している傾向の一つの要因として，前述した2001（平成13）年より本を通して赤ちゃんと保護者が楽しいひとときを分かちあうことを目的としてスタートしたブックスタートの影響があると考えられる。

（5）名称と考え方の変遷

前述したとおり，子どもと大人による読み聞かせや読みあいはそれぞれの時代における社会的な子どもの位置づけや子どもを取り巻く大人や保護者などの信念によって変化してきたことが明らかである。図1-2は，筆者が明治期以前から現在までの読み聞かせ，読みあいの名称や考え方の変遷をまと

第1章 読みあう活動の歴史的展開

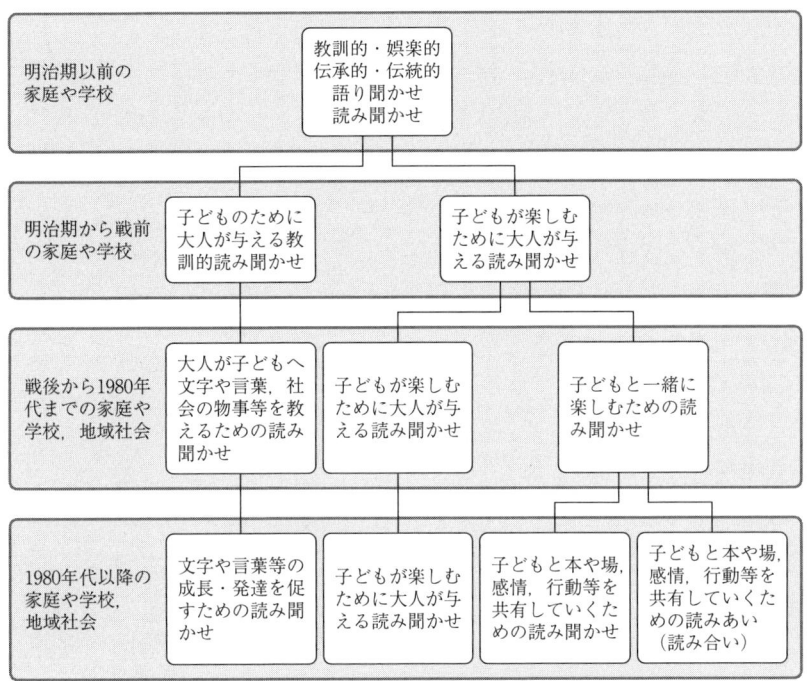

図1-2 日本の「読み聞かせ」「読みあい」の名称や考え方の変遷

めたものである。歴史的変遷とともに，教訓的な読み聞かせに子どもが楽しむ活動であるという考えが含まれはじめ，その後，絵本を一緒に共有する人と楽しむの読み聞かせや読みあいへと広がっていることがわかる。子どもの置かれている文化的環境からその物事の意味づけが変わっていくことは，絵本を読むことだけに限ったことではない。これはこの文化的環境下における大人の子育てに関する意識や行動の変遷が大きく影響していると言える。Super, C. & Herkness, S. (1986) は，子どもの発達をより良く理解していくためには，いかに子育てを構造化するかに注目する必要があるとしている。そこで，子どもが置かれているこの文化的環境には，物理社会的文脈，子どもを取り巻く慣習，養育者の信念という3つの構成要素があるとして，発達

的ニッチという概念を提唱した。この３つは時代の流れとともに変化する。その時代の流れに合わせて，歴史上の子どもと大人もしくは人と人とが本や絵本を読むことの変化や多様な考え方が派生していくのは，発達的ニッチに基づいて言えば当たり前のことであったと言える。

　このように，現在の読み聞かせや読みあいには多様な考え方が存在するものの，現在の保護者や保育者の大半に「子どもと一緒に楽しみながら，場や感情，行動などを共有していく」活動であるという考え方が浸透していることが示されている（秋田・無藤, 1996）。

　村瀬（2004）は，日米の公共図書館の養育者向けガイド文書の内容を分析し，乳児への「読み聞かせ」についての信念の違いについて「読み聞かせ」の効果と「読み聞かせ」の方法に対する信念の違いを示した。「読み聞かせ」の効果（読み聞かせでもたらされること）については，アメリカの方が日本よりも絵本の「読み聞かせ」と読み書き能力との関連性を述べている図書館が多く，日本はすべての図書館で養育者と子との情愛的関係を築いたり感じたりできることが述べられていたことを明らかにしている。さらに，「読み聞かせ」の方法（読み聞かせをどのようにするべきか）について，アメリカでは養育者が絵本に描かれている対象を指差して，その名前をいうことを薦めている図書館があるが，日本の図書館には見られなかった。アメリカでは養育者が歌を歌ったり，人形を使ったりなどして「読み聞かせ」をアニメートすることや子どもに身振り・手振り・ページめくりなどで絵本読みに参加することを勧めている図書館があった。日本ではそのような図書館は見られなかったとし，日本ではアメリカよりも「読み聞かせ」をすることで楽しく幸せな時間を養育者と子どもが過ごすことを薦めている図書館の割合が多いことを明らかにしている。

　図書館は，地域社会で暮らす家庭の保護者や子どもだけでなく，保育者，教員，絵本を読むボランティアなど多くの大人が利用する公共の場である。絵本の「読み聞かせ」について子どもと一緒に楽しみながら，場や感情，行

動などを共有していく活動であるという考え方が人々の中で一般化されていることが示されていると言えよう。

2　家庭における読みあい

（1）子どもの感情や想像の育ちを重視する日本の読みあい

　ベネッセ次世代育成研究所（2010）は，首都圏（東京都，神奈川県，千葉県，埼玉県）の0歳6ヶ月-6歳の就学前の乳幼児をもつ保護者3,522名（配布数7,801通，回収率45.1％）に対して質問紙による調査を実施し，乳幼児の生活実態を明らかにした。この調査報告の中で，絵本の使用状況に関する質問項目に対して，「ほとんど毎日」または「週に3-4回以上」と答えた保護者は全体の7割以上であり，この傾向は15年間変化がないとしている。また，0歳6ヶ月-3歳11ヶ月の低年齢児に関しては，「ほとんど毎日」使用する保護者が全体の6割強，「週に3-4回」「週に1-2回」を合わせると約9割の保護者が使用していた。この結果から，家庭における絵本の使用は，日常的なものとなっているだけでなく，低年齢の子どもから行われている。

　その他の先行調査や研究においても，絵本の使用に関しては乳児期の早い時期から使用する傾向にあることが明らかになっている（秋田，1998；今井・金，1996；諸井，2009；日本公文教育研究会，2012；横山，2006）。横山（2005）は，乳児期早期の子どもたちに対する保護者の絵本の使用状況と，出版科学研究所（2005）の調査によって明らかにされた2004（平成16）年当時の絵本の新刊発行部数1,931冊の状況に対して，子どもと絵本の関係を「あふれる絵本と早まる出会い」と述べている。2000（平成12）年以降，日本では早期に絵本を使用しているとともに，絵本・児童書そのものの販売冊数（年間出版数）や購入者数も年々増加傾向にあった。白書出版学会（2004）の調査結果によれば，国内にて出版された絵本は，1999（平成11）年の絵本発行部数が762万部，新刊点数が1,159点であったことに対して，2002（平成14）年は絵本発行

部数が1,205万部，新刊点数が1,794点であったことが報告されている。同様に，当時の絵本・児童書の出版状況については，各文献や論文でも言及されていた（仲本，2004；汐崎，2009）。

しかし，白書出版学会（2010）の調査結果によれば，2008（平成20）年の絵本発行部数は885万部，新刊点数は1,792点と2000年代前半に比べて，発行部数が減少傾向にある。これは，出版業界全体の販売総額の低下によるものとも予測され，不況に伴い，本を購買につなげていくことの厳しさが現れていると考えられる。絵本の発行部数の減少に反して，図書館での絵本を含む児童書の貸出冊数は増加傾向にある。文部科学省の2011（平成23）年度中間社会教育調査報告によれば，2010（平成22）年度の児童の年間総合貸出冊数は1億7,353万8,277冊であり，ほぼ10年前の2001（平成13年）度間の年間総合貸出冊数1億2,483万5,750冊に比べ，約3,900万冊弱の増加となっている（ただし，2010（平成22年度については岩手県，宮城県，福島県の数値は含まれていない）。このことから考えると，絵本の発行部数は減少したものの本離れが進んでいるとは言いにくい。前述したベネッセ次世代育成研究所（2010）の幼児の生活実態調査の結果に示されたとおり，絵本の活用は家庭の中で定着し，積極的に行われているといえる。

それでは，日本国内においてこのような家庭における絵本の活用にどのような意義があると捉えられているのであろうか。

今井・廖・中村（1993）は，日本の従来の絵本に関する心理学的研究をまとめ，「読み聞かせ」の意義は「想像力を育む」「言語能力を高める」「人間関係を豊かにする」の3つであるとしている。「読み聞かせ」の意義に関して，秋田・無藤（1996）は，都内の幼稚園4園に通う園児を持つ母親293名を対象に，大人の「読み聞かせ」に対する認識に関して調査を行い，より具体的に大人側からの「読み聞かせ」の意義を明らかにした。この調査のなかで，母親に「読み聞かせ」の効果について何を期待しているのかを尋ねた結果，母親の多くは「空想を楽しむことや子どもとの触れ合いを楽しむこと」

を「読み聞かせ」の意義として期待していることが示された。また，全体の2割程度であるが，「空想を楽しむことや子どもとの触れ合いを楽しむこと」よりも「文字や知識の習得」を第1の意義として捉えている母親もいた。母親の「読み聞かせ」の認識に関するいくつかの先行研究には同様の結果が現れている。奈良市内の幼稚園の園児の母親102名を調査対象に幼児への「読み聞かせ」に関する母親の考えについて質問紙調査を実施した今井・金(1996)の研究では，「想像力・創造力」を伸ばすために本を読んであげている家庭が多かったことが示された。

また，ブックスタートプロジェクト参加直後の保護者460名を調査対象に絵本との出会いに関する親の意識について質問紙調査を実施した横山ら(2002)の研究では，「読み聞かせ」の意義について選択者が多かった項目は「子どもの感性が育つ」「親子の絆が深まる」「子どもが本好きになる」であったことが示された。

さらに，東京都内の幼稚園の園児の母親155名を対象に子どもへの絵本の「読み聞かせ」に対する母親の認識と育児観について質問紙調査を実施した諸井(2011)の研究では，母親が子どもの「読み聞かせ」について，「文字・言葉・知識の習得」「日常生活への興味・関心を育てること」「想像力や表現力の育ち」に意義があると考えていることが示された。

このように，先行研究では，母親を対象にした「読み聞かせ」の意義に対する認識や意識調査が数多く実施され，子どもの想像力や空想力，創造力，感性が育つなど子どもの情緒的側面の育ちを支援し，読み手と聞き手の関係性を築き，文字や言葉，知識の習得，日常生活への興味・関心を広げることに意義を見いだしていることがわかる。

家庭における絵本の読み手について，日本公文教育研究会(2012)が自社の絵本子育てサイト「ミーテ」会員のWeb質問紙調査(ミーテサービス利用者2,110人)で，回答者(回答者全体のうち母親が97.2%，父親が1.9%，その他が0.9%)に対して「ご自身意外で読み聞かせをされるご家族はいますか？」

という質問をしている。「父親（47.8％）」「おじいちゃんおばあちゃん（21.4％）」「母親（1.4％）」「兄弟・姉妹（1.3％）」「その他（1.7％）」「他の家族は読み聞かせをしていない（19.9％）」と回答していた。また，JPIC財団法人出版文化産業振興財団が刊行している季刊誌『この本読んで！』（2007）の読者の夫100人に対して実施した「読み聞かせ」についての質問紙調査によると，父親が関わっている家事・育児の第3位に「読み聞かせ」があり，回答者全体の42％であった。

　これらのことからもわかるように，子育てに絵本を活用している家庭では，父親を中心に母親以外の者が読み手であることが多いこともわかる。川井・高橋・古橋（2008）は，父親による「読み聞かせ」が地域や家庭において広がりつつあるなかで，先行研究がほとんどないことを指摘し，「読み聞かせ」を体験した父親さらには父子に関する文献（安藤・金柿・田中，2005；古島，2006；河合・松居・柳田，2004；松居，2003；土堤内，2004；椎名，2003；脇，2005）から父親の「読み聞かせ」の意義や効果について取り上げ，子どもだけでなく父親にも大きな影響を与えていることを言及している。これらの文献の多くには，絵本を媒介にした子どもとの気持ちや行動の触れあいから父親自身の子どもや子育てに関する意識や行動の高まりが述べられている。家庭における父親もまた，母親たちと同様に，子どもとの相互のやりとりを含めながら読みあっていると言える。

　前徳（2009）もまた，父親の絵本に関する研究の必要性を指摘し，父親を含めた200名の私立幼稚園の保護者（うち母親152名，父親42名）に対する絵本や「読み聞かせ」に関する調査を実施したところ，父親と母親共に，絵本が好きで子どもにとっても必要であるとの共通な認識はあるものの，「読み聞かせ」に関しては全体の59％において母親が読んでおり，次いで母親か父親が読む（24.5％），父親が読む（3％）という回答結果であったことを明らかにした。

　さらに，同調査では父親と母親の「絵本に対して期待すること」について

の質問項目の結果から，母親が父親よりも絵本に対する期待が大きいことや母親は絵本を子どもと共に楽しむものと期待していることに対して，父親は字を覚えることや物の名前を覚えることなどの教育効果を期待する傾向が比較的強かったことを明らかにしている。さらに，絵本や「読み聞かせ」に関する父親の研究は，いくつかあるもののその実態調査や「読み聞かせ」の意義に関する研究は未だ少ない現状であることを指摘している。この前徳（2009）の研究結果から，読み手となる父親と母親では，母親の方が筆者の考える読みあいの定義に含まれる相互のやりとりによって人間関係を形成することに対する期待があると言える。

　以上のように，家庭における読みあいの意義や絵本の読み手の意識などに関する研究をまとめると，子どもの感情や想像の育ちや読む者同士の関係性を築くこと，文字や言葉，知識を習得すること，日常生活への興味・関心を育てること，本を好きになることの大きく5つの意義があると言える。これは，本研究で定義している読みあいに含まれる相互のやりとりによって人間関係を形成することや個々の感情や行動が成長・発達することという意義が含まれていると言える。さらに，読みあいだけでなく，絵本などを読みあうことにより，日常生活における発展的な感情や行動を生み出すという読みあう活動の意義も含まれている。

　実際に，先行研究によってそれらの意義が数多く実証されている。例えば，「読み聞かせ」が子どもの情緒や想像力の育ちに影響を与えていることを明らかにした研究（古屋・高野・伊藤・市川，2000；磯部・池田，2002；蔵元，1997；佐々木，1975；玉瀬，2008；堂野，2008）や，「読み聞かせ」と読む者同士のコミュニケーションや相互作用の発達的変化に関する研究（川井・高橋・古橋，2008；菅井，2007，2008；菅井・秋田・横山，2009；菅井・秋田・横山・野澤，2010；藪中・吉田・村田，2008，2009，2010；吉田，2011），「読み聞かせ」が物語理解・読解力に効果を与えることや物語理解・読解力の発達との関連を明らかにした研究（漢那，1979；今井・中村，1989；中村・今井，1993；今井・坊井，

1994；斉藤，2007；磯友・坪井・藤後・坂元，2011），「読み聞かせ」が文字や言葉，知識の習得に効果を与えることや言語発達との関連を明らかにした研究（三根・汐崎・國本・石田・倉田・上田，2007），「読み聞かせ」の経験および読書量が性格特性に及ぼす影響を明らかにした研究（植田・濱野，2004）などがある。

（2）子どもの言語習得を重視する欧米の読みあい

　絵本や児童書の読みあいは，日本に限らず世界各国においても推進されている。アメリカで建国以来最大の読み書き能力の危機に陥っていた1985年当時に発刊され，ベストセラーとなった *The Read-Aloud Handbook*（邦訳：読み聞かせ この素晴らしい世界）は，その後に日本を含めた世界各国で翻訳され，現在においても版数を重ねながら，多くの人々に読み続けられている。同書の中で著者 Trelease, J. (1985) は，「子どもにとって読み聞かせは子どもの興味，情緒的発達，想像力，言語能力を刺激するとし，人の声は親が子どもの精神状態を最も落ち着かせるための最も強力な道具である」と述べている。さらに，本の「読み聞かせ」が子どもにとってのぞましい効果を生んでいることは，すでに多くの教育者や数千にのぼる教室や家庭で実証していることであり，もはや議論の余地がないほどに明白であることを言及している。「読み聞かせ」という絵本を媒介とした相互のやりとりが親子の精神的なつながりをもたせることや子どもの興味，情緒的発達，想像力，言語能力の刺激があるというこの提唱は，本研究で定義づけた読みあいに示される意義であり，欧米の家庭においてもこのような意義を持って読みあいが広がっていたことがわかる。

　実際に，欧米の家庭では日常的に絵本の読みあいが行われており，Simcock, G. & Deloache, J. (2006) の研究では，就学前の子どもに対して一日あたり約40分程度の時間が「読み聞かせ」に費やされていることを明らかにしている。

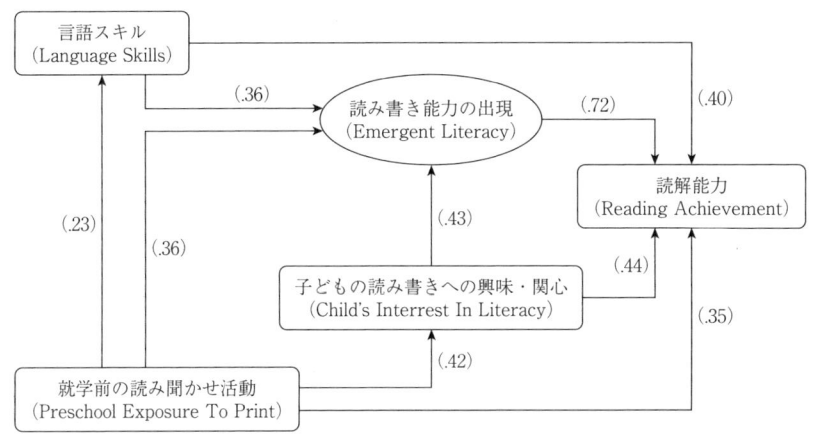

第1章　読みあう活動の歴史的展開

図1-3　読み聞かせが与える効果モデル

注：パス係数は，Scarborough and Dobrich (1994)の相関的研究のレヴューから効果サイズを算出したものである。
出所：Lonigan, C. J. (1994) より筆者が改変。

　さらに欧米では，日本同様に，先行研究において絵本の読みあいが子どもに対し，どのような効果を与えているのかを明らかにされてきた経緯がある。Lonigan, C. J. (1994) は，過去30年間におけるアメリカの「読み聞かせ」が子どもに与える効果に関するすべての研究結果を元に，「読み聞かせ効果モデル」を作り上げている（図1-3）。この図からわかるように，絵本の「読み聞かせ」が読み書き能力の出現，読み書きへの興味・関心，就学後の読解能力，言語スキル等の言語習得の発達に影響を及ぼしている。

　この「読み聞かせ効果モデル」に示される「読み聞かせ」が与える効果は，以下の欧米における「読み聞かせ」と子どもの言語習得の関連を示す研究論文によっても裏付けられている。

　これまでの欧米における「読み聞かせ」に関する研究では，絵本の「読み聞かせ」場面において子どもと大人が対話の中で事物の名称づけを行うなど，その対話の中である一定の「読み聞かせ」形式（format）が存在するものと捉えて，この「読み聞かせ」の展開形式を詳細に分析し，「読み聞かせ」中

に母親が子どもに与える影響を明らかにしているものが多い。

例えば、母親と8ヶ月から1歳6ヶ月になるまでの対象児の絵本の「読み聞かせ」場面を縦断的に調査し、分析したNinio, A. & Bruner, J. (1978) によれば、母親の「読み聞かせ」の仕方には①注意喚起"みて！（Look）"、②質問"これは何？（What-question）"、③ラベリング"それは○○よ（It's a ○○）"、④フィードバック"そうよ（Yes）"の4つの発話手順からなるフォーマットが存在していることを明らかにした。この結果から、「読み聞かせ」は母親が子どもの物に対するラベリング能力を産出していることを示唆している。

この研究以後、欧米では「読み聞かせ」中の母親と子どもの対話を分析した研究が数多く行われ、年齢や生活階級、コミュニティ、愛着形成の状況等によって「読み聞かせ」中の母子の発話や「読み聞かせ」の形式が異なることが明らかにされている（Bus, A. G. & Van Ijzendoorn, M. H., 1988; Bus, A. G., van Ijzendoorn, M. H. & Pellegrini, A. D., 1995; Haden, C. A., Reese, E. & Fivush, R., 1996; Helth, S. B., 1982; Ninio, A., 1983; Pellegrini, A. D., Brody, G. H. & Sigel, I. E., 1985; Senechal, M. & Cornell, E. H, 1993; Snow, C. E. & Goldfield, B. A., 1983; Sulzby, E. & Teale, W. H., 1987; Teale, W. & Sulzby, E., 1986; Wheeler, M. P., 1983）。

これらの研究は、「読み聞かせ」における言葉や文字、知識の習得への効果を明らかにすることを目的とした研究ではないものの、母親が子どもに言葉や文字、知識の理解を促す発話や「読み聞かせ」の形式に関する研究であるため、「読み聞かせ」が言語発達やリテラシースキルを促進していることを実証している。この他、母親と子どもの対話を分析した研究のみならず、「読み聞かせ」が子どもの言語能力に影響することが数多くの研究で示されている（Beck, I. L. & McKeown, M. G., 2001; Jong, M. T. & Bus, A. G., 2002; Robbins, C. & Ehri, L., 1994; Senechal, M., 1997）。

例えば、近年の研究であるHorst, J., Parsons, K. & Bryan, N. (2011) による3歳児に対して絵本を繰り返し読むことの効果に関する研究においては、

子どもに3つの異なる絵本の「読み聞かせ」を行うよりも同じ絵本を3回繰り返し読むことが，その後の言語習得数が高かったことが示されている。

絵本の「読み聞かせ」の場合には言葉や文字，文章だけでなく絵もある。この絵の影響について，DeLoache J. S., Pierroutsakos, S. L. & Troseth, G. L. (1996) は，「読み聞かせ」によって子どもの絵本の絵とは何かについての概念を発達させることを示唆している。また，Fletcher, K. L. & Sabo, J. (2006) は，絵本の「読み聞かせ」において，読み手である大人は絵本を読んでいる時に子どもとの対話のための媒体と認識していることを明らかにしている。Evans, M. A. & Saint-Aubin, J. (2005) や Justice, M. L., Skibbe, L., Canning, A. & Lankford, C. (2005)，Charland, R. A., Saint-Aubin, J. & Evans, A. M. (2007) の研究では，就学前の文字の読めない段階の子どもは文字ではなく，絵への注視がほとんどであったことが明らかにされており，子どもにとって絵本の絵の影響が大きいことを示唆している。一般的に，絵本を読むことにおいて，絵の持つ影響が大きいと言われているものの，未だ言葉や文字，知識に関する研究に比べ絵についてはほとんど検討されていないことも指摘されている (DeLoache, J. S. & Ganea, P. A., 2009; Fletcher, K. L. & Sabo, J., 2006; Simcock, G. & DeLoache, J. 2006)。

さらに，読みの能力の発達に関する研究もあり，Teale, W. & Sulzby, E. (1986) や Ezell, H. K. & Justice, L. M. (2005) 等の研究によって，日常生活場面において周囲の人との対人的・文化的交流の中で習慣的に絵本を繰り返し読むことで，読みの能力が発達していくことが明らかにされている。

第1章第1節において述べたとおり，日米における公立図書館の養育者向けガイド文書の内容分析を行った村瀬 (2004) の研究結果から，日米における乳児への「読み聞かせ」についての信念には違いがある。「読み聞かせ」の効果については，アメリカの方が日本よりも絵本の「読み聞かせ」と読み書き能力との関連性が高く，これまでの先行研究の流れからもその読み書き能力を含めた読解能力，言語スキル等の言語習得の発達に「読み聞かせ」の

意義を見出していることは明らかであると言えよう。

しかし、「読み聞かせ」は言語の発達や習得を意識した教育的な働きかけというだけではなく、「読み聞かせ」中の会話が母親と子どもとのコミュニケーション過程であるという考えを示した研究 (Bloom, L. & Beckwith, R. 1989; Choi, S., 2000; Miles, B. S. & Stipek, D., 2006; Raikes, H., Alexander Pan, B., Luze, G., Tamis-LeMonda, C. S., Brooks-Gunn, J., Constantine, J., Banks Tarullo, L., Abigail Raikes, H. & Rodriguez, E. T., 2006; Reese, E. & Cox, A., 1999) もある。これらの研究では、母子の相互作用による読み手と聞き手の交流の意義や相互に感情や行動をやりとりしながらの共同活動であるという「読み聞かせ」の意義が示されている。

前述したとおり、アメリカでは子どもの読み書き能力の危機に陥っていた社会背景があったことで、「読み聞かせ」の効果の研究も読み書き能力を中心とした研究に取り組んできた経緯がある。本研究で述べる読みあいの定義に含まれた絵本を媒介にした相互のやりとりから形成される人間関係や子どもの感情や行動の育ちに関する研究にはあまり着手されてこなかった。しかしながら、近年、これら一連の「読み聞かせ」に関する研究の一部において、本研究にて定義している読みあいと同様な意義があると結論づけられた研究も存在している。このことから、欧米の家庭においても読みあいは子どもの育ちに効果的な活動と位置づけられていると言える。

3 読みあいに関する国内外の施策

1998（平成10）年の中央教育審議会答申における「幼児期からの心の教育の在り方について」のなかで、今緊急に必要としていることは家庭を見直すことであり、思いやりのある子を育てようとすることであった。このために薦めた活動の一つに「親が子どもに本を読んで聞かせよう」という項目が挙げられ、下記のように内容が示されていた。

「子どもにとって読書は，想像力や考える習慣を身に付け，豊かな感性や情操，そして思いやりの心をはぐくむ上で大切な営みである。<u>読書の楽しみを知り，読書に慣れ親しむようにするには幼少時の体験が重要である。まず，幼少時から本を読んで聞かせることから始めよう。親のぬくもりを感じながら，優れた絵本に接し，一緒に共感し合うひとときは，子どもの感性や心を豊かにする貴重な時間となる。</u>読書を習慣付けるためには，たとえ1回の時間が少なくとも，毎日本を読み聞かせることが望ましく，例えば，食事の時間，昼寝の時間などと同じように，『本の時間』を設けて本を読み聞かせるといった工夫をしたらどうだろうか。また，子どもが眠る前に，添い寝をしながら本を読んで聞かせることは，親にとっても充足感を覚えることであるが，子どもの心の成長に計り知れない恵みをもたらす。本の選択については，子どもの発達に応じるということが大切である。知育のみに目を奪われ，難し過ぎる本を読ませたり，文字を早く教え込もうとするようなことは，子どもを本嫌いにしてしまったり，親の焦りによって子どもの心にストレスを与えることにもなりかねず，そうしたことのないよう注意を求めたい。」（下線筆者）

　下線部に示されるように，読書が幼少期の子どもにとって重要な体験であることや大人が本を読んで聞かせること，その中で聞き手が読み手のぬくもりを感じ，共感し合い，子どもの感性や心を豊かに育むことの重要性が述べられている。これは，読みあいが国内全体の子どもの育てる環境においていかに重要であるのかを示したものであると言える。この後，国内においては2000（平成12）年の子ども読書年を迎え，2000（平成12）年度以降のブックスタートの推進や2001（平成13）年12月の子どもの読書活動の推進に関する法律の成立，交付・施行により絵本や児童書の読みあいの活動も各都道府県で推進されていくこととなった。

2002（平成14）年8月に閣議決定された子どもの読書活動の推進に関する基本計画において、その第一次計画案では、「家庭においては、読み聞かせをしたり、子どもと一緒に本を読むなど工夫して子どもが読書と出会うきっかけを作るとともに、「読書の時間」を設けるなどして子どもに読書の習慣づけを図ったり、読書を通じて子どもが感じたことや考えたことなどを話し合うことなどにより、読書に対する興味や関心を引き出すように子どもに働き掛けることが望まれる」として、積極的な家庭における「読み聞かせ」の活動と読書時間の設定の推進を掲げ、このために市町村の図書館や公民館などにおいて「読み聞かせ」の親子講座の実施などの事業が行われた。

　さらに、市町村の図書館や公民館では乳幼児や小学生等を持つ親に配布する「家庭教育手帳」や「家庭教育ノート」を通じて、家庭における「読み聞かせ」や、子どもが読書の時間を持つよう家庭で習慣付けることの重要性についての理解の促進も図っていた。図書館や児童館においても、「読み聞かせ」やお話し会の実施、子どもに勧めたい図書の展示会の開催、保護者を対象とした「読み聞かせ」や本の選び方・与え方の指導など、子どもの読書活動を推進する上で重要な役割を果たしていた。その他、民間団体や学校においても「読み聞かせ」の活動が推進されていた。

　幼稚園や保育所においても、「①幼児期に読書の楽しさと出会うため、幼稚園や保育所において、『幼稚園教育要領』及び『保育所保育指針』に示されているように、幼児が絵本や物語などに親しむ活動を積極的に行うよう、教員及び保育士の理解を促進する。あわせて、幼稚園・保育所で行っている未就園児を対象とした子育て支援活動のなかでも、「読み聞かせ」などを推進する。②幼児期において子どもが絵本等の楽しさと出会う上で、「読み聞かせ」などを行うことも重要であることから、幼稚園、保育所等において、保護者等に対し、「読み聞かせ」などの大切さや意義を広く普及する。③異年齢交流において、小学生・中学生が幼稚園・保育所の幼児に「読み聞かせ」を行うなど、子どもが絵本などに触れる機会が多様になるよう工夫す

る」の3つを掲げ，読書活動が推進されていた。この時期から，「読み聞かせ」を含めた子どもの読書の推進活動計画によって，「子どもに読書を楽しむことを知ってもらうこと」を目標にしていた。

　その後，2008（平成20）年以降の計画として，第二次計画案が打ち出され，家庭の「読み聞かせ」においては，「家庭教育に関する講座等を通じた保護者に対する理解の促進」や「家庭における「読み聞かせ」など，読書活動に資する情報提供の推進」を継続した活動として実施することとなった。現在，各都道府県・市町村は，それぞれの策定した計画に基づき，取り組みを推進している状況にある。

　日本と同様に，各国においても「読み聞かせ」を含めた読書の推進活動は実施されている。2011（平成23）年度の文部科学省における生涯学習施策に関する調査研究の中で読書環境と読書環境に関する諸外国の調査を実施し，日本の他，アメリカ，カナダ，イギリス，フランス，ドイツ，イタリア，フィンランド，中国，韓国を含めた10ヶ国の活動を報告している。この調査結果によると，10ヶ国全てにおいて何らかの読書推進活動を実施していた。特に，「読み聞かせ」の活動推進については，イタリアでは1999年より読むために生まれてきたプロジェクトという全国的な読書推進プログラムが実施されており，そのなかで，家庭内での「読み聞かせ」を通して，子どものリテラシーを育み，どの子どもにも平等に成長の機会が得られるようにすることを目的としている。イギリスでは，前述した通り，第1回国民読書年の1999年から全英規模に拡大したブックスタート事業を実施している。ドイツでは，1988年に設立された「読書基金」（Stiftung Lesen）によって，読書に関する調査研究を行う一方，常時数十ものプロジェクトを展開・支援し，ウェブ上で募集，紹介，報告を行っている。最大のプロジェクトは，ドイツ鉄道や『ツァイト』（Zeit）紙と提携して毎年11月に開催される「読み聞かせの日」があり，毎年8,000人もの人々が，街や駅で「読み聞かせ」を行い，その状況がテレビや新聞で報道される大規模なイベントとなっている。

これらの国のうち，同調査には報告されていないものの絵本の「読み聞かせ」や読書が家庭や教育現場において定着した活動となっているのが，フィンランドである。フィンランドにて現地取材を行った西島（2005）によれば，一般家庭では子どもに絵本などを読み聞かせることが習慣となっていることを報告している。これは，国が各家庭に「読み聞かせ」を推進しているだけでなく，企業においても「読み聞かせ」時間を設けるために，1時間早く仕事の時間を短縮する等の支援体制を整えていることから，実際に取り組むことが可能となっている。子どもの保育所への送り迎えなどを父親が行うケースも多い国だけに，「読み聞かせ」を行うのも父親であるという家庭も多い。仲本（2012b）によれば，子どもと一緒に図書館を訪れる父親の姿も多い。フィンランドは，保護者による絵本の「読み聞かせ」が子どもの育つ過程において重要であることを認識していることが理解できる。

　以上のことからわかるように，国内外の「読み聞かせ」に関連する施策から，日本のみならず各国においても意義あることとして活動が広がっていると言える。

第2章 読みあう活動に必要な専門的知識・技術

1　保育現場における読みあいの現状

(1)『保育所保育指針』と『幼稚園教育要領』にみる読みあい
　　──大人主体から子ども主体の読みあいへ

　我が国の幼稚園教育要領は，1899（明治32）年の「幼稚園保育及設備規程」にはじまる。1896（明治29）年に東京女子高等師範学校（現・お茶の水女子大学）関係者が中心となって結成されたフレーベル会が，1898（明治31）年に幼稚園制度に関する建議書をまとめて文部省に提出したことにより，これを元にした総合法規である「幼稚園保育及設備規程」が公布された。現在の保育内容にあたる本規程の保育項目は，「遊嬉」「唱歌」「談話」「手技」の4項目であった。保育現場での読みあいの原点となる保育内容は，「談話」であると考えられる。「談話」は，幼稚園保育及設備規程の中で，以下のように掲げられていた。

　　　「談話ハ有益ニシテ興味アル事実及寓話通常の天然物人工物等ニ就キテ之ヲナシ徳性ヲ涵養シ観察注意ノ力ヲ養ヒ兼テ発音ヲ正シクシ言語ヲ練習セシム」。

　当時の保育現場では，この規程に沿って昔話や童話，寓話，神話，実話等を保育に導入し，修身的・教訓的保育・教育に取り組んでいた。子どもに教養高いものを与えて教え導くという保育のあり方ではあったものの，保育者

からのお話によって子どもの言語の成長発達に影響を与えるという点では，その一部に現在の読みあいの意義が含まれている。さらに，当時の談話の方法は，掛け図を黒板に明示しながら話をする展開が主であり，子どもはその掛け図の周りに椅子を並べて座り，絵画を見ながら保育者の話を聞いていた（是澤，1999）。現在の保育現場における絵本や児童書を保育者が読み，その周りに子どもたちがいすや床に座って絵と文章を見ながら保育者の声に聞き入るスタイルの原点であったと言える。

　1926（大正15）年になると，「幼稚園令」「幼稚園令施行規則」が公布され，保育項目が遊戯，唱歌，観察，談話，手技の5つとなり，遊嬉が遊戯に改められ，観察の項目が加わった。その後，戦時下になり，実際の保育現場における保育のねらいや方法は，一斉保育，集団訓練，保育者中心型の保育が大半であった。

　終戦後の1948（昭和23）年，我が国においては，ここではじめて詳細な保育内容の手引き『保育要領——幼児教育の手引き』が発行された。従来5項目であった保育項目が「見学」「リズム」「休息」「自由遊び」「音楽」「お話」「絵画」「製作」「自然観察」「ごっこ遊び　劇遊び　人形芝居」「健康保育」「年中保育」の12項目へと改変され，「談話」という言葉が「お話」へと改められた。保育内容も，幼児の楽しい経験となる自由遊びを主体とした一日の生活が目標となった。この『保育要領——幼児教育の手引き』を基に，1956（昭和31）年に制定されたのが，『幼稚園教育要領』である。ここで，保育内容12項目が「健康」「社会」「自然」「言語」「音楽リズム」「絵画製作」の6領域となり，お話が言語という領域に改められた。

　一方，『保育所保育指針』については，1952（昭和27）年に，当時の厚生省が『保育指針』を刊行した。保育内容は，「登所」「自由遊び」「集会」「戸外遊び」「用便・手洗い・うがい」「間食」「休息」「昼畫」「午睡」「個別検査」の10項目であり，読みあいに関連する具体的項目の規程はなかった。その後，1965（昭和40）年に，厚生省児童家庭局から『保育所保育指針』が刊行され

た。保育内容は，養護と教育を担う保育現場として，年齢区分と合わせて構成され，1歳3ヶ月未満から2歳までが「生活」「遊び」，2歳が「健康」「社会」「遊び」，3歳が「健康」「社会」「言語」「遊び」，4歳から6歳までが「健康」「社会」「言語」「自然」「音楽」「造形」としていた。読みあいに関連する「言語」は3歳以上からの保育内容として位置づけられていた。

　この後，『幼稚園教育要領』と『保育所保育指針』の内容は，3歳以上の教育に関する項目においては『幼稚園教育要領』に準じて定められるようになった。ぞれぞれに改訂を重ねながら，現行の2008（平成20）年度の改訂『幼稚園教育要領』『保育所保育指針』に至っている。筆者が戦後以降の『幼稚園教育要領』『保育所保育指針』について，読みあいに関連する項目の歴史的変遷を概観したところ，前述したとおり，「談話」にはじまり戦前までの我が国の保育は国策の動向も交えながら，子どもに教訓的・教育的な意図の元で読みあいが実施されてきた経緯があった。戦後の1948（昭和23）年に策定された『保育要領』においては，保育内容がこれまでとは異なる「楽しい幼児の経験」と位置づけられることとなった（民秋，2008）。1956（昭和31）年には『幼稚園教育要領』が発刊され，保育内容の6領域に「言語」の項目が設けられたにより，この時期から童話や絵本などを通して，子どもの言語への興味を養わせることが目的とされた。この中で，子どもは童話や絵本等を通して聞いたり見たりすることへの喜びを得ることや，教師や友達とともに話をしたり，話し合ったりすることを目的としている。

　1964（昭和39）年の『幼稚園教育要領』と1965（昭和40）年の『保育所保育指針』の保育内容「言語」の領域では，絵本や紙芝居などを喜んで聞いたり見たりするだけでなく，「想像力を豊かにする」「内容や筋道をわかるようにする」「活動などで表現する」「情緒を養う」の文言にみられるように，その場の読みあう経験だけでなく，読み合った後の子どもの情緒や考え，行動等が育まれることまでを目的としている。

　1989（平成元）年の『幼稚園教育要領』と1990（平成2）年の『保育所保育

指針』の保育内容「言葉」の領域では，絵本や物語に「親しみ」ながら，「想像力を豊かに」「想像する楽しさを味わい」「豊かなイメージを持つ」という文言にみられるように，子どもが主体的に楽しみ，想像する豊かさを味わうことを目的としている。さらに，1998（平成10）年の『幼稚園教育要領』と1999（平成11）年の『保育所保育指針』の保育内容の項目では，これまでの絵本や童話などによって「興味を養う」「表現する」「楽しむ」「活動を広げる」「想像力・イメージを豊かにする」だけでなく，保育者または友達と一緒に「心通わせる」「一緒に言ったり，歌ったり」「模倣する」等の相互のやりとりを目的とした内容も含まれている。

　2008（平成20）年に改訂された現行の『幼稚園教育要領』と『保育所保育指針』の保育内容「言葉」の領域では，「絵本や物語などに親しみ，先生（保育士等）や友達と心を通わせる」「絵本や物語などに親しみ，興味をもって聞き，想像する楽しさを味わう」というように，前改訂の内容を適用し，絵本や物語の内容に親しむだけでなく，読む物同士の相互関係や相互作用を目的とした内容となっている。

　第1章第1節でも述べたように，現在，読みあいには，人と人とが絵本や児童書を読む行為として，読み手と聞き手または聞き手同士の①一緒（共）に読む，②絵本の内容（言葉・絵）・感情・愛情・対話・行為・場の共有，③楽しみ・喜びなどの共感，④子どもが主体的（能動的）に活動する，⑤人間関係を深める（構築する），⑥コミュニケーションやスキンシップ，⑦文字・言葉への興味や関心を抱く，⑧感性や探究心が育つ，⑨読んでいる最中もしくは読み終わった後に遊びへと発展するという9点の要素がある。『幼稚園教育要領』と『保育所保育指針』の保育内容においても，同様に，時代とともにその要素が加わりながら発展していったと考えられる。

　筆者は，この『幼稚園教育要領』と『保育所保育指針』の保育内容の変遷によって変化していた読みあいの目的を図2-1のように示した。縦軸は読みあう時の保育方法と目的として子どもと大人のどちらが主体となった読み

子ども主体
↑

『保育要領』
1948(昭和23)年　お話
『幼稚園教育要領』
1956(昭和31)年　言語
1964(昭和39)年　言語
1989(平成元)年　言葉

『幼稚園教育要領』
1998(平成10)年　言葉
2008(平成20)年　言葉

『保育所保育指針』
1999(平成11)年　言葉
2008(平成20)年　言葉

『保育指針』
1952(昭和27)年　お話
『保育所保育指針』
1965(昭和40)年　言語
1990(平成2)年　言葉

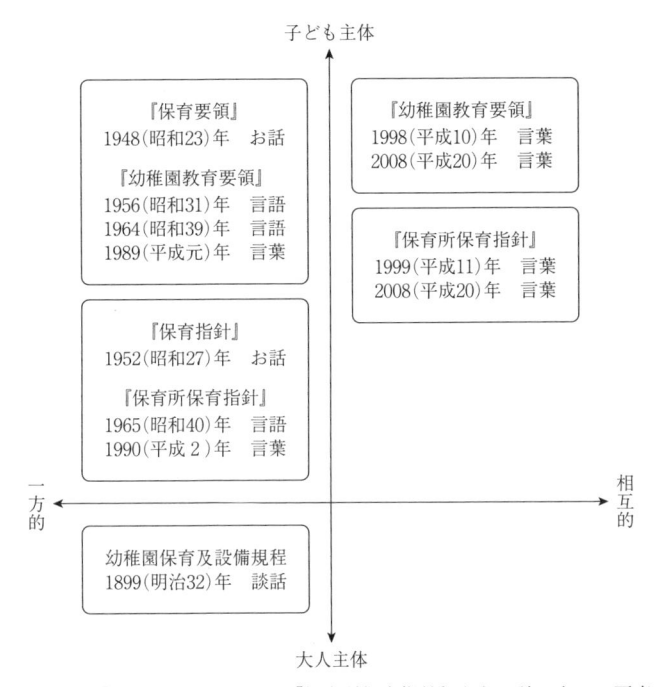

一方的 ←　　　　　　　　→ 相互的

幼稚園保育及設備規程
1899(明治32)年　談話

↓
大人主体

図2-1　『幼稚園教育要領』と『保育所保育指針』などの読みあいの要素

あいであるのかを示したものである。さらに，横軸は読みあう時の読む者同士の関係性が読み手から聞き手への一方的な読みあいなのか，読み手と聞き手の関係性が相互的な読みあいなのかを示したものである。この図2-1からもわかる通り，日本の保育現場におけるカリキュラムにおいて読みあいは，「大人主体から子ども主体へ」「一方的な読み聞かせから相互的な読みあいへ」と変遷してきたことが明らかである。

（2）日本の保育現場における読みあいに関する研究の動向
　　──読みあいに関する研究の広がり

　保育現場において，絵本や児童書の読みあいは日常的な活動である。その

表 2-1　読み聞かせにより保育の中身が変わったと感じている保育者の声

子どもの変化	① 保育者と一人ひとりの子どもが，ほんとうの愛情で結ばれるようになった。 ② 絵本の時間はもちろんのこと，子どもたちは集中ができ，相手の話がよく聞けるようになった。語彙力（量）が豊かになり，相手の話がよく理解できるようになった。 ③ ことばに対する関心が大きくなり，ことばあそび，わらべうた遊びへと，遊びが広がり友人関係も濃くなった。 ④ 子どもたちは，自分の発想で遊び込めるようになり主体性と(思考力)が育ってきた。 ⑤ 絵本体験と生活体験が結びつき，遊びが大きく広くなり，表現活動にも結びついた。組の友だちが絵本からの共通体験の喜びを知り，集団としておもいやりのある人間関係が生まれた。 ⑥ イメージ化できる力が伸びて，絵本以外の物語りや素話なども喜んで聞けるようになった。 ⑦ 身体表現・音楽表現・絵画表現などもイメージ化により，豊かな内面からの表現になった。
保育者自身の変化	① 子どもの内面(心)の見える保育者になった。 ② 保育にゆとりがもてるようになり，子どもをあまり叱らなくなった。 ③ よい絵本，よくない絵本を自分で見極められる保育者になった。 ④ 意識しないで自然に出る子どもへのことばかけにも，愛情が感じられるような保育者になった。 ⑤ 保育者は，子どもに話をするのが上手になり，特に集団の子どもにもよくわかる話し方で子どもの心をとらえ話せるようになった。 ⑥ 絵本を通じて家庭と園のつながりが密になり，信頼し合えるようになった。

出所：梅本（1989）に掲載された保育者の声を基に筆者作成。

活動展開はさまざまであり，子どもが一人読みすることや友達や保育者と読みあうことなどがある。最も日常的に取り組まれている活動形態は，集団での読みあいであり，保育者は外遊びの後，昼食前後，昼寝前，降園前などといったように，日課として取り入れている保育現場が多い。本節では，先行研究や文献における保育現場における読みあいに関する研究の動向を概観しながら，いかに保育現場において読みあいや読みあう活動が日常的な活動であるのかを明らかにしていきたい。

　小椋・清水・鶴・南（2011）は，全国203の保育所に対して「3歳未満児の「言葉」の領域に関する調査」を質問紙にて実施し，そのなかで「読み聞かせ」の意義について尋ねたところ，80％の保育者が絵本を通じて保育士と触れ合い，イメージや言語の発達を促進する意義があるとし，すべての保育

者が日常において「読み聞かせ」をしていると回答していたことを明らかにした。『幼稚園教育要領』や『保育所保育指針』においても，絵本や物語を読み親しむことが保育内容として位置づけられているが，保育現場ではなぜこれほどまでに読みあいが日常的な活動として展開しているのであろうか。

そのことについては，保育現場の実践者たちによって読みあいの経験から多くのことが述べられてきた。例えば，公民館や学校，図書館，幼児教育の現場などで読みあいを実践していた波木井 (1994) は，「同じところを笑ったり，顔を見合わせたりする喜びや話題のきっかけや広がりにもなる本との出会いが，集団への読み聞かせの意義です」と述べ，「読みきかせ」は読み手と聞き手，または聞き手同士が一緒に本に出会い，その作品世界を共有し，心を響き合わせるという共通体験であることを指摘している。

また，幼稚園の園長経験のあった梅本 (1989) は，著書『ほんとの読み聞かせしていますか──えほんとほいく』の中で，表2-1のような「読み聞かせ」の積み重ねにより保育の中身が変わったと感じている保育者の声をあげている。

表2-1からわかるように，保育現場における読みあいは，子どもの変化だけでなく，保育者自身の保育観や保育実践にも変化を与えている。子どもの変化では，保育者と子どもまたは子ども同士の関係性の深まったり，思いやりが育まれたり，語彙力や聞く力，思考力，集中力などの発達が促されて遊びや表現活動が広がったりしている様子がある。保育者の変化では，自らの保育の振り返り，子どもの内面の気づき，子どもに対して働きかけ，絵本を読み解き，集団に対する話し方に工夫したり，など保育者としての資質の向上や，絵本を通した家庭とのつながりから保護者と保育者の信頼関係が芽生えている様子がある。

同じく保育者であった瀧 (2010) は，保育において集団で絵本を読むことにより，子どもの「自己肯定感」「生きるための知恵やメッセージ」「豊かな感情」が育まれると述べている。「自己肯定感」は，保育者が子どもたちの

ために心を込めて選んだ絵本をゆったりと読むことで，子どもたちが保育者を信頼し，安心感を持つことができ，この積み重ねによって自分が大切にされていること，愛されていることを実感できるために育まれるものであるとしている。「生きるための知恵やメッセージ」は，絵本や昔話，童話に含まれた子どもに向けられた生きるための知恵やメッセージによって，子どもが将来自律への道を歩む時にそっと背中を後押ししてくれるものであるとしている。「豊かな感情」は，絵本を読むことを通して，読み手と聞き手が共に体験を共有することが育まれるとしている。特に，「豊かな感情」は，クラスの皆で読みあったことの感情を共有することで，子どもたち同士の中に同じ体験をしたことによるある種のつながりのようなものが育まれ，さらに，絵本の印象的な言葉は，やがて子どもたちの遊びに再現され，追体験されることで，皆のこころの中の絵本世界が交じり合い，そのクラスの共通体験となっていくとしている。

　これら保育実践者が述べるように，保育現場における読みあいは，子どもたちと保育者が集団として関わりながら，感情や行動の共有体験としてだけでなく，読みあった後の感情や行動にも影響を与えるものとしてその意義が見いだされ，日常的に活動が展開されているのである。

　保育現場における絵本などを読むことは，前述したとおり，談話を保育内容として取り入れた時代からすでに取り組まれてきた。しかし，先行研究において本格的にその子どもの育ちに対する読みあいの意義や効果ならびに実施方法などを究明しようと試みられたのは，1970年代に入ってからであると言える。

　例えば，保育現場の集団における読みあいの研究の一つに，中村・佐々木(1975)に代表される主に一冊の絵本を通じた子どもたちと保育者のやりとりを保育実践の観察や記録から綴られているものがある。その後，「読み聞かせ」の場面観察や記録による個々の子どもたちの発話や非言語的な反応を分析した研究によって，読みあいの子どもの育ちへの影響・効果が明らかに

されてきた（古屋・田代，1987；高木・丸野，1980）。

1990年代中頃までにおいては，保育現場における読みあいの研究は少なかったものの1990年代後半に入ると，その数が徐々に増加していった。西館・小野・徳田（2004）は，1998（平成10）年から2002（平成14）年の発表論文集を対象として保育及び心理関係の学会で発表された読みに関する研究の分析を行っている。この分析から，その年代の保育・教育における読みに関する研究は主に日本保育学会において発表され，「読み聞かせ」（26編）が最も多く，「読み聞かせ」の実践とその効果をみる研究や「読み聞かせ」に関する保育者・教育者の意識を調査している研究があったことを明らかにしている。

徳渕・高橋（1996）は，1990年代前半までの集団での「読み聞かせ」の研究では，実践観察や記録の報告が多かった状況に対し，場面の分析を行っている研究の少なさや集団ならではの子ども同士の相互作用を分析した研究のなさを指摘した。そこで，集団での「読み聞かせ」場面における子ども同士の相互作用を研究し，この研究結果から，子どもたちの年齢ごとに発話の量と質が異なり，5歳児になると物語の理解を子どもたちの間で共有し，深めるという相互作用が生み出されていることを明らかにした。しかし，この研究では，読みあいの基礎となる相互作用ということの意義を明らかにした研究ではあったが，研究手続きとして，材料とした絵本2冊に対し，あらかじめ設定していた質問を場面ごとに保育者が発問することが研究方法として組み込まれていた。このため，自然発生的な読みあいの場面における子どもの相互作用の実証とはなり得ていない。

その後，保育現場における読みあい場面での子どもたちの相互作用の研究が数多く取り組まれ，「読み聞かせ」場面における子どもや保育者の発話や行動の分析，保育者へのインタビューなどを元に，共有・共通体験によって子どもに育まれる感情や行動に与える読みあいの影響や効果を明らかにしている（佐藤・西山，2007；寺田・無藤，2000；寺田，2003；横山・水野，2008）。

高橋・首藤（2007）は，保育のねらいや指導計画を立てた「読み聞かせ」

の実践方法から，集団での「読み聞かせ」を意図的・計画的に実践し，その成果を絶えず評価することが必要であることを明らかにした。保育者がねらいや指導計画を立てた「読み聞かせ」は，絵本の楽しさを友達と一緒に味わい，友達が感じたことを刺激として受けて楽しむものであり，いろいろな感じ方を知り，友達と共感し，共通のイメージをもたせ，次の遊びや生活を豊かなものとしていくものであるとしている。さらに，この体験がもとになり，幼児は自分自身の体験や知識，考え方を広げ，さらに，家庭，幼稚園や保育所にとどまらず，地域，世界の人々と共感できることにつなげることができるとしている。だからこそ，保育者は，この「読み聞かせ」の本質を大切にしながらも，集団での「読み聞かせ」について，よりよい環境の構成を行うように努めることが重要であるとも述べている。

　保育現場における読みあいの主な読み手となる保育者に関する研究もある。横山・秋田（1998, 1999），秋田・横山・寺田・安見・遠藤（1998）は，「読み聞かせ」を構成する保育者の思考と行動について，保育者や保育者養成校の学生などへの調査結果により考察し，集団での「読み聞かせ」を構成する要因や経験の積み重ねと「読み聞かせ」の熟達化の関連，「読み聞かせ」の捉え方と社会的参加構造，母親として「読み聞かせ」経験のある保育者の視点から保育の場での「読み聞かせ」の捉え方などを明らかにしている。横山・秋田（1998）では，保育者が自らの「読み聞かせ」実践をビデオで振り返る再生刺激法によって，保育者がどういった点に着目して「読み聞かせ」を行い，その結果どのように場面が構成されていくのかについて検討している。この結果，保育者は「読み聞かせ」場面を時系列「場面づくり」「導入」「読みの過程」「読後」の4過程で構成していることが示されている。この研究から，保育現場における読みあいに対し，保育者は読みあっている最中だけでなく，その前後の保育とのつながりを持ってその場面を構成していることがわかる。

　仲本・栗原・白石・樋口・宇野（2011）と白石・栗原・樋口・宇野・仲本

(2011) では，3～5歳児縦割りの幼児クラスにおける絵本を「読みあう活動」の保育実践記録を振り返り，子どもの主体的・意欲的な思考と行動と保育者の保育行為を分析し，「読みあう活動」における保育者のねらいと保育方法を明らかにした。この研究では，横山・秋田 (1998) と同様に，「場面作り」「導入」「読みの過程」「読後」というような読みあいの場面を構成して保育につながりを持ってその場面を構成しているだけでなく，読みあった後に遊びや行事，保護者，家庭などの日常の保育とのつながりを持って保育展開をしていくことの重要性を明らかにした。脇 (2011) が，絵本と実体験のかかわりに関して，「『きんいろあらし』のような絵本（子どもを実体験へとつなげるような絵本）なら，子どもを実体験へと誘い，体験の密度を濃くし，自分のしてきた体験をくっきりと刻むのに役立ってくれます。こういう絵本ならば，不足しがちな実体験と車の両輪のように補いあって，子どもの育ちを支えてくれる」と述べているように，読みあう活動は絵本を読み楽しむ時間だけでなく，読みあい前・中・後を通じて子どものさまざまな成長・発達へとつなげ，育ちを支える活動であると言える。この読みあう前後における保育と読みあう活動とのつながりを持った保育展開の重要性については，保育の実践者として日常の保育と絵本のつながりを報告した梅本 (1995) の実践書や，中野 (2009) の『どんぐりと山猫』の保育実践を通し日常の保育（遊びや行事）における子どもの協同的学びや保育のつながりを持った形成的プロジェクトについての考察などからも明らかである。

　絵本を読みあった後に子どもたちが仲間とともに遊びを展開していくことについて，田代 (2001) は一人の保育者の絵本の「読み聞かせ」実践から，本が「クラスの仲間の共通の文化」になったと考察している。絵本を繰り返し読み続けることで子どもが自分の今の感情を絵本の登場人物と重ねて表現したり，絵本の続きをあれこれと考えたり，同じ絵本を知っている仲間と共通の遊びを展開することもできるようになるとしている。

　読みあう活動を家庭につなげる保育に関する先行研究では，家庭への絵本

の貸し出しに関連する研究がある。幼稚園における家庭への絵本の貸し出しの状況や方法を分析した（谷，1983；谷出，1988；山本，1984）などがあるように，幼稚園や保育園における園文庫は保育現場にて取り組まれてきた一般的な文化である。Nakamoto, Uno, Ishii & Higuchi（2011）は，保育園において絵本の貸し出し後，週末に家庭で行った絵本の「読みあい」を2歳児の保護者が記録した絵本ノートを分析している。この分析結果から，家庭で絵本を読みあう相手の多様性や子どもも保護者も主体的に読みあっていることの実態，絵本を借りることや読みあうことに対してさまざまな感情が生み出されていることやそれらが子どもの育ちに効果的であることを明らかにした。さらに，石井・宇野・樋口・仲本（2012）は，絵本ノートの保護者の記録に対する保育者のコメントを分析し，保育者が家庭での「読みあい」に対し，共感し，子どもの成長を共有し，ポジティブな関わりをもって働きかけていることを明らかにした。

　近年，国内における保育現場の読みあいに関する研究は増加傾向にあるものの，そのほとんどが1つの事例や2～3事例による実践報告や分析から導き出された結果が多い。一般の保育現場における子どもの読みあいの実態や保育者がどのように保育実践や方法で読みあいや読みあう活動を展開しているのかについて分析した研究は未だ乏しく，今後，必要な研究であると言えよう。

（3）欧米の保育現場における保育カリキュラムと保育環境評価スケール
──リテラシー能力の向上に重点をおいた読みあい

　日本において『幼稚園教育要領』や『保育所保育指針』があるように，保育における読みあいや読みあう活動は，その国独自の保育カリキュラムを基本としてその保育のねらいが設定され，保育内容が展開されているものである。前述したとおり，日本の現在の保育は，「言葉」の領域にて「絵本や物語などに親しみ，先生（保育士等）や友達と心を通わせる」「絵本や物語など

に親しみ、興味をもって聞き、想像する楽しさを味わう」というねらいの基に、読みあいや読みあう活動が実践されている。欧米においても各国独自の保育カリキュラムや研究者が独自に開発した保育環境評価スケールを活用して、日々の保育が展開されている。

　例えば、イギリスにおいては「早期学習目標（ELG）」、スウェーデンにおいては「就学前教育カリキュラム（Lpfö98）」、アメリカにおいては各州や地域にそれぞれの就学前プログラム内容のガイドラインがあり、個別のプログラムでそのガイドラインを参考に保育内容を組み立てたり、「NAEYC（全米乳幼児教育協会）の認証システム」「クリエイティヴ・カリキュラム」「保育環境評価スケール」などのような個別カリキュラムや評価尺度を採用している（埋橋，2007）。それらのカリキュラムのなかで、読みあいや読みあう活動はどのように位置づけられているのかについて、表2-2にまとめた。この表を元に欧米において代表的な5つのカリキュラム及び保育環境評価スケールにおける読みあいや読みあう活動に関連する項目を捉えていく。

　イギリスでは、1999年に就学前教育の到達目標であるELG（Early Learning Goal 早期学習目標）を発行し、詳細なガイドラインを示した。3-4歳を基礎段階と位置づけ、その段階ごとの終了時に期待される到達目標を「個人的・社会的・情緒的発達」「コミュニケーション、言語、読み書き能力」「算数」「世の中に関する知識と理解」「身体的発達」「創造的発達」の6領域で設定した。読みあいや読みあう活動に関連する目標は、「コミュニケーション、言語、読み書き能力」の領域に「お話や歌や音楽、唱え言葉や詩を楽しんで聞き反応し、自分でもそれらをつくってみる」「親しみのある言葉を読んだり、短い文を拾い読みしたりする」「物語の登場人物や出来事、はじまりについて、また事実についてのどこで、誰が、なにを、なぜ、どのようにしたかという問いの答えの見つけ方の理解を示す」の3項目に設定されている。

　スウェーデンでは、1998年にプレ・スクールが教育システムの最初の段階

表2-2 欧米の代表的な保育カリキュラムや保育の質を捉える評価における読みあい,読みあう活動に関連する項目内容

保育カリキュラムや保育の質を捉える評価	内　容
ELG (Early Learning Goal 早期学習目標)	・お話や歌や音楽,唱え言葉や詩を楽しんで聞き反応し,自分でもそれらをつくってみる ・親しみのある言葉を読んだり,短い文を拾い読みしたりする ・物語の登場人物や出来事,はじまりについて,また事実について,どこで,誰が,なにを,なぜ,どのようにしたかという問いの答えの見つけ方の理解を示す ※邦訳：埋橋（2007）言語能力育成についての就学前ナショナル・カリキュラム等の比較考察より引用
Lpfö98 (就学前教育カリキュラム)	・聞き・話し・考え（反映）・自分の考えを表現する子ども達の能力を発達させる ・豊かで多様な話し言葉,他者とコミュニケートし自分の考えを表現する能力を発達させる ・言葉のコミュニケーション機能と同様に,子ども達の語彙量と概念・言葉で遊ぶ能力・書き言葉への興味・シンボルの理解を育成する ※邦訳：泉（1999）スウェーデンの新「保育カリキュラム」（Lpfö98）より引用
Developmentally Appropriate Practice in Early Program (乳幼児保育における発達にふさわしい教育実践)	・2.D.04；UITPK　子どもは会話や経験,遠足,本によって語彙を増やす多様な経験をする ・2.E.01；I　0〜1歳児は歌や唱え言葉,なじみのゲームや本といった多様な経験をする 　それぞれの子どもに絵本,文字なし絵本,唱え言葉の本などいろいろなタイプの本を読んでもらったり応答したりする経験がある／子どもが自分で試せる丈夫な本を使える ・2.E.02；T　よちよち歩き児・2歳児は歌や唱え言葉,なじみのゲームといった多様な経験をする 　それぞれの子どもに絵本,文字なし絵本,唱え言葉の本などいろいろなタイプの本をよんでもらったり応答したりする経験がある／子どもが自分で試せる丈夫な本を使える ・2.E.03；TPK　子どもは印刷物に親しむ機会をもつ。印刷物が意味をもつことに積極的に関わり,保育室の中全体にある印刷物に親しみ,認識し,使う機会をもつ。ティーチング・スタッフは子どもが印刷物を理解して話し言葉と結びつけるのを助ける ・2.E.04；PK　子どもは次のような多様な機会を持つ 　全日プログラムであれば少なくとも1回はグループでまたは個別的に本を読んでもらう／1対1で,あるいは2人から6人までの小グループで個別的な方法で本を楽しむ／自分で本を探し出し,落ち着いて読める場所がある／お話の本,本当にあったことの本,詩の本,文字の本,文字のない本などいろいろな種類の本に接することができる／何度も同じ本を読んでもらえる／お話の本に書いてあったことを話したり,演じてみたりする／会話をしながら本の内容について理解する／本とカリキュラムの他の内容と結びつけられるように手伝ってもらえる／本のどこになにが書いてあるか分かり,絵と印刷文字の区別がつく ・2.E.08；PK　子どもは保育室の中でどこでも本を読んだりものを書いたりする ・2.E.09；PK　幼稚園児（5歳児）には親しみのある文字や文,簡単な本を読むことを学ぶいろいろな機会がある ※略号は以下のような意味である；U＝Universal（共通事項）,I＝Infants（0〜1歳）,T＝Toddler（1〜2歳）,P＝Preschool（3〜4歳）,K＝Kindergarten（幼稚園,5歳） ※邦訳：白川蓉子・小田豊訳『乳幼児保育における発達にふさわしい教育実践』より引用

第2章　読みあう活動に必要な専門的知識・技術

保育カリキュラムや保育の質を捉える評価	内　　　容
「クリエイティヴ・カリキュラム」	〈読むことと書くこと〉 ・読むことを楽しみ大切にする ・必要があると読み，書いてあることの意味を見出そうとする ・本や他の読み物でわかったことを応用する ※邦訳：埋橋（2007）言語能力育成についての就学前ナショナル・カリキュラム等の比較考察より引用
アメリカの国立小児保健・人間発達研究所（NICHD）のポジディブな養育のチェックリスト	〈お話・歌〉 ・物語を語ってあげたり，物事を言葉で説明したり，歌を歌ってあげたりしていますか？ 〈本読み〉 ・保育者は子どもに本を読んであげたり，お話を読んであげますか？ ・本を読んであげるときに，子どもに本を触らせたり，めくらせたりしていますか？ ・少し歳が上の子どもには本の絵や文字を指さしながら読みますか？ ※邦訳：日本子ども学会編　菅原ますみ・松本聡子訳（2009）『保育の質と子どもの発達──アメリカ国立小児保健・人間発達研究所の長期追跡研究から』より引用

と位置づけられ，教育法の対象となったことで，学校の第一段階のカリキュラムとして「就学前教育カリキュラム（Lpfö98）」を構成することとなった。課題と価値観，発達と学習，子どもの影響，保育園と家庭，保育園と学校と余暇センター（学童保育）の協力の5つの大きな目標が示されている。その発達と学習の中で日本の保育内容「言葉」の領域にあたる言語の活動のねらいがあり，具体的な内容は「聞き・話し・考え（反映）・自分の考えを表現する子ども達の能力を発達させる」「豊かで多様な話し言葉，他者とコミュニケートし自分の考えを表現する能力を発達させる」「言葉のコミュニケーション機能と同様に，子どもたちの語彙量と概念・言葉で遊ぶ能力・書き言葉への興味・シンボルの理解を育成する」の3つの項目があるものの，読みあいや読みあう活動に関する具体的な内容は示されていない。

　アメリカは，全州が統一的に使用する保育カリキュラムはなく，各州や地域によって独自の就学前プログラムを作成し，そのガイドラインに沿って保育内容を組み立てている。そのようななか，アメリカで古くから存在しており，国内最大の乳幼児保育・教育の非営利専門組織であるのがNAEYC

(National Association of Education for Young Children；全米乳幼児教育協会）である。NAEYC は，保育の質の向上を目的として，1996年に *Developmentally Appropriate Practice in Early Program*（邦訳：乳幼児保育における発達にふさわしい実践）を発行し，具体的な教育方法を示している。

　読みあいや読みあう活動に関連する項目は，「2. D. 04；UITPK 子どもは会話や経験，遠足，本によって語彙を増やす多様な経験をする」「2. E. 01；I 0〜1歳児は歌や唱え言葉，なじみのゲームや本といった多様な経験をする（それぞれの子どもに絵本，文字なし絵本，唱え言葉の本などいろいろなタイプの本をよんでもらったり応答したりする経験がある／子どもが自分で試せる丈夫な本を使える）」「2. E. 02；T よちよち歩き児・2歳児は歌や唱え言葉，なじみのゲームといった多様な経験をする（それぞれの子どもに絵本，文字なし絵本，唱え言葉の本などいろいろなタイプの本をよんでもらったり応答したりする経験がある／子どもが自分で試せる丈夫な本を使える）」「2. E. 03；TPK 子どもは印刷物に親しむ機会をもつ。印刷物が意味をもつことに積極的に関わり，保育室の中全体にある印刷物に親しみ，認識し，使う機会をもつ（ティーチング・スタッフは子どもが印刷物を理解して話し言葉と結びつけるのを助ける）」「2. E. 04；PK 子どもは次のような多様な機会をもつ（全日プログラムであれば少なくとも1回はグループでまたは個別的に本を読んでもらう／1対1で，あるいは2人から6人までの小グループで個別的な方法で本を読んでもらう／自分で本を探し出し，落ち着いて読める場所がある／お話の本，本当にあったことの本，詩の本，文字の本，文字のない本などいろいろな種類の本に接することができる／何度も同じ本を読んでもらえる／お話の本に書いてあったことを話したり，演じてみたりする／会話をしながら本の内容について理解する／本とカリキュラムの他の内容と結びつけられるように手伝ってもらえる／本のどこになにが書いてあるか分かり，絵と印刷文字の区別がつく）」「2. E. 08；PK 子どもは保育室の中でどこでも本を読んだりものを書いたりする」「2. E. 09；PK 幼稚園児（5歳児）には親しみのある文字や文，簡単な本を読むことを学ぶいろいろな機会がある」である。年齢・発達ごとによっ

て項目が設定され，日常の保育に対してアセスメントを実施することが求められている。

　また，アメリカでは，Dodge, T. H., Olker, L. T. & Heroman, C.（2002）によって開発された「クリエイティヴ・カリキュラム」による環境的アプローチがある。1978年に初版が発行された後，改訂が繰り返されている。現在は第4版が発行され，保育者がカリキュラムを実践に移すために室内にどのように活動センターを構成するかについての案を示し，子どもの進歩の状況が把握できるツールや教材の開発などが行われている。クリエイティヴ・カリキュラムの具体的な内容は，保育室等でのブロック，ごっこ遊び，おもちゃとゲーム，造形，絵本，発見，砂と水，音楽，リズム，料理，コンピュータ，戸外などの活動センターによって構成されている。幼児期段階での到達目標は，社会／情緒的発達，身体的発達，認知的発達，言語発達の4つの領域で示され，この言語領域において読みあいや読みあう活動に関連する項目が設定されている。具体的には，「読むことを楽しみ大切にする」「必要があると読み，書いてあることの意味を見出そうとする」「本や他の読み物でわかったことを応用する」の3項目である。これらの項目は読むことと書くことの領域に分類されている。

　保育内容の評価尺度としては，アメリカのHarmes, T., Clifford, M. R. & Cryer, D.（1998, 2003）によって開発されたECERS-R（Early Environment Rating Scales-Revised Education；邦訳本『保育環境評価スケール①幼児版改訂版』）とITERS-R（Infant and Toddler Environment Rating Scale-Revised Edition；邦訳本『保育環境評価スケール②乳児版改訂版』）がある。幼児版の初版はHarmes, T. & Clifford, M. R. によって1980年に発行されたものであった。幼児版であるECERS-Rは，2歳半～5歳，乳児版のITERS-Rは，2歳半までの子どもの集団保育の質を評定するように設計されている。ECERS-RとITERS-Rは，空間と家具，個人的な日常のケア，言語―推理（乳児版は聞くことと話すこと），活動，相互関係，保育計画（乳児版は保育の構造），保護者と保育者の7つの

大項目が設定され，それぞれの項目に分類された小項目（ECERS-R が43項目，ITERS-R が39項目）がある。この小項目のうち，言語—推理（乳児版は聞くことと話すこと）に絵本・絵・写真（乳児版は絵本）の項目があり，ここに読みあいや読みあう活動に関連する内容が設定されている。

　ECERS-R には，最低限の項目に「本が何冊か置いてある（例.自由遊びのときに子どもが取り合いをしなくてすむ程度の冊数がある）」「1日に1度はスタッフが主導する言語活動がある（例. 本の読み聞かせをする，ストーリーテーリングをする，パネルシアター）」よいの項目に「1日の相当の時間でいろいろの本を選ぶことができる」「いろいろな言語教材が日常的に使われている」「絵本センター（コーナー）が設けられている」「本や言語教材，活動が子どもに適切である」「スタッフが自然な形で読み聞かせをしている（例. 自由遊びのとき，昼寝のとき，活動の延長線上で）」，とてもよいの項目に「子どもの興味が保たれるように本や言語教材は入れ替えが行われる」「何冊かの本は現在クラスで進行中の活動やテーマに関係している（例. 季節に応じた本が図書館より借り出されている）」がある。

　ITERS-R には，最低限の項目に「毎日，ほとんど好きな時に，年齢にふさわしい絵本を少なくとも6冊手に取れる」「絵本はおおむねきれいな状態である」「保育者は毎日子どもと一緒に絵本を読む（保育者からの誘いかけ，子どもからの要求のいずれでも）」「子どもが興味をもった時に絵本が見られるようになっている。無理強いされない」，よい項目に「毎日，ほとんど好きな時に，年齢にふさわしい絵本を少なくとも12冊手に取れる」「絵本の選択の幅が広い」「保育者は個別的に，また興味をもった子どもに小グループで絵本を読む」「絵本を見る（読む）ときは暖かい雰囲気でやりとりがある」，とてもよい項目に「絵本コーナーで1〜2歳児が自分で本を選んで見る（読む）ことができる」「1日のうち，何度か保育者は子どもと一緒に絵本を見る（読む）」「子どもの興味が持続するように新しい絵本を入れたり，入れ替えたりする」がある。ECERS-R と ITERS-R は，アメリカ国内のみならず，

イギリスでは就学前教育の効果的な実施のための研究プロジェクトで活用される等, ヨーロッパやアジア等多くの国々で活用されている現状がある。

さらに, アメリカでは, 1991年に米国国立小児保健衛生研究所（NICHD）が, 子育て, 特に保育と子どもの発達との関係を明らかにするために, 全米から1,300人ほどの新生児を選んで追跡調査をはじめ, 2006年1月に出生から4歳半までの研究の成果をまとめた。米国国立小児保健衛生研究所はこの研究で使われた評価表と同様のポジティブな養育のチェックリストを作成し, このチェックリストを保護者や保育者が使用することで子どもが保育場面でどのような体験をしているのかを理解して保育の質を高めることの一環として役立てるのが目的である。読みあいや読みあう活動に関連する項目は「物語を語ってあげたり, 物事を言葉で説明したり, 歌を歌ってあげたりしていますか？」「保育者は子どもに本を読んであげたり, お話を読んであげますか？」「本を読んであげるときに, 子どもに本を触らせたり, めくらせたりしていますか？」「少し歳が上の子どもには本の絵や文字を指さしながら読みますか？」の4つの項目が設定されている。

以上, 代表的な欧米における読みあいに関するカリキュラムや保育の質を捉える保育環境評価スケールを概観した。この内容から, 日本の保育や幼児教育を取り巻く社会的・教育的背景とは異なり, 就学前教育においてリテラシー能力の向上に重点をおいた保育・教育の視点から読みあいに関連する項目が設定されていることがわかる。これは, 欧米の多くが多民族国家ゆえに, 歴史的に子どもの言語能力の格差への対応が乳幼児期の保育や教育に求められたからであると言えよう。日本の『保育所保育指針』『幼稚園教育要領』にみられる「親しみ」「楽しみ」を中心とする目標とは言えないものの, その一部の理念や保育・教育方法には, 日本同様に, 日常の遊びの中での活動として位置づけられ, 絵本などに触れあい, 楽しみながら保育者または子ども同士がコミュニケーションを取ることの重要性が保育内容として組み込まれ, 重要な位置づけとなっていることが明らかである。

（4）欧米の保育現場における読みあいに関する研究の動向
——縦断的研究で明らかにされる読みあいの意義

　欧米における読みあいとは，リテラシー能力や言語能力を中心とした子どもの基礎的能力の向上を目標とした意義が大きい。前述したとおり，各国の保育カリキュラムにも各国において基礎的能力向上の位置づけがなされていることが明らかである。保育現場における読みあいに関する研究においても同様に，その活動がどのように子どものさまざまな能力を向上させていくのかについて着目されてきた経緯がある。

　例えば，幼稚園において読んだりや書いたりする経験をしている子どもたちは，その後の成長過程における読むことによい影響を与えられることが指摘されている (Lonigan, C. J., Burgess, S. R. & Anthony, J. L., 2000; Snow, C. E., Burns, M. S. & Griffin, P., 1998; Whitehurst, G. J. & Lonigan, C. J., 1998; Lonigan, C. J. et al., 2000; Lonigan, C. J., Schatschneider, C. & Westberg, L., 2008; Spira, E. G. & Fischel, J. E., 2005; Storch, A. S. & Whitehurst, J. G., 2002)。

　幼児期までのリテラシー能力を中心とした読みや書きに関する多くの研究成果を元に，さらに，さまざまな研究者によって，家庭や保育現場における子どものリテラシー能力を開発するために教育関連プログラムも開発されてきた (Büyüktaşkapu, S., 2012; Catts, H. W., Gillispie, M., Leonard, B. L., Kail, R. V. & Miller, C. A., 2002; Dickson, D. K. & Porche, M. V., 2011; Gardiner, S., 2006; Torgesen, J. K., Morgen, S. T. & Davis, C., 1992)。これらは，主に，リテラシー能力に関して特別に配慮が必要な子どもたちに対するリテラシー能力向上のための開発を目的とした研究である。

　また，特別な配慮が必要な子どもたちへのプログラムのみならず，保育現場における集団での読みあいのなかで，教師の働きかけによって子どものリテラシー能力や語彙能力の発達を促すことを明らかにした研究もある (Blamey, K., Beauchat, D. & Sweetman, H., 2012; Dickson, D. K. & Smith, M. W., 1994)。

集団の子どもに対する絵本の読みあいに関しては，集団の人数によって子どもに与える効果の違いについても検討されてきた。Morrow, L. M. & Smith, J. K.（1990）による研究では，様々なサイズのグループの中で絵本を読みあう活動中に子どもの物語理解や会話による子ども同士の相互作用を検討している。小集団（3名）の子どもへの読みあいは，1対1の読書と同じくらいの相互作用があり，クラス全体の読みあいあるいは1対1の読みあいよりより深い物語理解に結びつくことを明らかにした。しかし，この研究結果については，後の Marulis, L. M. & Neuman, S. B.（2010）の研究によって，グループの大きさによる子どもへの効果の違いはメタ分析では見られなかった。

アメリカでは，国家的教育対策の一つとして2001年に，「子どもを一人も落ちこぼれにしないための2001年法」（NCLB 法）を制定し，教育現場にエビデンスに基づく施策の採用を求めている。具体的な施策内容は，生徒間の成績のギャップをなくす，読解力の向上，連邦政府の補助金プログラムの統廃合と補助金に対する州政府と教育現場への裁量権の付与，目標を達成し責任を果たした州への報酬と目標達成できなかった州への補助金削減，親への情報と選択権の付与，教師の質の向上，学校の安全確保，テクノロジーを活用した教育の促進などであった（松山，2001）。教育省は，この NCLB 法の一環として，評価研究に関する信頼できる情報を提供することを目的に，What Works Clearinghouse（WWC）というウェブサイトを開設した。WWC では，その役割の一つとして，評価研究の系統的レビューを行い，その結果を随時，エビデンス・レポートとして掲載している。このエビデンス・レポートの一つに，幼児教育の現場における絵本の読みあいが子どもたちに与える影響に関して2006年にまとめられた「Dialog reading」がある。

「Dialog reading」は，対話型で絵本を読みあうことによって幼児の言語能力やリテラシー能力の成長・発達を促す方法である。この方法は，子どもが大人の援助を受けながら絵本を読みあうことによって，その活動中に子ど

も自身がストーリーテーラーへと変化し，大人と子どもの役割が交代され，子どもはより意欲的に聞き，質問するようになっていくようになることを示している。WWCはこの絵本を読みあう方法を実証することを目標とした8つの研究を再検討し，そのうち，4つの研究についてWWCの認証基準を満たした研究成果であることを認定した。

認証された研究の一つである Wasik, B. A. & Bond, M. A. (2001) の研究では，低所得の家庭の4歳児の子どもたちに対する教師の対話型の絵本の読みあいによって，言語と読み書き能力の向上が得られることを明らかにした。教師は，言葉を使用する機会を提供したり，対象となる言語を示したりすることによって，絵本の語彙の意味を強化していた。

読みあい中における対話に関連した近年の研究では，Blewitt, P., Rump, K. M., Shealy, S. E, & Cook, S. A (2009) の研究によって，幼稚園の子どもたちに対する読みあいや読みあいに伴う会話は，語彙能力の発達を促進することが明らかにされている。教師が子どもに対し，習得することを目的とした言葉に関する質問をすることが子どものその言葉に関する理解や生成を促していたことや，従来から語彙能力の高い子どもは低い子どもに比べて，より学習能力が高いことが明らかにされている。

以上のような欧米の保育現場における読みあいに関する研究の流れからもわかるように，欧米の保育現場における絵本の読みあいは言語能力やリテラシー能力の向上に寄与した活動であると言える。このため，保育者はよりよい絵本の読みあう活動を展開するために，市販されているテキストを使用することもある。そのいくつかの例として，元幼稚園教諭の Chanko, P. (2005) による *Teaching With Favorite Lois Ehlert Books : Engaging Skill-Building Activities That Introduce Basic Concepts, Develop Vocabulary, and Explore Favorite Science Topics* や，同じく幼稚園教諭である Leuenberger, J. C. (2007) による *Teaching Reading With Bill Martin Books : Engaging Activities That Build Raeding Comprehension Skills and*

Explore the Themes in These Popular Books，子どものリテラシー能力の発達に関する研究を専門とする大学教員である Rains, C. S. と教育学を専門とする大学教員であった Canady, J. R.（1989）による *Story Stretchers : Activities to Expand Children's Favorite Books*（*Story S-T-R-E-T-C-H-E-R-S*）などがある。*Story Stretchers* はその後，シリーズとして他の絵本の読みあいの保育実践を紹介した本を次々と出版した。

　これらのテキストは，研究者や教育の専門家により執筆されており，それぞれの研究や教育実践による効果の結果からプログラムを開発し，保育者や教育者に向けて提供されている。テキスト内容は，絵本を読みあいや読みあう活動として，読みあう活動前の教師の準備，読みあいの方法，読みあった後に遊びを中心とした言語表現やアート，科学，生物，社会的学習などを楽しみながら学ぶ方法が説明されており，保育者はこれらを活用して保育を実践していることもある。

（5）読みあう活動に関する研究の必要性
──解明が必要とされている具体的な保育方法

　2008（平成20）年の厚生労働省の『保育所保育指針』解説書における領域「言葉」の「絵本や物語などに親しみ，興味を持って聞き，想像する楽しさを味わう」の内容解説では，幼児期における絵本や童話とのかかわりについて以下のように述べられている。

　　「絵本は環境の一つとしてたいへん重要です。子どもは，保育士等に絵本を読んでもらったり，自ら絵本を手にして楽しみます。そして，簡単な言葉を繰り返したり，模倣して楽しんだり，絵本の中の登場人物や物に感情移入したり，話の展開を楽しんだりしながら，イメージを膨らませていきます。子どもの興味や発達過程に応じて，どのような絵本をどのように置いたり，扱ったりしていくのかを保育士等は吟味します。

また，絵本だけでなくお話や童話，視聴覚教材などを見たり聞いたりする機会をつくりながら，子どものイメージの世界を広げていきます。そして，視覚に頼らず自分の心の中に自由にイメージを膨らませていくことができるよう，語りや読み聞かせを取り入れていくことも大切です。さらに，心の中に描いたイメージを言語化したり，身体表現など様々な表現に結び付けていく機会をつくっていくことが，想像する楽しさを膨らませていきます」。

　このように，日々の保育現場における絵本を読みあう活動は生活体験の一部として日常生活や経験と結びつけた活動であり，保育においては保育者のさまざまな配慮が必要であると明示されている。さらに，子どもたちはその体験の積み重ねの中で，豊かにそうぞう（想像・創造）したり，思考したり，表現したり，語ったり，感じたり，またはそれらを人と共有したりなど，さまざまな力を育んでいくこととなる。国内外の保育カリキュラムや保育評価尺度における読みあいや読みあう活動の位置づけや読みあいに関連する研究動向からもわかるように，保育現場にとって読みあう活動は必要不可欠ものとなっているに違いない。

　しかし，これほどまでに保育現場で必要不可欠とされている読みあう活動であるにもかかわらず，先行研究では，実際の保育現場における保育者の保育展開や方法は具体化されていない。前述の『保育所保育指針解説書』に述べられているように，「保育環境の中への絵本の位置づけ」「子どもの興味や発達過程に応じた方法」「適切な読みあいや読みあう活動の機会の設定方法」「読みあう活動中の子どもの捉え方」「読みあいの方法」「子どもの感情や行動の表現への広げ方，結びつけ方」「想像する楽しさの膨らませ方」などをどのように保育者として保育に配慮しながら展開していくことが必要であるのかについて，具体的に検討されていないのが現状である。それぞれの保育現場の独自な方針や活動展開によって読みあう活動を実施していると言って

も過言ではない。どのような読みあいや読みあう活動が子どもの育ちにおいて望ましいのか，その具体的な保育方法の指標が得られていないのである。

　第2章第1節第2項でも述べたように，これまでの読みあいや読みあう活動に関連する研究は，1事例もしくは2〜3事例の保育実践を分析した研究にとどまっている（横山, 2005；横山・水野, 2008；髙橋・首藤, 2005；2007）。これらの研究は，絵本の「読み聞かせ」活動中における子どもと保育者の発話内容を中心に分析した結果から，その活動の意義や「読み聞かせ」の実践方法を明らかにしたものである。読みあう活動の子どもと保育者の感情や行動を詳細に分析し，その具体的な活動の展開や保育方法について検討するには，調査対象が限定されてきたという点において乏しい研究状況であると言えよう。また，子どもと保育者が絵本を読んだ後の活動も含めて連続した保育活動の展開を捉えた研究には至っていない。

　そこで，筆者は，読みあう活動を実践しているM保育園の保育者4名とともに，保育実践記録を振り返り，保育者の保育方法を詳細に分析することで，その具体的な保育展開を明らかにし，絵本を読みあった後の活動も含めた連続性ある保育活動を捉えた（仲本ら, 2011；白石・栗原・樋口・宇野・仲本, 2011）。本研究では，絵本を読みあう活動を通して，子ども自身の「感性」や「そうぞう（想像・創造）」「思考（考える）」「表現」「共有し合う等の感情や行動」が導き出され，それらが「遊び」へと展開していた。その活動は日々の「日課」や「行事」「誕生会」「保護者との協同的な活動」にもつながり，絵本を読む活動やその読む活動から出現した表現活動だけでなく，さまざまな活動へと広がっていることが明らかとなった。

　さらに，その読みあう活動における子どもたちの感情や行動の背景には，子どもたちと共に生きる保育者が「感性をもち」「子どもの気持ちを受け止め」「保育環境へとつなげ」「子どもの生活や経験を理解し」「絵本の活用に対する興味と関心を深め」「状況に応じた働きかけを行い」「心から共に楽しむ」などといった保育場面での保育者のねらいと保育方法が存在していた。

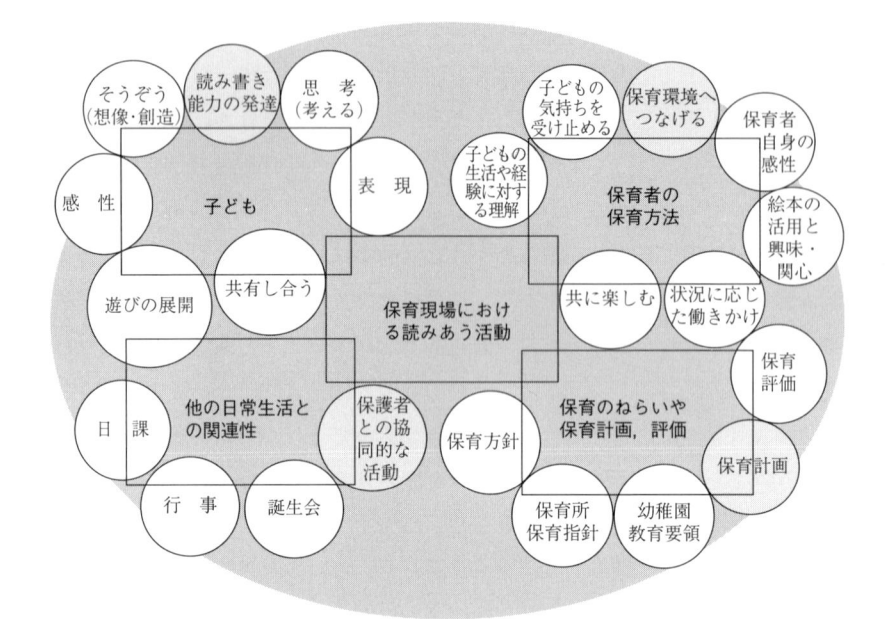

図 2-2　保育者が読みあう活動を実践する上で必要な配慮

　ここから，それぞれが関連し合いながら，読みあう活動を子どもたちに意味づけ，体験の積み重ねをし，個々の子どもの感情や行動の深まりとなり，その中で子どもが成長・発達していることが明らかになった。

　筆者は，ここで，前述した日本の読みあいに関連する先行研究とM保育園の実践事例の分析内容の結果から，保育者が読みあう活動を実践する上で必要な配慮ついて，図2-2のように示した。

　図2-2に示されるように，保育者は，読みあう活動を実践する上で，「子ども」「保育者の保育方法」「保育のねらいや保育計画，評価」「他の日常生活との関連性」の大きく4つの配慮しながら取り組む必要性があると考える。また，今後の研究課題として，これら4つの配慮に含まれる各要素に対し，一般的に，保育者がどのような配慮を持って実践していくことが望ましいのか，その具体的な活動方法を明らかにする必要がある。

第2章　読みあう活動に必要な専門的知識・技術

下記の展開を見通した読みあう活動に対する保育の方針やねらい，保育計画

① 読む活動前の子どもたちの生活や経験への理解

② 子どもたちの生活や経験に即した絵本の選択

③ 絵本を子どもたちと保育者で読みあう（積み重ねた体験）

④ 読みあった後の子どもたちの興味・関心を受け止める

⑤ 子どもたちの興味・関心を遊びや生活へつなげる

⑥ 形成的な保育計画　室内・室外での遊び、そうぞう（想像・創造）からの表現、園行事、その他の活動における子どもたちの感情や行動を理解・共感しながら、その場に応じた働きかけをし、保育環境へつなげていく。

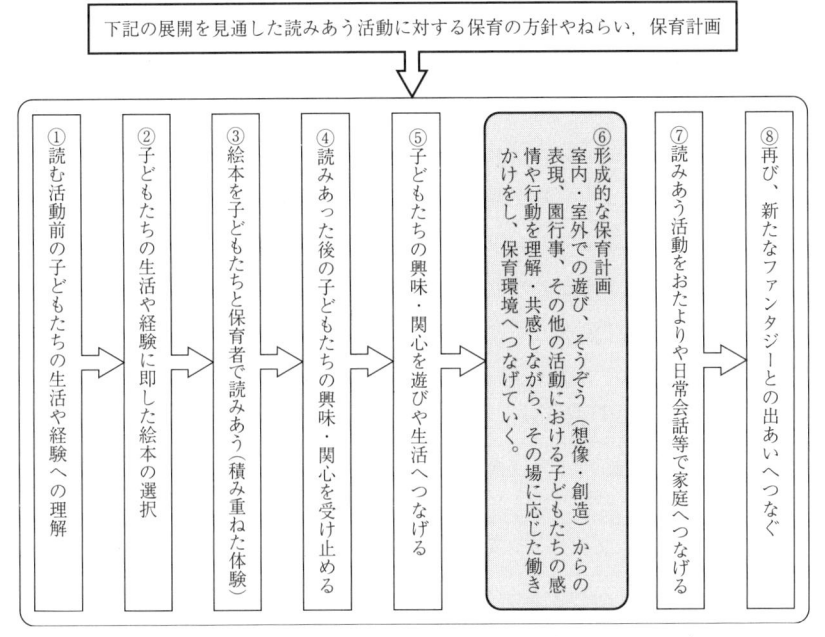

⑦ 読みあう活動をおたよりや日常会話等で家庭へつなげる

⑧ 再び、新たなファンタジーとの出あいへつなぐ

図2-3　時系列による読みあう活動の展開と保育者に必要な配慮

　また，横山・秋田（1998）が，保育者は「読み聞かせ」場面を「場面づくり」「導入」「読みの過程」「読後」の4過程から構成していることを明らかにしているように，図2-2の保育者が読みあう活動を実践する上で必要な配慮は，読みあう活動の過程ごとに重点の置き方が異なるものであると考えられる。読みあう活動は前・中の場面および読みあった後に遊びや行事，保護者，家庭などの日常生活とのつながりを持った場面における保育者に必要な配慮と具体的な活動方法を時系列の場面構成で明らかにする必要がある。

　そこで，本章でまとめた先行研究とM保育園の実践事例の分析内容から時系列による読みあう活動の展開と保育者に必要な配慮を，図2-3のように示した。図2-3に示されるように，読みあう活動前・中・後の展開場面における保育者に必要な配慮は異なり，時系列における場面ごとに必要である

具体的な保育を明らかにしなければならない。なぜなら，『保育所保育指針』や『幼稚園教育要領』に示されるように，読みあう活動中の保育者の配慮が明らかにならなければ，読みあう活動に対する保育の方針やねらい，保育計画を立て，具体的な活動方法を構築することは困難だからである。

　筆者がまとめた「保育者が読みあう活動中に必要な配慮」と「読みあう活動前・中・後の展開場面における保育者に必要な配慮」は，あくまでもこれまでの研究成果からまとめたものであり，一般的な保育者の保育実践としての検討とはなり得ていない。今後，保育現場において保育者がより質の高い読みあう活動の保育実践を展開するためには，先行研究で示された1事例，2～3事例の実践記録の分析では不十分であり，一般的な保育現場において必要な読みあう活動の保育技術や能力，具体的な保育者の保育方法を検討する研究が必要である。

2　保育現場における読む活動に関する調査

　本節では，保育者を対象に，保育現場の読む活動における保育者のねらいや保育方法に関する質問紙調査を行い，保育者が日常の保育で絵本を読む活動に取り組む際にどのようなねらいや方法をもって取り組んでいるのかを明らかにすることを目的とする。

（1）調査対象者

　調査対象は，千葉市内の民間保育園の保育士607名であった。女性583名（96％），男性24名（4％）であった。このうち，3歳未満児担当者が367名，3歳以上児担当者が124名，その他（園長，主任保育士，フリー担当保育士など）が114名であった。有効回答数は，605名であった（2名は回答欠損項目があった）。

（2）方　法
1）調査手続き

　無記名の自記式質問紙調査を行った。筆者が千葉市民間保育園協議会の事務局を訪問して調査を依頼し，その後，園長会議で検討した上で承認が得られた。実施にあたっては，千葉市内の民間保育所47施設へ質問紙を郵送し，各所長を通じて，対象となる保育者に質問紙を渡していただいた。質問紙は留置法によって回収し，その後，無記名の返信用封筒に封入の上，郵便ポストに投函していただくように依頼した。

2）調査項目

　調査項目作成にあたっては，筆者が先行研究より提言されている保育現場の読む活動における保育者の活動展開に示されたねらいや保育方法を参考にして作成した。質問項目は，表2-3の47項目であった。

　調査対象者605名に対し，それぞれの項目について，「まったくあてはまらない」から「非常にあてはまる」までの6件法で尋ねた。

3）調査期間

　2011（平成23）年9月下旬から2011（平成23）年10月中旬であった。

4）倫理的配慮

　2011年5月25日に，筑波大学人間総合科学研究科研究倫理委員会における研究倫理審査の承認を受けた（承認番号：23-10号）。

（3）結　果

　保育現場の読む活動における保育者のねらいや保育方法に関する47の調査項目に対する605名の保育者の回答を集計し，SPSS11.5を使用して探索的因子分析（最尤法・バリマックス回転）を行った。その結果，37項目5因子を抽出した（累積寄与率51.4%）。表2-4に示されるとおり，第1因子（a = .89）は「子ども志向の読む技術」(13項目)，第2因子（a = .82）は「本の内容志向の関わり」（9項目），第3因子（a = .74）は「読む活動の体制づくり」

表 2-3 保育現場の読む活動における保育者のねらいや保育方法に関する調査項目

1. 同じ絵本を繰り返し読むようにしている
2. できるだけいろいろな本を読むようにしている
3. あまり話しかけたりせず，書かれている文章をそのまま読むようにしている
4. 子どもと絵本を通して会話をしながら，読むようにしている
5. 子どもに語りかけながら，読むようにしている
6. 字を教えながら読むようにしている
7. 本に出てくるものの名前を教えながら，読んでいる
8. 書かれている内容をわかるように絵などに説明を加えながら，読むようにしている
9. 読んでいる間や読んだ後で書かれている内容がわかるように説明を加えながら，読むようにしている
10. 登場人物によって声を変えたりしながら，読んでいる
11. 子どもが読めるところは，子どもに読ませながら，読んでいる
12. 子どもが読んで欲しいという限り何度でも何冊でも読むようにしている
13. 子どもが一人で本を見ていたり，自分で読んだ時にはほめるようにしている
14. 子どもが自分で読んだ時には読み方を教えてあげている
15. 発達の特徴をふまえて本を選択している
16. 反応を見ながら，読んでいる
17. 発した言葉を受け止めながら，読んでいる
18. 子どもの日常経験と関連づけて本を選択している
19. 子どもに本の内容を尋ねながら，読んでいる
20. 読んだ後，本の内容を遊びへと関連づけて保育を展開している
21. 読んだ後，本の内容を子どもとともに振り返る
22. ねらいをもって読んでいる
23. 子どもとともに楽しみながら，読んでいる
24. 読んでいる途中，子どもに応答を求めながら，読んでいる
25. 読んだ内容を他の日常体験につなげている
26. 本を読む前に導入を考え，読む活動をはじめる
27. 子どもの聞く態度に注意しながら，読んでいる
28. 子どもの興味・関心をふまえて本を選択している
29. 読む時には子どもの座る位置を考えている
30. 視線を子どもに向けながら，読んでいる
31. 本を持つ手や位置に気をつけている
32. 季節を関連づけて本を選択している
33. 子どもの表情や様子を見ながら，読んでいる
34. 子ども一人ひとりの聞いている態度や様子から子どもの今の状況を理解するようにしている
35. 子どもの想像世界を大切にしながら，読んでいる
36. 読む活動の様子をおたよりなどで家庭へ報告している
37. 保育園（または幼稚園）の絵本を家庭へ貸出をしている
38. 声の大きさに注意をしながら，読んでいる
39. 手ぶり，身ぶりを入れながら，読んでいる
40. 読む前に指導計画を立てている
41. 保護者向けの本の講座を開催している
42. 保育室内に絵本のコーナーを作っている
43. 保育園（または幼稚園）の保育方針・目標と日々の読む活動は関連している
44. 本を読む前に内容を理解している
45. 本を読む環境に配慮して読んでいる
46. 保育所保育指針（または幼稚園教育要領）のねらい・内容をふまえて読む活動を計画している
47. 保育園（または幼稚園）内に所蔵している本のリストを作成している

第2章 読みあう活動に必要な専門的知識・技術

表2-4 読む活動における保育者のねらいと保育方法

項　目	1	2	3	4	5	因子の名称
33. 子どもの表情や様子を見ながら読んでいる	.83					
31. 本を持つ手や位置に気をつけている	.81					
28. 子どもの興味・関心をふまえて本を選択している	.68					
30. 視線を子どもに向けながら読んでいる	.65					
32. 季節を関連づけて本を選択している	.65					
38. 声の大きさに注意をしながら読んでいる	.64					
29. 読む時には子どもの座る位置を考えている	.63					子ども志向の読む技術
35. 子どもが想像する世界を大切にしながら，読んでいる	.62					
16. 反応を見ながら，読んでいる	.59					
23. 子どもとともに楽しみながら読んでいる	.58					
34. 子ども一人ひとりの聞いている態度や様子から子どもの今の状況を理解するようにしている	.56					
15. 発達の特徴をふまえて本を選択している	.46					
44. 本を読む前に内容を理解している	.43					
21. 読んだ後，本の内容を子どもとともにふり返る		.72				
19. 子どもに本の内容を尋ねながら読んでいる		.68				
9. 読んでいる間や読んだ後で書かれている内容がわかるように説明を加えながら読むようにしている		.67				
14. 子どもが自分で読んだ時には読み方を教えてあげている		.61				本の内容志向の関わり
6. 字を教えながら読むようにしている		.58				
13. 子どもが一人で本を見ていたり，自分で読んだ時にはほめるようにしている		.56				
11. 子どもが読めるところは，子どもに読ませながら読んでいる		.48				
27. 子どもの聞く態度に注意しながら，読んでいる		.46				
46. 保育所保育指針（または幼稚園教育要領）のねらい・内容をふまえて読む活動を計画している			.69			
43. 保育園（または幼稚園）の保育方針・目標と日々の読む活動は関連している			.63			
40. 読む前に指導計画を立てている			.55			読む活動の体制づくり
47. 保育園（または幼稚園）内に所蔵している本のリストを作成している			.51			
37. 保育園（または幼稚園）の絵本を家庭へ貸出をしている			.51			
41. 保護者向けの本の講座を開催している			.51			
36. 読む活動の様子をおたよりなどで家庭へ報告している			.45			
4. 子どもと絵本を通して会話をしながら読むようにしている				.78		
3. あまり話しかけたりせず，書かれている文章をそのまま読むようにしている				-.70		子どもとのコミュニケーション
5. 子どもに語りかけながら読むようにしている				.57		
39. 手ぶり，身ぶりを入れながら読んでいる				.53		
25. 読んだ内容を他の日常体験につなげている					.68	
20. 読んだ後，本の内容を遊びへと関連づけて保育を展開している					.62	保育を展開する志向
22. ねらいをもって読んでいる					.55	
18. 子どもの日常経験と関連づけて本を選択している					.50	

注：因子抽出法：最尤法。
　　回転法：Kaiser の正規化を伴わないバリマックス法。

63

表2-5　3歳未満児と3歳以上児担当保育者の平均値比較

	3歳未満児担当 M	SD		3歳以上児担当 M	SD	t値	
1. 同じ絵本を繰り返し読むようにしている	4.30	0.99	>	3.58	1.05	6.70	***
2. できるだけいろいろな本を読むようにしている	4.14	0.89	<	4.52	0.84	-4.34	***
3. あまり話しかけたりせず，書かれている文章をそのまま読むようにしている	3.68	1.29	<	4.17	1.23	-3.79	***
4. 子どもと絵本を通して会話をしながら読むようにしている	3.69	1.19	>	3.07	1.08	5.36	***
5. 子どもに語りかけながら読むようにしている	4.20	1.06	>	3.86	1.14	2.87	***
6. 字を教えながら読むようにしている	1.74	1.01	<	2.17	0.93	-4.29	***
7. 本に出てくるモノの名前を教えながら読んでいる	3.54	1.34	>	2.91	1.19	4.91	***
8. 書かれている内容をわかるように絵などに説明を加えながら読むようにしている	2.90	1.24		2.77	1.12	1.03	
9. 読んでいる間や読んだ後で書かれている内容がわかるように説明を加えながら読むようにしている	2.81	1.24		2.92	1.21	-0.84	
10. 登場人物によって声を変えたりしながら読んでいる	3.84	1.42	<	4.11	1.36	-1.92	**
11. 子どもが読めるところは，子どもに読ませながら読んでいる	2.00	1.15	<	2.22	1.01	-2.03	**
12. 子どもが読んで欲しいという限り何度でも何冊でも読むようにしている	3.93	1.21	>	3.52	1.10	3.47	**
13. 子どもが一人で本を見ていたり，自分で読んだ時にはほめるようにしている	3.20	1.27	<	3.58	1.09	-3.18	**
14. 子どもが自分で読んだ時には読み方を教えてあげている	2.47	1.27	<	3.35	1.16	-7.07	***
15. 発達の特徴をふまえて本を選択している	4.84	0.95	>	4.58	0.77	3.09	**
16. 反応を見ながら，読んでいる	4.90	0.93	<	4.64	0.90	2.81	**
17. 発した言葉を受け止めながら読んでいる	4.70	0.89	<	4.15	0.98	5.57	***
18. 子どもの日常経験と関連づけて本を選択している	4.30	0.92		4.34	0.85	-0.48	
19. 子どもに本の内容を尋ねながら読んでいる	2.88	1.29		2.92	1.05	-0.33	
20. 読んだ後，本の内容を遊びへと関連づけて保育を展開している	3.50	1.07		3.54	0.87	-0.37	
21. 読んだ後，本の内容を子どもとともに振り返る	3.04	1.20	<	3.59	1.28	-4.16	***
22. ねらいをもって読んでいる	3.89	0.88		4.00	0.69	-1.48	
23. 子どもとともに楽しみながら読んでいる	5.04	0.85	>	4.75	0.85	3.32	***
24. 読んでいる途中，子どもに応答を求めながら読んでいる	3.48	1.30	>	3.17	1.10	2.52	**
25. 読んだ内容を他の日常体験につなげている	3.61	0.95		3.71	0.87	-1.07	
26. 本を読む前に導入を考え，読む活動をはじめる	3.68	1.15		3.67	0.93	0.09	
27. 子どもの聞く態度に注意しながら，読んでいる	3.92	1.08	<	4.27	0.93	-3.46	***
28. 子どもの興味・関心をふまえて本を選択している	4.75	0.85		4.66	0.78	1.09	
29. 読む時には子どもの座る位置を考えている	4.86	0.95		4.77	0.94	0.86	
30. 視線を子どもに向けながら読んでいる	4.81	0.99		4.63	0.96	1.76	
31. 本を持つ手や位置に気をつけている	5.17	0.85		5.03	0.82	1.62	
32. 季節を関連づけて本を選択している	4.81	0.96		4.95	0.75	-1.63	
33. 子どもの表情や様子を見ながら読んでいる	5.07	0.83		4.94	0.79	1.63	
34. 子ども一人ひとりの聞いている態度や様子から子どもの今の状況を理解するようにしている	4.55	0.90		4.46	0.86	0.90	
35. 子どもの想像世界を大切にしながら，読んでいる	4.70	0.99		4.69	0.77	0.16	
36. 読む活動の様子をおたよりなどで家庭へ報告している	3.40	1.21	>	2.85	1.13	4.58	***
37. 保育園（または幼稚園）の絵本を家庭へ貸出をしている	2.52	2.01		2.56	2.03	-0.19	
38. 声の大きさに注意をしながら読んでいる	4.78	0.95		4.72	0.92	0.63	
39. 手ぶり，身ぶりを入れながら読んでいる	3.02	1.39	>	2.57	1.19	3.45	***
40. 読む前に指導計画を立てている	2.33	1.32		2.46	1.26	-0.95	
41. 保護者向けの本の講座を開催している	1.56	1.04		1.68	1.09	-1.02	
42. 保育室内に絵本のコーナーを作っている	4.43	1.74		4.75	1.51	-1.95	
43. 保育園（または幼稚園）の保育方針・目標と日々の読む活動は関連している	3.68	1.31		3.84	1.04	-1.39	
44. 本を読む前に内容を理解している	4.59	1.00		4.36	0.92	2.29	
45. 本を読む環境に配慮して読んでいる	4.56	0.97		4.51	0.88	0.51	
46. 保育所保育指針（または幼稚園教育要領）のねらい・内容をふまえて読む活動を計画している	3.34	1.21		3.41	1.04	-0.61	
47. 保育園内に所蔵している本のリストを作成している	3.00	1.81		3.27	1.76	-1.44	

注：**p <.01，***p <.001。

（7項目），第4因子（$a = .78$）は「子どもとのコミュニケーション」（4項目），第5因子（$a = .78$）は「保育を展開する志向」（4項目）と命名した。

各項目における調査対象者の選択傾向を明らかにするため，それぞれの項目の平均値と標準偏差を算出した（表2-5）。

さらに，3歳未満児担当者と3以上児担当者の読む活動時におけるねらいや保育方法に差があるのかについて検討するため，保育現場の読む活動における保育者のねらいや保育方法に関する47の調査項目に対する3歳未満児担当保育者および3歳以上児担当保育者491名の回答の平均得点についてt検定を行った。その結果，表2-5に示されるとおり，「同じ絵本を繰り返し読むようにしている」（t = 6.70, df = 488, p <.001）と「子どもと絵本を通して会話をしながら読むようにしている」（t = 5.36, df = 486, p <.001），「子どもに語りかけながら読むようにしている」（t = 2.87, df = 486, p <.001），「本に出てくるモノの名前を教えながら読んでいる」（t = 4.91, df = 487, p <.001），「発した言葉を受け止めながら読んでいる」（t = 5.57, df = 485, p <.001），「子どもとともに楽しみながら読んでいる」（t = 3.32, df = 485, p <.001），「読む活動の様子をおたよりなどで家庭へ報告している」（t = 4.58, df = 486, p <.001），「手ぶり，身ぶりを入れながら読んでいる」（t = 3.45, df = 487, p <.001），「子どもが読んで欲しいという限り何度でも何冊でも読むようにしている」（t = 3.47, df = 487, p <.01），「発達の特徴をふまえて本を選択している」（t = 3.09, df = 485, p <.01），「反応を見ながら，読んでいる」（t = 2.81, df = 487, p <.01），「読んでいる途中，子どもの応答を求めながら読んでいる」（t = 2.52, df = 484, p <.01）について3歳以上児よりも3歳未満児の担当保育者の方が有意に高い得点を示した。

「できるだけいろいろな本を読むようにしている」（t = −4.34, df = 487, p <.001），「あまり話しかけたりせず，書かれている文章をそのまま読むようにしている」（t = −3.79, df = 485, p <.001），「字を教えながら読むようにしている」（t = −4.29, df = 485, p <.001），「子どもが自分で読んだ時には読み

方を教えてあげている」(t＝−7.07, df＝483, p＜.001),「読んだ後, 本の内容を子どもとともに振り返る」(t＝−4.16, df＝486, p＜.001),「子どもの聞く態度に注意しながら, 読んでいる」(t＝−3.46, df＝489, p＜.001),「登場人物によって声を変えたりしながら読んでいる」(t＝−1.92, df＝484, p＜.01),「子どもが読めるところは, 子どもに読ませながら読んでいる」(t＝−2.03, df＝486, p＜.01),「子どもが一人で本を見ていたり, 自分で読んだ時にはほめるようにしている」(t＝−3.18, df＝486, p＜.01)について3歳未満児よりも3歳以上児担当の保育者の方が有意に高い得点を示した。

その他の項目についての得点差は有意ではなかった。

(4) 考 察
1) 読む活動時における保育者のねらいや保育方法

探索的因子分析の結果から, それぞれの因子には次の通りの内容が含まれていることが明らかになった。まず, 第1因子である「子ども志向の読む技術」には, 読む活動中における子どもの気づき, 敏感性, 応答性といった状況に対する保育者の子どもに対する理解とその支援や, 聞き手である子どもの見やすさ・聞きやすさに対する配慮, 絵本の内容ならびに選択の配慮という複数の保育技術が含まれている。第2因子である「本の内容志向の関わり」には, 読む活動前から後にかけて本の内容に対する子どもの理解の状況を読み取り, その子どもの状況に応じた保育者の具体的な言葉かけ・語りかけ・働きかけが含まれている。第3因子である「読む活動の体制づくり」には, 保育所または幼稚園および個々の家庭内における読む活動に対して, 保育者の保育の方針・ねらい・指導計画を持った読む活動の体制づくりが含まれている。第4因子である「子どもとのコミュニケーション」には, 読む活動中における保育者の子どもとのコミュニケーション方法が含まれている。第5因子である「保育を展開する志向」には, 読む活動と日常の生活をつなげた保育のねらいや絵本の選択, 遊びやその他の体験へ展開することを志向

した保育者の保育方法が含まれている。

　これらの各因子をさらに具体的にみていくと，保育現場における読む活動の具体的なねらいや保育方法として，保育者は読む活動中の相互の関係性を重視してコミュニケーションを取り，読む活動の前から後にかけての子どもの状況に理解をはかりながら，その状況に応じた支援している。読む活動における子ども一人ひとりの成長・発達に即した保育方法に取り組んでいることが明らかになった。さらに，読む活動に対する保育方針・ねらい・指導計画を持って，読む活動と日常生活のさまざまな子どもの活動や経験をつなげていることが明らかになった。

　さらに，「子ども志向の読む技術」「本の内容志向の関わり」「子どもとのコミュニケーション」「保育を展開する志向」の因子に含まれる内容から，子どもが絵本を保育者や保護者とともに読むことによって育まれた感情や行動に保育者が配慮し，ねらいや保育技術をもって支援していることがわかる。この読むことによって育まれる子どもの感情や行動とは，具体的に子どもの読むこと，聞くこと，話すこと，考えること，活動することなどである。保育現場における読みあいや読みあう活動に関する先行研究において，子どもの読むこと，聞くこと，話すこと，考えること，活動するなどの能力を育むことに対して効果があることが言及されてきた（Blewitt, P., Rump, K. M., Shealy, S. E., & Cook, S. A., 2009；Lonigan, 1994；佐藤・西山，2007；寺田・無藤，2000；寺田，2004；横山・水野，2008；Wasik, B. A. & Bond, M. A., 2001）。本研究の結果から，保育現場で読む活動を実践している保育者は，読む活動によって子どもの読むこと，聞くこと，話すこと，考えること，活動することなどの能力に対する効果があることを理解し，支援を行っていると言える。

　また，「子ども志向の読む技術」の項目において，子どもとともに楽しみながら読んでいる，子どもが想像する世界を大切にしながら読んでいるという内容が含まれているように，保育者は子どもに育まれた感情に配慮した支援をしている。さらに，「読む活動の体制づくり」「保育を展開する志向」の

項目からもわかるように，保育者は読む活動前から読む活動後の活動に至るまで，活動にねらい・保育計画を立て，環境設定をしていることが明らかになった。集団における保育現場の「読み聞かせ」の実践事例を分析した高橋・首藤（2007）の研究では，保育のねらいや指導計画を立てることで，集団で「読み聞かせ」を意図的・計画的に実践し，その成果を絶えず評価することが必要であることが言及されていたが，本研究の結果によってそれを裏付けることができた。

　以上の分析結果から，読む活動における保育のねらいや保育方法が明確になったとともに，調査対象者の各項目の平均値と標準偏差を算出したことから，各項目に対する選択傾向を明らかにした。その結果，保育者は「子ども志向の読む技術」「子どもとのコミュニケーション」「保育を展開する志向」に特に配慮しながら読む活動に取り組んでいることが明らかになった。反対に，「本の内容志向の関わり」や「読む活動の体制づくり」に含まれる選択傾向が低いことが明らかになったことから，今後，読む活動の取り組む保育者の保育の質を向上させるためには，これらに含まれる項目に対して自己研鑽を図っていく必要があると言える。

　2）　3歳未満児と3歳以上児の担当保育者における保育のねらいや保育方法の違い
　3歳未満児担当保育者および3歳以上児担当保育者491名の回答の平均得点についてのt検定の結果から，項目内容によって有意差が認められた。

　まず，3歳以上児よりも3歳未満児の担当保育者の方が得点の高い項目を捉えてみると，言葉や行動による子どもと保育者のコミュニケーションを中心とした保育のねらいや保育方法で読む活動を展開している。具体的には，「子どもと絵本を通して会話をしながら読むようにしている」や「発した言葉を受け止めながら読んでいる」「本に出てくるモノの名前を教えながら読んでいる」などの絵本を読むことによって導き出された言葉を介した子どもと保育者のコミュニケーションである。これは，3歳以上児担当保育者よりも3歳未満児担当保育者の方が読む活動時において特に配慮している点であ

ると言える。また，「同じ絵本を繰り返し読むようにしている」「子どもが読んで欲しいという限り何度でも何冊でも読むようにしている」「発達の特徴をふまえて本を選択している」などの項目得点が３歳以上児担当保育者よりも３歳未満児担当保育者の方が高い。このことから，３歳未満児に対する読む活動の絵本の選択においては子どもの発達やニーズに合わせた配慮をしている。

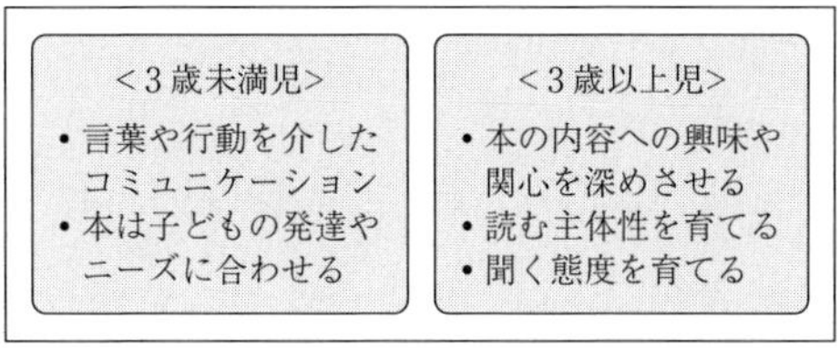

　３歳未満児よりも３歳以上児の担当保育者の方が得点の高い項目をみると，本の内容志向の保育のねらいや保育方法で読む活動を展開している。具体的には，「できるだけいろいろな本を読むようにしている」「あまり話しかけたりせず，書かれている文章をそのまま読むようにしている」「字を教えながら読むようにしている」「登場人物によって声を変えたりしながら読んでいる」「子どもが自分で読んだ時には読み方を教えてあげている」「読んだ後，本の内容を子どもとともに振り返る」「子どもが読めるところは，子どもに読ませながら読んでいる」「子どもが一人で本を見ていたり，自分で読んだ時にはほめるようにしている」「子どもの聞く態度に注意しながら読んでいる」の項目において３歳未満児担当保育者よりも３歳以上児担当保育者の方が高い。幼児期の子どもに対する読む活動として絵本の内容に興味・関心を深めるようにするだけでなく，子どもが主体となって読めるような配慮をしている。また，読む活動時の環境や子どもの聞く態度にも配慮している。

　以上の分析結果から，図２-４に示されるように保育者の読む活動における保育のねらいや保育方法は対象となる子どもの年齢ごとに必要とされる配慮が異なり，対象年齢に合わせた保育を展開していることが明らかになった。このことから，読む活動の保育の質を高めるためには，前述した５つの因子の保育のねらいや保育方法を目指すだけでなく，担当する対象年齢ごとに適

図2-4 読む活動における保育者の配慮

<３歳未満児>
・言葉や行動を介したコミュニケーション
・本は子どもの発達やニーズに合わせる

<３歳以上児>
・本の内容への興味や関心を深めさせる
・読む主体性を育てる
・聞く態度を育てる

した保育をもって取り組む必要があると考える。

3　読みあう活動の保育技術・能力に関する関連要因の検討

　本節では，日頃から筆者の定義する読みあう活動に取り組んでいる保育者を対象に，日常の保育で取り組んでいる絵本を読みあう活動に関する質問紙調査を行い，この調査結果についてはKJ法を用いて分析することによって，保育者が日常の保育で読みあう活動に取り組む際にどのようなねらいや保育方法をもって取り組んでいるのかを明らかにすることを目的とする。

（1）調査対象者

　調査対象は，全国の保育所にて日常の保育で読みあう活動に取り組んでいる保育士238名であった。女性226名（95％），男性12名（5％）であった。このうち，有効回答数は，236名であった（2名は調査目的とは異なった内容を回答していたため，無効回答とした）。

（2）方　法
1）調査手続き

　無記名の自記式質問紙調査を行った。筆者が読みあう活動に取り組んでいる保育所17園を選定し，所長を通して質問紙調査を依頼した後，各保育所内で検討した上で承認が得られた。実施にあたっては，17園へ質問紙を郵送し，各所長を通じて，対象となる保育者に質問紙を渡してもらった。留置法によって回収し，その後，返信用封筒に封入の上，郵便ポストに投函するように依頼した。

　筆者ら5名（保育者2名，保育を専門とする教員3名）がブレーンストーミングを前提としたKJ法により，自由記述で得られた保育者が読みあう活動で取り組んでいると考えられる保育方法に関連する言語および文章の分類化を

実施した。

　2）　調査項目

　保育者が「日常の保育において，どのように読みあう活動に取り組んでいるのか，さらに，その読みあう活動を行う上で配慮していることは何か」について自由に記述する1項目であった。

　3）　調査期間

　2012（平成24）年7月上旬から2012（平成24）年8月上旬であった。

　4）　倫理的配慮

　2012（平成24）年5月9日に，筑波大学医学医療系医の倫理審査委員会における研究倫理審査の承認を受けた（承認番号：641号）。

（3）　結　果

　対象者236名に対して「日常の保育において，どのように読みあう活動に取り組んでいるのか，さらに読みあう活動を行う上で配慮していることは何か」を自由記述式で尋ねた結果の中から，第1段階として保育者が読みあう活動で取り組んでいると考えられる保育方法に関連する言語および文章を選出した。その結果，全言語および文章は317項目であった（巻末資料24）。なお，言語および文章の選出中に，一度選出された言語および文章が，他の対象者より出現した場合には，前出した同じ言語および文章の項目の中に含めた。第2段階では，317項目を筆者ら5名（保育者2名，保育を専門とする教員3名）がブレーンストーミングを前提としたKJ法により第1分類化を行った。その結果，全部で60項目に分けられた。第3段階では，第2段階で行われた第1分類化された項目を，さらに同類項目と思われる言語および文章をまとめ，全項目に最も当てはまる名称をラベリングし，第2分類化を行った。第2分類化したそれぞれのカテゴリーにラベリングをした結果，表2-6に示した12項目へとまとめられた。

　第1分類化と第2分類化の項目をまとめ，図式化したものが図2-5であ

表2-6 第2分類化された「12のカテゴリー」

読みあう活動のねらいと保育方法
① 絵本の知識・技術の習得
② 読みあう時の保育技術
③ 子どもに対する保育者のねらいや願い
④ 子どもと保育者，子ども同士の共感・共有
⑤ 子どもに対する保育者の気づきや関わり
⑥ 子どもの想像世界に対する理解
⑦ 保育者の資質・教養の向上
⑧ 読みあう状況・環境に対する配慮
⑨ 読みあう活動中の雰囲気づくり
⑩ 読みあう活動と日常生活をつなげる
⑪ 読みあう活動後の雰囲気づくり
⑫ 読みあう活動を家庭へつなげる

る。図2-5（74-75頁）に示したように，第2分類化したそれぞれのカテゴリーにラベリングをした結果，「絵本の知識・技術の習得」「読みあう時の保育技術」「子どもに対する保育者のねらいや願い」「子どもと保育者，子ども同士の共感・共有」「子どもに対する保育者の気づきや関わり」「子どもの想像世界に対する理解」「保育者の資質・教養の向上」「読みあう状況・環境に対する配慮」「読みあう活動中の雰囲気づくり」「読みあう活動と日常生活をつなげる」「読みあう活動後の雰囲気づくり」「読みあう活動を家庭へつなげる」の12項目にまとめられた。

（4）考　察

　以上の結果から，第2分類化によって明確になった読みあう活動における保育者のねらいと保育方法は12カテゴリーであった。この12カテゴリーを，さらに「絵本および読みあう活動の知識・技術」「保育者の子どもに関する理解と支援」「保育者の資質・教養の向上」「読みあう活動に関するねらい・保育計画・環境設定」の大きく4つの枠組みに分類し，読みあう活動の前・

中・後に関連する項目ごとに表記したものが図2-5である。図2-5に示されるとおり，日常の保育で読みあう活動に取り組む保育者は，読みあう活動前から絵本および読みあう活動の知識・技術を習得し，さらには日頃から保育者として自らの資質・教養の向上に努めていることがわかる。その保育者自身の知識・技術を基礎として，読みあう活動に取り組む上での子どもに対するねらいや願い，さらに読みあう状況や環境に関する保育計画を立てている。

　また，読みあう活動中には，子どもと保育者または子ども同士が共感・共有することを大切にし，子どもの発見・発想・気持ち・行動に対して保育者が気づき，関わりを持つことで，子どもに生み出された想像世界に対する理解をしている。また，読みあう活動中・後の雰囲気づくりや読みあう活動と日常生活をつなげるような保育計画・環境設定を行い，読みあう活動後には，子どもの読みあう活動の様子や絵本に関して保護者とのコミュニケーションを取りながら読みあう活動を家庭へつなげている。

　読みあう活動における保育者の具体的な保育方法として，保育者は読みあう活動中の子どもの様子感情や行動を読み取り，その状況に応じた保育者の言語的表現や言葉かけ，語りかけ，働きかけによって相互の関係性を重視し，発達に即した支援をしていることが明らかになった。また，子どもに対する支援だけでなく，読みあう活動と日常生活および家庭をつなげる保育計画・環境設定をしていることが明らかになった。これは，第2章第2節の研究と同様の結果であった。さらに，本研究では，各カテゴリー別の選出された項目数の合計からみていくと，日常の保育で読みあう活動に取り組む保育者は，子どもに関する理解と支援（119項目）及び読みあう活動に関するねらい・保育計画・環境設定（125項目）を特に配慮しながら保育に取り組んでいることが明らかになった。

　この結果について，秋田・無藤（1996）の研究によって明らかにされた幼児の「読み聞かせ」に対する母親の「空想・ふれあい」という内生的意義の

絵本および読みあう活動の知識・技術（67項目）

読みあう活動前

絵本の知識・技術の習得
- 絵本の知識を増やす
- 読む練習をする
- 絵本の内容に対する理解

7項目

読みあう活動中

読みあう時の保育技術
- 導入　　・ページのめくり方
- ペース　・声　　・リズム
- 時間設定
- 内容に合わせた読み方

60項目

保育者の子どもに関する理解と支援（118項目）

子どもに対する保育者のねらいや願い
- 子どもの意欲や好奇心を深める
- 子どもが嬉しさを持つようにする
- 絵本を読みあう体験の大切さを伝える
- 読みあう活動によって子どもに育まれる様々な力を育てる

13項目

子どもと保育者，子ども同士の共感・共有
- 子どもとのやりとり（心の通じ合い）に対する配慮
- 友達との共有　　・子どもに対する共感
- 子どもとのコミュニケーション

59項目

子どもに対する保育者の気づきや関わり
- 子どもの発見に対する保育者の気づき
- 子どもの発想に対する保育者の気づき
- 子どもの気持ち・行動に関する保育者の気づき
- 子どもの気持ち・行動に関する保育者の関わり

25項目

読みあう活動後

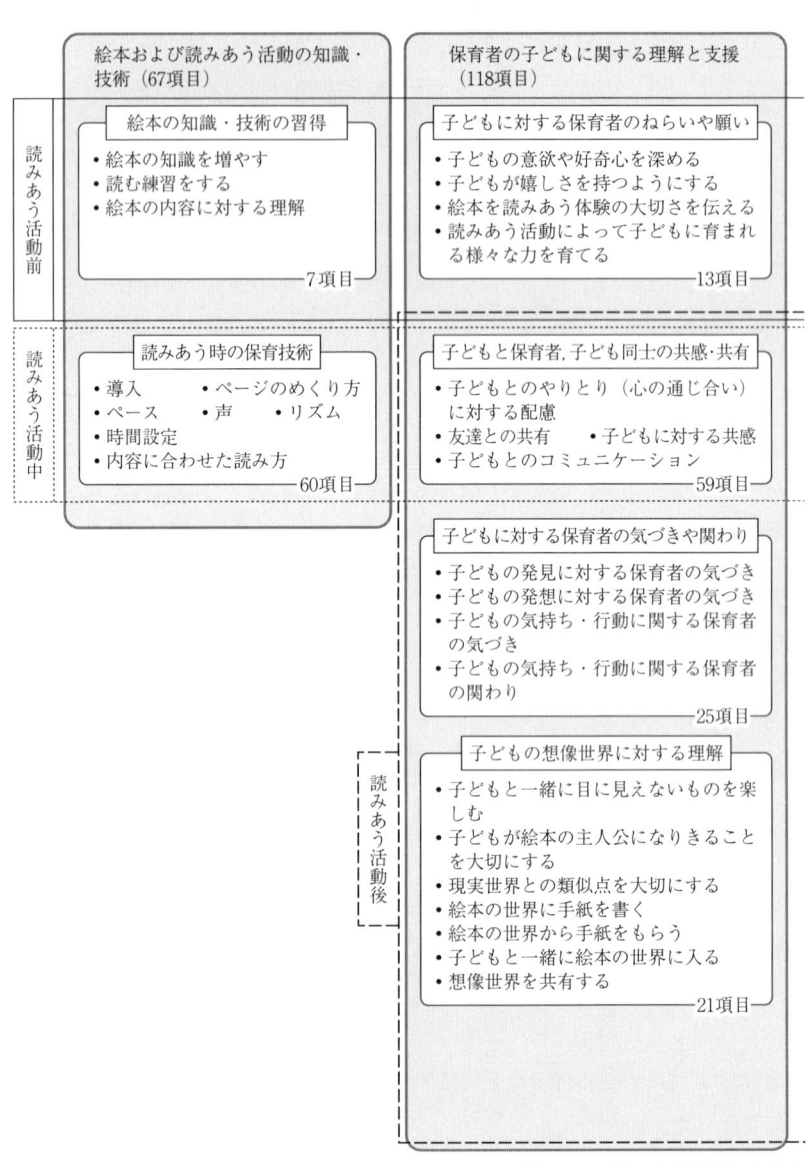

子どもの想像世界に対する理解
- 子どもと一緒に目に見えないものを楽しむ
- 子どもが絵本の主人公になりきることを大切にする
- 現実世界との類似点を大切にする
- 絵本の世界に手紙を書く
- 絵本の世界から手紙をもらう
- 子どもと一緒に絵本の世界に入る
- 想像世界を共有する

21項目

図2-5　読み合う活動における

第2章 読みあう活動に必要な専門的知識・技術

保育者の資質・教養の向上（7項目）	読みあう活動に関するねらい・保育計画・環境設定（125項目）
保育者の資質・教養の向上 ・保育者自身の感性を磨き，子どもの育ちを支える姿勢 ・具体的なイメージを持つ ・保育者の絵本や読みあう活動へ興味や関心	**読みあう状況・環境に対する配慮** ・絵本の選択　・読みあう環境 ・読みあう場所　・読みあう回数 ・読みあう位置　・子どもの状況 ・声の届き具合　・保育室の装飾 ・絵本というモノの捉え方 ・子どもの興味・関心 　　　　　　　　　　　　　　70項目
	読みあう活動中の雰囲気づくり ・子どもに安心感を持たせる ・空気を大切にする ・落ち着いた雰囲気を作る ・保育者のぬくもりを感じさせる 　　　　　　　　　　　　　　5項目
	読みあう活動後の雰囲気づくり ・感想を聞かないようにする ・保育者の思いやイメージを押しつけない ・余韻への配慮 ・子どもと保育者との対話 　　　　　　　　　　　　　　9項目
	読みあう活動と日常生活をつなげる ・日常生活へつなげる ・製作物や玩具で表現する ・遊びへつなげる ・絵本の世界を表現する ・絵本で得た体験を現実でやってみる ・絵本に出てきた言葉や場面を日常生活の中で表現する 　　　　　　　　　　　　　　28項目
	読みあう活動を家庭へつなげる ・絵本に関して保護者とのコミュニケーションをとる ・絵本を通じて家庭へ働きかける ・読みあう活動時の子どもたちの姿を保護者へ伝える ・家庭における読みあう活動を薦める 　　　　　　　　　　　　　　13項目
7項目	

保育者のねらいと保育方法

視点からより具体的に捉えていく。本研究の結果である「子どもに関する理解と支援」の項目から，絵本を読みあう活動によって生み出された子どもの内生的な側面の育ちを理解し，支援を行っていることがわかる。読みあうことで育まれる子どもの意欲，好奇心，発見，発想，さまざまな気持ち，想像世界といった感情・心情とその感情・心情から生み出される人やものへの行動・活動に関して理解を深め，ねらいや願いを持って支援を行っている保育者の姿勢が表れている。保育者の資質・教養の向上の項目にも表れているように，このような支援を行うために，保育者は自らの内生的な側面にも自己向上をはかり，よりよい子どもの人的環境を目指している。

　また，読みあう活動に関するねらい・保育計画・環境設定の項目からも，絵本を読みあう活動によって生み出された子どもの内生的な側面の育ちの理解を基礎に，安心感や落ち着いた雰囲気づくり，保育者のぬくもり，読み終わった後の余韻への配慮や対話といった読みあう活動の雰囲気づくりや，読みあう活動後の子どもがさまざまに表現したい意欲の理解，さらには，その子どもの様子を保護者に伝えていく保育者の姿勢が表れている。このことにより，読みあう活動を実践している保育者は読みあう活動によって子どもが得られる「空想・ふれあい」という内生的意義を深く理解し，支援を行っていると言える。

| 第3章 | 読みあう活動の研修に対する保育者のニーズ |

1 保育者研修プログラムの必要性

(1) 今，求められている保育者研修——幅広い保育者の職務内容と質の確保

　保育者がよりよい保育を実践し，その専門性を持って子どもたちの育ちを支えていくために「保育の質」の向上が世界各国で求めているなか，日本における「保育の質」の捉え方については，菅原ら (2010) が「最近，日本でも，国のレベルで保育の質ということが問われるようになってきました。…(中略)…しかし，日本ではまだ，保育の質と子ども自身の発達ということを科学的に関連づけた研究は組織的には展開しておりません」と指摘しているように，国内における「保育の質」に関する議論については，はじまったばかりである。国内ではここ数年において，先駆的に「保育の質」の研究に取り組んできた欧米における追跡研究を取り上げ，日本の保育現場における日常の振り返りや評価で保育の質を捉える研究動向にある（秋田・箕輪・髙櫻，2007；秋田・佐川，2011；菅原・中村・一色，2010）。

　国内外において保育の質に関して本格的に検討されたのは，1992年に日本を含めた欧米の諸外国が集まって開催された国際行動発達学会（International Society for the Study of Behaivioural Development: ISSBD）で，子どもの発達にとってどのような保育や幼児教育が良い影響を与えるのかについて検討したことに始まる。この学会以後，欧米諸国を中心とした保育の質に関する研究が活性化してきた経緯がある。

　Camilli, G., Vargas, S., Ryan, S. & Barnett, W. S. (2010) は，1990年代以降

から検討されてきたアメリカの保育の質にかかわる123の長期的縦断研究のメタ分析を行い，子どもの発達の結果が「認知領域」「学校領域」「社会情緒領域」の3つのカテゴリーに分けられるとした。

　まず，1番目の「認知領域」における多くの先行研究では，知能テストによる言語能力や認知能力の測定結果によって保育の質の高さと子どもの発達が関連していたことが明らかにされてきた（Aboud, F. E., 2006; Burchinal, M. R., Roberts, J., Zeisel, S. A., Neebe, E. & Bryant, D., 2000; Chetty. R., Fiedman, J., Hilger, N., Seaz, E., Schanzenbach, D. & Yagan, D., 2011; Gormley, W. T., Phillips, D., & Gayer, T., 2008; Howes, C., Phillips, D. A. & Whitebook, M., 1992; NICHD Early Child Care Research Network, 2002; Pascal, C. Bertram, T. Mould, C & Hall, R., 1998; Sylva, K., Melhuish, E., Sammons, P., Siraj-Blatchford, I., & Taggart, B., 2010）。これらの「認知領域」における研究は，主にイギリスの就学前プログラムの子どもの発達に対する長期的影響を調べるための調査 EPPE（Effective Preschool and Primary Education）や米国国立小児保健衛生研究所（NICHD）による保育の質がその後の子どもの認知・言語発達や社会性発達に与える影響に関する大規模な長期追跡研究である。

　例えば，EPPE の調査の一つである Sylva, K. et al.（2010）の研究では，一人の保育者に対する子どもの人数比率の低いクラスの子どもたちは，数学と科学といった認知的領域と言語や読書，文字認識といった言語領域のテストでよりよい成績をあげていることを明らかにしている。

　また，NICHD（2000）の研究においては，3歳までの知的能力と言語能力の発達に，最も強く関連していたのは保育者の言葉の使い方に関するものであり，保育者が子どもに質問したり，子どもの発言や発声に積極的に反応したり，子どもに対するその他の言葉かけがあるなどはよりよい知的能力と言語能力の発達に若干の関連を示していた。さらに，その後の NICHD（2002）の研究においては，3歳までの保育の質が高かった場合，4歳半の時の言語能力と数字の理解といった標準テストの点が高いという関連を示していた。

これらの NICHD による研究では，保育の質と子どもの知的能力や言語能力などとの関連は示されたものの，子どもたちの家庭や両親に関する要因と知的能力・言語能力との関連に比べると強い関連があるとは言えないことも指摘している。

2番目の「学校領域」における先行研究では，主にアメリカのテネシー州における STAR プロジェクトの中で取り組まれた研究の一つによって，保育者の勤務経験年数の長さが，子どもの高校卒業や大学進学率の高さ，成人後の年収などと関連していたことが示されている（Chetty, R. et al., 2011）。この研究は，20年かけて保育者の経験年数の違いが子どもの成人になってからの収入に与える影響について調査したものである。調査結果によれば，幼稚園で10年以上の保育者経験のある者に教わった子どもは10年以下の保育者に教わった子どもに対し，27歳時点で1,140ドル（日本円で約9万円）年収が高かったことが明らかにされている。

3番目の「社会情緒領域」の先行研究では，保育の質と社会性や反社会的問題行動などが関連していたことが明らかにされてきた（Achenbach, T., 1991; Gresham, F. & Elliot, S., 1990; NICHD Early Child Care Research Network, 2000; Schonokoff, J.P. & Phillips, A.D., 2000; Sylva, K., Melhuish, E., Sammons, P., Siraj-Blatchford, I., & Taggart, B., 2010）。例えば，NICHD（2000）の研究では，質の高い保育を受けた子どもは，2歳でよりよい社会的スキルを獲得し，4歳児半になると教師との衝突が少ないことが明らかにされている。

このように，Camilli, G. et al.（2010）の研究にみるアメリカの保育の質にかかわる123の長期的縦断研究の結果からもわかるように，乳幼児期における保育者の質のあり方が子どもの育ちにおいて重要であることが実証されている。これらの研究成果の流れとともに，その保育の質を高めていくためには，どのような保育者の意識や行動が必要であるのかを明らかにしてきた先行研究もある。

Schonkoff, J.P. & Phillips, A.D.（2000）の研究では，子どもたちにとって

適切な発達を促す保育者と子どもの心のやりとりや前向きな関係性を創り上げるためには，適切な教育学とカリキュラムの枠組みが必要であることや，感受性あふれ刺激的で安定した相互の関わりと結びついているのは保育者の教育や研修，職員の比率，集団規模，報酬といった職員の労働条件や労働環境であることが指摘されている。

さらに，保育の質と保育者の実践における教育歴や研修の関連性についても明らかにされている。Sammons, P., Sylva, K., Melhuish, E., Siraj-Blatchford, I., Taggart, B. & Elliot, K. (2002) による研究では，保育者の知識と実践は職業教育や研修によって影響を与えられていることを明らかにした。Clarke-Stewart, K. A., Vandell, D. L., Burchinal, M., O'Brien, M. & McCartney, K. (2002) による研究では，4年制大学を卒業した保育者は，子どもの反応に対してきめ細やかに対応し，子どもの好奇心や意欲をかき立てるような言葉かけをして子どもの発達を促していることを明らかにした。

2000年後半以降，経済協力開発機構（OECD）においては乳幼児の保育・教育問題が大きな議題として挙げられ，保育の質の保障が検討されるようになってきた。この会議に出席をしていた秋田（2009）は，OECDの報告書にまとめられた保育所・幼稚園といった管轄や施設の規模・面積といった「保育制度」，実践の内容や方法，用具・教材などを含めた「カリキュラム」，そして養成教育や研修体制も関係した「保育者の資質」の大きな3つの柱を取り上げ，各国は質の向上を目指していると述べている。

さらに，2011年には，欧州連合によって *Competence Requirements in Early Childhood Education and Care*（乳幼児期の保育者に求められる資質能力）という報告書がまとめられている。この報告書では，ヨーロッパ14ヶ国において保育者の質の向上のためには，どのような能力が必要であるのかが検討されており，保育者の資質能力向上の構造として4つのレベルのシステムが重要であることが提唱している。この4つのレベルのシステムとは，「Individual competences（保育者個人の有能さ）」「Institutional competences

(園における組織の有能さ)」「Inter-institutional and inter-agency competences (地域と園のネットワークの有能さ)」「Competences of governance (行政の有能さ)」である。さらにこの中の「Individual competences (保育者個人の有能さ)」には，常に保育の知識や実践に関する質の向上を目指すこと，「Institutional competences (園における組織の有能さ)」には，保育者の保育の質の向上のために，常に保育者個人及び保育集団としての研修や学習の機会の保証をしていくことが必要であることが示されている。

以上のように欧米では，多くの先行研究により，子どもの育ちに対する保育の質の効果が明らかとなり，よりよい保育者の質の向上のための研修が求められている。秋田・佐川 (2011) は，このような欧米の保育の質の効果に関する長期的縦断的研究の実施の意義を示し，未だ縦断研究に取り組んでいない日本においては実施されていくべきであることを指摘するとともに，今後の検討課題を考察している。その検討課題の一つに日本の欧米とは異なる保育者の研修のやり方についても取り上げており，この研修については日本において問うべき保育の構造の質として目指すべきコンピテンシーや当該文化や社会が目指す保育ビジョンのもとで実証的に捉えていくことが必要であることが述べられている。

(2) 日本の法令などに見る保育者研修の位置づけ

2012 (平成24) 年に成立した「子ども・子育て支援法」は，我が国における急速な少子化の進行並びに家庭及び地域を取り巻く環境の変化を鑑み，児童福祉法 (昭和22年法律第164号) その他の子どもに関する法律による施策と相まって，子ども・子育て支援給付その他の子ども及び子どもを養育している者に必要な支援を行い，もって一人ひとりの子どもが健やかに成長することができる社会の実現に寄与することを目的として制定した施策である。

この施策の基本理念の一つにあげられた第1章総則の第2条2には，「子ども・子育て支援給付その他の子ども・子育て支援の内容及び水準は，全て

の子どもが健やかに成長するように支援するものであって，良質かつ適切なものでなければならない」と掲げられ，現在，進行中のこの施策からも保育の質の確保が重要視されていることがわかる。保育の質の確保は，すでにこれまでに国内で定められてきた保育者関連の各種法令などにおいても極めて重要なこととして位置づけられた。保育者の研修についても明確に条文として定められてきた。

　教育基本法においては，第2章の教育の実施に関する基本事項として，「（教員）第9条法律に定める学校の教員は，自己の崇高な使命を深く自覚し，絶えず研究と修養に励み，その職責の遂行に努めなければならない。1）2 前項の教員については，その使命と職責の重要性にかんがみ，その身分は尊重され，待遇の適正が期せられるとともに，養成と研修の充実が図られなければならない。」と定められている。特に，2006（平成18）年12月に改正された教育基本法においては，「幼児期の教育」がはじめて規定された。幼児期の教育は，生涯にわたる人格形成の基礎を培う重要なものであることにかんがみ，国及び地方公共団体は，幼児の健やかな成長に資する良好な環境の整備その他適当な方法によって，その振興に努めなければならないとした。2008（平成18）年度から現在までには，この振興の一環として幼児教育の改善・充実の調査研究事業を展開し，幼児教育の現場における実践を通じて得られた研究成果を全国各地域に対して広く普及させるとともに，国として必要な支援策を検討しているところでもある。この普及活動の一つとして，調査研究の委託を受けた団体が研究成果報告をまとめ，その研究概要が文部科学省のホームページに掲載されていることは，研修同様に幼児期の保育・教育に携わる現場において保育の質の向上へとつながっていると考えられる。

　また，戦後の1949（昭和24）年より制定された教員公務員特例法においては，幼稚園教員を含めた公立学校の教員の法律として，第4章に研修が定められている。第21条から第25条の3において，研修の目的，研修の機会，初任者研修も10年経験者研修，研修計画の体系的な樹立，指導改善研修，指導

改善研修後の措置など，詳細に規定されており，この教員公務員特例法に基づき，各種研修は都道府県の教育委員会単位，各地方自治体などで実施されている。教員公務員特例法とされているものの参加対象者は地方公務員のみではなく，国立や私立教員さらには保育所職員との合同研修を実施しているところも存在する。

　さらに，幼稚園教員に関しては，文部科学省において幼児教育に関する行動計画が2006（平成18）年に「幼児教育振興アクションプログラム」を策定し，このプログラムの7つの施策の柱の一つに「4. 教員の資質及び専門性の向上　幼稚園教員の養成・採用・研修の各段階における施策を充実させ，教員の資質及び専門性を向上させることにより，幼児教育の水準の維持・向上を図る」として，研修の充実を図ることを目的としていた。その後，地方自治体ごとにプログラムが計画され，このプログラムに基づいた取り組みが現在でも続いている地域が存在する。

　保育士の研修に関連する法令については，まず，児童福祉法に位置づけられた国家資格である保育士の質の担保として，第48条の3「保育所に勤務する保育士は，乳児，幼児等の保育に関する相談に応じ，及び助言を行うために必要な知識及び技能の修得，維持及び向上に努めなくてはならない」が定められている。

　『保育所保育指針』においては，2008（平成20）年に改訂された内容において，第7章の職員の資質の向上において，研修について以下の内容が示されている。

第7章　職員の資質の向上

第1章（総則）から前章（保護者に対する支援）までに示された事項を踏まえ，保育所は，質の高い保育を展開するため，絶えず，一人一人の職員についての資質向上及び職員全体の専門性の向上を図るよう努めなければならない。

1　職員の資質向上に関する基本的事項

職員の資質向上に関しては，次の事項に留意して取り組むよう努めなければならない。
（1）　子どもの最善の利益を考慮し，人権に配慮した保育を行うためには，職員一人一人の倫理観，人間性並びに保育所職員としての職務及び責任の理解と自覚が基盤となること。
（2）　保育所全体の保育の質の向上を図るため，職員一人一人が，保育実践や研修などを通じて保育の専門性などを高めるとともに，保育実践や保育の内容に関する職員の共通理解を図り，協働性を高めていくこと。
（3）　職員同士の信頼関係とともに，職員と子ども及び職員と保護者との信頼関係を形成していく中で，常に自己研鑽に努め，喜びや意欲を持って保育に当たること。
2　施設長の責務
　施設長は，保育の質及び職員の資質の向上のため，次の事項に留意するとともに，必要な環境の確保に努めなければならない。
（1）　施設長は，保育所の役割や社会的責任を遂行するために，法令等を遵守し，保育所を取り巻く社会情勢などを踏まえ，その専門性等の向上に努めること。
（2）　第4章（保育の計画及び評価）の2の（保育士等の自己評価）及び（保育所の自己評価）等を踏まえ，職員が保育所の課題について共通理解を深め，協力して改善に努めることができる体制を作ること。
（3）　職員及び保育所の課題を踏まえた保育所内外の研修を体系的，計画的に実施するとともに，職員の自己研鑽に対する援助や助言に努めること。
3　職員の研修等
（1）　職員は，子どもの保育及び保護者に対する保育に関する指導が適切に行われるように，自己評価に基づく課題等を踏まえ，保育所内外の研修等を通じて，必要な知識及び技術の修得，維持及び向上に努めなければならない。
（2）　職員一人一人が課題を持って主体的に学ぶとともに，他の職員や地域の関係機関など，様々な人や場との関わりの中で共に学び合う環境を醸成していくことにより，保育所の活性化を図っていくことが求められる。

　また，2003（平成15）年に保育士の行動規範として掲げられた全国保育士会倫理綱領においても，専門職の責務として「私たちは，研修や自己研鑽を

通じて，常に自らの人間性と専門性の向上に努め，専門職としての責務を果たします。」と示されている。

　全国保育士会倫理綱領については法的な拘束力はないものの，実際の現役保育士は規範として，これらを基本とした自己研鑽，向上に努めるべく研修に参加している。

　以上，国内における保育者にかかわる法令などを概観しても，研修は重要なこととして位置づけられている。このため，文部科学省ならびに厚生労働省をはじめとした，保育者を管轄する組織および団体ならびに各園それぞれにおいて，保育者研修の設定が必須となり，保育者はそれぞれの研修参加に向けて自らの意識向上・行動に努めなくてはならない。

（3）国内における保育者研修の現状とその研究動向
——数少ない保育者研修に関する研究

　2008（平成20）年の『保育所保育指針』の改訂にて，保育の質の向上に努めることが強調され，「研修計画を体系的，計画的に作成する」ことについて言及されているように，保育現場の管理者が研修を実施することならびに保育者が研修を受けることは，保育の専門職としての責務となっている。また，同年，財団法人全日本幼稚園幼児教育研究機構は，『研修ハンドブック』を発行し，保育者の研修を体系化した「保育者としての資質向上研修俯瞰図」を明示した上で，この図のカテゴリー別研修記録を可能とし，保育者自らが研修によって研鑽していくプロセスを管理できるようにした。この他，日本における法令上の保育者研修の位置づけにおいても述べた内容から，国内の保育者の質の維持や向上には研修を実施することの必然性があることに異論はないであろう。

　2008（平成20）年における『保育所保育指針』の改訂や『研修ハンドブック』の発行などによって，国内における保育者研修の位置づけが明確になっただけでなく，これに関する研究もまた，「研修は保育者にとって必要なも

85

のである」という意義・目的を言及した内容から「どのように研修を実施するのか」という研修のあり方や方法を言及した内容へと変遷している。

具体的には，2000年代半ばまでの保育者研修に関する研究においては，研修という形態での保育者の質の向上の機会を有することなく，保育担当者の経験や技量に委ねられ，専門的な支援を受けていないと指摘した研究があった（平澤・藤原・山根，2005）。しかし，それらの研究と同時進行で，園内研修や地方自治体ごとに開催している保育者研修の実際を調査した研究（成田，2008；田中・仲野，2007）や園内研修の記録や保育者研修後の保育展開から保育者の質の向上を検証した研究（入江・内藤・杉崎・上田・丸田・沼野・平野・塩原・黒川，2004；小川，2004；ポーター，1994）等があったことから，これらの研究によって保育者研修の意義・目的が明らかになったことで，保育者研修の必要性が明確になっていったと言える。国内における保育者研修の位置づけが明確になると2008（平成20）年以降の保育者研修に関する研究は，保育者のキャリアに応じた研修のあり方（加治佐・岡田，2010；永瀬・若杉，2008；仲野・金武，2011；仲野・金武・田中，2010；蘇・香曽我部・三浦，2009）や，エピソード記録やビデオ記録等の振り返りを方法として研修を展開していくことの有効性（平野・小島・鈴木，2008；中島，2010；安見・増田・秋田・箕輪・中坪・砂上，2009），保育者への研修によって幼児の行動の変化（立元・古川・福島・永友，2011）を明らかにした研究等，研修のあり方や効果を検証した研究が増加傾向にある。

保育現場における保育者研修に対する必然性や保育者研修関連の研究の流れを受けて，2011（平成23）年，『保育学研究』49巻第3号に掲載された保育フォーラムでは，「保育者の資質向上と研修のあり方」をテーマとして，保育者養成校の教員および保育現場の管理者などが今後の保育者研修のあり方について言及している。この中で，岸井（2011）は，現状の保育者研修に関して「形骸化し，負担感ばかりが残り保育者自身の成長実態や専門職としての誇りや喜びにつながらない研修にはなっていないか」と懸念し，「実効的

な園内研修を積極的に行っている園もあれば，園によっては研修時間の確保や研修の進め方に悩んでいる実態もある」ことを指摘している。

また，大豆生田（2011）は，これまでの先行研究などから，保育の質を高めることを検討する上で不可欠な視点として，「保育を省察すること」「語り合うこと」「自己評価における評価観の見直し」「育ち合いが生まれる体制や風土の形成」の4つを挙げ，保育所の視察とヒアリングから保育の質を支えている背景として，「語り合いの時間の創出」「記録の活用」「保護者への発信と振り返り」「語り合う風土の形成の工夫」の4つを挙げている。そして，これらを踏まえ，研修における具体的な提案として，「日誌を活用した振り返り（自己評価）の方法」「エピソード記録を生かした研修方法」「ビデオを活用した研修方法」「チェックリストを生かした方法」「保護者と園をつなぐ媒介物を生かした方法」「職員同士の対話を育むための方法」「短い時間を活用した方法」の7つを提案している。

さらに，磯部（2011）はこれまでの仙台市における幼稚園関係者の研修は講師を招いての講演や保育実技演習という形が中心で，保育者にとって一過性で受動的なものになりがちであり，保育者自身の資質向上に十分に寄与しているとは言い難いとしている。その実情から数年間で取り組んできた研修の試みを紹介しながら，養成校と実践の場とが連携し保育者と研究者が共同する研修のあり方を提案している。研修の特徴としては，「地域の保育者が自主的に参加できる研修会の実施」「小グループでの議論を行い，参加している保育者自身の保育のリフレクションも含め，自分の問題に置き換えて議論を深める」「公開園の保育に対する助言とともに，議論から浮かび上がった問題について，検証する」の3つを挙げ，研修の継続性，当事者として参加する意識の構築，公開園から発信することを研修の意味づけとしている。このように，日本保育学会が保育フォーラムとして組んだ「保育者の資質向上と研修のあり方」で各研究者が言及するように，保育現場では現在，よりよい研修のあり方を模索する段階にきている。

千葉県我孫子市にて保育園の園長（兼理事長）を務め，参加型園内研修の手法に関する研究に取り組む松山（2011）は，著書『参加型園内研修のすすめ―学びあいの「場づくり」―』の中で，園内研修に関する問題について「学んだことを振り返ることが難しい」「学んだことをうまく伝えられない」「学びや気づきをどうやって自園でいかせばよいかがわからない」「園内で共有する時間が持てない」「還元意識がない」の5つをがあることを指摘している。さらに，新たな園内研修のポイントとしては，「園内研修の学びを共有する場にする」「チームワーク構築の場にする」「学びの場にする」の3つを挙げている。

　参加型園内研修を学びの共有やチームワーク構築，学びの場としていくためには，互いのコミュニケーションをよくして，議論を活発にするための場づくりも必要であるとし，研修参加者の「安全な場，前向きな雰囲気」「配慮されたグループ構成」「自分の意見を紙に書く時間」を保障し，研修内での基本的ルール（人の話を聞く，他人の意見を無視したり，否定したりしない，みんなが発言する等）を共有することが大切であるとしている。この基本的姿勢が整った上で，研修の流れである「ゴールのイメージを共有する」「ルールと心がまえを共有する」「アイスブレーカー」「テーマを掘り下げる」「気づきの振り返りと今後の行動計画」の5つの基本的行程に沿って参加型園内研修することを提案している。

　ベネッセ次世代研究所もまた，2009（平成21）年度に文部科学省委託事業「幼児教育の改善・充実調査研究」として実施した事業や幼稚園，保育所を対象に独自に行った調査から，保育者の専門性をいっそう向上させ，保育の質を高めるためには，保育者の研修を保障・充実させることが重要であることや地方自治体は研修の充実のために，国に対して保育者の資質や専門性の目安を要望していることを明らかにした。そこで，2010（平成22）年には，同じく文部科学省委託事業「幼児教育の改善・充実調査研究」を受けて，『保育者研修の進め方ガイド』（2011）を作成し，都道府県や市区町村で，幼

稚園や保育所等の園長・所長や保育者を対象に研修を行う職員のために，研修計画の立案・実施する上での考え方や工夫などをまとめている。このガイドでは，研修の計画・実施方法だけでなく，研修を実施する上で研修の内容やねらいに応じた研修方法が必要であることを明示し，有効な手法として「講義形式」「ビデオカンファレンス」「保育観察」「ロールプレイ」「KJ法」等を提案している。また，研修後には，受講者や講師のアンケートやヒアリングを行うことによって研修を評価することや研修担当者自身が研修に関する記録を整理して，研修全体についてよかった点や改善点等を明確にし，次の研修にいかすことが提案されている。

　以上のことからもわかるように，近年，保育者研修に関する研究の動向は，研修の具体的なあり方について追究し，検討されている。しかし，保育学分野における研修のあり方を示すプログラム開発の先行研究は，佐野（2010）の音楽活動に関する研究や梶・豊田（2007）の食援助に関する保育プログラム開発と実践の研究等があるものの，プログラムの開発・実践・評価に関する研究は非常に乏しい。この現状に対し，小川（2010）が今後の保育専門領域の研究において研修のプログラム開発は重要な課題であると述べているとおり，今後の保育現場の質を向上していく上での大きな課題であると言えよう。

　蘇（2009）は保育者133人を対象に仕事の満足度に関する質問紙調査を実施した結果，保育者の仕事の満足度と「労働条件」「上司との関係」「職場内のチームワーク」「研修体制」「経験年数」「所属機関」が関連していることを明らかにした。この結果からもわかるように，保育者にとって研修は保育の質の向上だけでなく，自らの仕事の満足度にも関連しているため，近年の保育者不足と言われる問題の解消をも含めた課題として早急に取り組まなくてはならない研究であると言える。

（4）保育者研修の実施に必要とされる諸条件

　本章では，国内における保育者研修に関する研究の動向を概観してきた。

```
研修計画
• 保育現場の現状や課題の把握
• 研修時間・場所への配慮
• キャリアに応じた研修計画
• 保育者の特性やニーズに応じた研修計画
• 研修内容に応じた研修方法の計画(「講義形式」「ビデオカンファレンス」「保育観察」「ロールプレイ」「KJ法」「チェックリストの活用」「自分で書き示すワークシートの活用」「日誌の振り返り」「エピソード記録の活用」など)
• 保育者の自主的な参加方法
```

```
研修内容
• 参加者同士の雰囲気づくり・研修の場づくり(育ちあいの場づくり)
• 研修の目的やテーマの共有
• 研修ルールや心構えの共有
• 小グループでの議論(自分の問題に置き換えて議論を深める,語り合いの時間の創出)
• アイスブレークの導入
• テーマを掘り下げる
• 振り返りと今後の行動計画
• 公開保育
```

```
研修後
• 参加者の研修の振り返り
• 参加者の今後の保育への問題・課題の明確化
• 保護者への発信と振り返り
• アンケートやヒアリングによる研修に関するよかった点や改善点の明確化
```

日常の保育における実践,継続的な研修の取り組みへ

図3-1 保育者研修の実施に必要とされる諸条件

　これらの研究のなかでは,保育者研修の実施に向けてのいくつかの諸条件が提案されている。そこで,筆者は先行研究において提案された保育者研修の実施に向けて研修計画・研修内容・研修後の3つの段階にて必要とされる諸条件を図3-1の通りにまとめた。

　研修計画では,保育現場の現状や課題の把握,研修時間・場所への配慮,キャリアに応じた研修計画,保育者の特性やニーズに応じた研修計画,研修内容に応じた研修方法の計画(「講義形式」「ビデオカンファレンス」「保育観察」「ロールプレイ」「KJ法」「チェックリストの活用」「自分で書き示すワークシートの活用」「日誌の振り返り」「エピソード記録の活用」など),保育者の自主的な参加

方法の6点の諸条件が必要であることが提案されていた。

　研修内容では，「参加者同士の雰囲気づくり・研修の場づくり（育ちあいの場づくり）」「研修の目的やテーマの共有」「研修ルールや心構えの共有」「小グループでの議論（自分の問題に置き換えて議論を深める，語り合いの時間の創出）」「アイスブレークの導入」「テーマを掘り下げる」「振り返りと今後の行動計画」「公開保育」の8点の諸条件が必要であることが提案されていた。

　研修後には，参加者の研修の振り返り，参加者の今後の保育への問題・課題の明確化，保護者への発信とふり返り，アンケートやヒアリングによる研修に関するよかった点や改善点の明確化の4点の諸条件が必要であることが提案されていた。

　先行研究では，これら3段階における保育者研修の実施から，研修後の日常の保育における実践や継続的な研修の取り組みへつなげ，保育の質の向上を努めることの重要性が述べられている。

（5）保育者研修プログラム開発の必要性

　前述したように，保育専門領域の研究において研修のプログラム開発は重要な課題である。現在，園内研修・園外研修にて実施されている各研修テーマのすべてにおいて保育現場および保育者のニーズを把握し，そのテーマごとのプログラム開発が求められている。先行研究では，保育現場における読みあう活動もまた，研修プログラム開発には至っていないことが明らかになっている。関連する研究として，足立（2007）による PISA 型読解力育成を目指す読書指導教員研修プログラムの開発の研究はあるものの，小中高校を対象とした読書指導に関わる教員向けのプログラムであり，保育者を対象にした内容ではない。保育現場における読みあう活動の研修に関連した先行研究は，表3-1に示されるように，プログラム開発前の段階として，公益財団法人全日本私立幼稚園幼児教育研究機構の『研修ハンドブック』によって明示された「保育者としての資質向上研修俯瞰図」にて，下線に示されるよ

表3-1 「保育者のとしての資質向上研修俯瞰図」の絵本に関連する項目

		Ⅰ初級	Ⅱ中級	Ⅲ上級,主任,設置者・園長
E 保育の計画と実践	保育の実践	E4-Ⅰ:領域「環境」と教師の環境構成 ・自然,人間関係,遊びの発展 ・室内(壁面,遊びのコーナー,季節感,作品展示,絵本,おもちゃ) ・室外(遊具,樹木,草花等) ・飼育,栽培	E4-Ⅱ:園全体の環境構成 ・環境と幼児の活動の生まれ方 ・環境による保育 ・園内環境	E4-Ⅲ:子どもの発達を見通した環境構成 ・園外環境の調査と活用 ・地域の文化資源,文化資本の発掘と活用
		E5-Ⅰ:基本的な保育技術の習得 ・集団を引きつける技術(話し方,手遊び) ・ことばかけ ・実技研修(運動遊び,集団遊び)	E5-Ⅱ:場に応じた保育技術の生かし方 ・保育技術の開発と研究 ・教材の提示,間の取り方,的確なことばかけ ・個々の子どもに合わせた(微調整された)保育 ・園全体,学年などの大きな集団の保育	E5-Ⅲ:保育技術の確立と指導 ・園内文化の継承と蓄積(ミッションとドキュメンテーション) ・保育技術の分析と評価 ・エキスパートとして後輩に保育技術の指導
		E6-Ⅰ:各種の教材理解 ・興味や関心に応じて,発達に即して,ねらいに沿って,人間関係の広がりや深まりを視野に入れて ・造形遊び,表現遊び,音楽遊び,伝承遊び	E6-Ⅱ:幼児の活動と教材 ・幼児の活動と教材の関係の理解 ・教材作り(開発と研究)	E6-Ⅲ:教材研究 ・園内の教材プログラムづくり(絵本,紙芝居,童話,お話,伝承遊びなど) ・教材観の構築 ・園文化の蓄積,継承,創造

注:下線部分は絵本や読みあいに関連する内容。
出所:全日本私立幼稚園幼児教育研究機構監修(2008)『研修ハンドブック』世界文化社。

うに,キャリアに応じた絵本に関する保育の計画と実践のあり方にとどまっている。

以上のことからもわかるとおり,読みあう活動に関する保育者研修プログラム開発は早急に取り組む必要のある課題であると言える。

2 研修に対する保育者のニーズ

(1) 質問紙調査結果に見る保育者に必要とされている研修内容

前述したとおり,現職保育者にとって研修は保育の質の向上目指す上で必要不可欠なものとなっている。そこで,本節では筆者が研修に対する保育者

第3章　読みあう活動の研修に対する保育者のニーズ

表3-2　保育者が必要としている研修内容40項目

1．子どもの人権を守る	21．自己点検・自己評価の方法
2．子どもの病気・ケガへの対応	22．保育者のチームワーク
3．子どもの危機管理	23．保育者の職業倫理
4．子どもの虐待への対応	24．初任保育者研修
5．災害発生時の対応	25．中堅保育者研修
6．保育の中の遊びの援助	26．園長研修
7．保育における環境構成	27．保育における最新の研究
8．保育記録の取り方	28．地域社会との連携
9．クラスの運営方法	29．食　育
10．指導案の書き方	30．子どもの発達に関する理解
11．年間のカリキュラム、指導計画の立て方	31．運動遊び
12．幼・保・小の連携	32．造形遊び
13．気になる子どもの保育	33．伝承遊び
14．障害児保育	34．音楽遊び
15．保護者からのクレーム対応	35．絵　本
16．カウンセリング・マインド	36．紙芝居
17．子育て支援	37．パネルシアター
18．保護者に対するかかわり方	38．手遊び・指遊び
19．子どもに対するかかわり方	39．教材づくり
20．日々の保育の振り返り方	40．その他

のニーズを把握するための質問紙調査に取り組んだ結果から，現在の現職保育者に必要とされている研修内容を言及していくこととする。

　1）研究目的

　本研究は，保育者が必要としている研修内容を明らかにするために，現職保育者に対して質問紙調査を行い，研修に対する保育者のニーズを明確化することを目的とする。

　2）調査対象者

　調査対象者は，千葉県内の公立保育所の現職保育士311名であった。なお，調査対象である保育者311名のうち回答に不備があった者を除いたため，有効回答数は309名分となった。年齢別でみると，20-29歳128名（42%），30-39歳53名（17%），40-49歳47名（15%），50歳以上81名（32%）で20-29歳が4割以上を占めていた。また，309名のうち，女性が292名（94%），男性が17名（6%）であった。

3）方 法
① 調査手続き

無記名の自記式質問紙を行った。筆者が自治体労働組合千葉県保育部会担当者を訪問して，同部会主催の研修時での質問紙調査を依頼し，その後，同部会会議で検討した上で承認を得られた。実施にあたっては，2012（平成24）年6月3日に開催された保育者研修において，質問紙調査を実施した。受付にて当日の研修資料とともに質問紙を配布し，研修終了後受付に設置した提出BOXによって，留置法で回収した（回収率71.5％）。

② 調査項目

質問紙調査作成にあたっては，調査用紙に記入年月日，性別，年齢，保育経験年数の4項目と，田中・仲野（2007）の研修内容に関する設問項目17項目および保育者が必要としていると予想される研修内容23項目を含めた全40項目（表3-2）を設定した。なお，保育者が必要としていると予想される研修内容については，地方自治体や保育者関連団体などのHPにてこれまでに実施していた研修内容を調査し，筆者が作成した。この40項目については複数選択式による設問とした。

③ 実施時期

2012（平成24）年6月であった。

④ 倫理的配慮

本研究は，2012（平成24）年5月9日に，筑波大学医学医療系医の倫理審査委員会における研究倫理審査の承認を受けた（承認番号：641号）。

4）結 果

保育者の年齢別に選択した研修内容を集計し，上位15までを表記した結果を，表3-3に示した。

この結果から，「気になる子どもの保育」「保護者に対する関わり方」「保護者からのクレーム対応」「子どもの病気・ケガへの対応」に関しては，どの年齢にもかかわらず選択率が高いことが明らかとなった。また，年齢別の

第3章 読みあう活動の研修に対する保育者のニーズ

表3-3 年齢別にみる保育者の必要としている研修内容

順位	20-29歳	30-39歳	40-49歳	50歳以上
1	保育の中の遊びの援助 (50%)	気になる子どもの保育 (45.2%)	気になる子どもの保育 (59.5%)	災害発生時の対応 (50.6%)
2	運動遊び (47.6%)	保育の中の遊びの援助 (43.3%)	保護者からのクレーム対応 (46.8%)	気になる子どもの保育 (41.9%)
3	気になる子どもの保育 (46%)	運動遊び (41.5%)	保護者に対する関わり方 (46.8%)	保護者からのクレーム対応 (40.7%)
4	保護者に対する関わり方 (45.3%)	保育における環境構成 (39.6%)	災害発生時の対応 (38.2%)	保護者に対する関わり方 (40.7%)
5	手遊び・指遊び (44.5%)	子どもの病気・ケガへの対応 (37.7%)	子育て支援 (38.2%)	子どもの危機管理 (37%)
6	パネルシアター (42.9%)	保護者に対する関わり方 (37.7%)	子どもの危機管理 (34%)	子育て支援 (33.3%)
7	保育における環境構成 (41.4%)	音楽遊び (35.8%)	保育における環境構成 (29.7%)	子どもの病気・ケガへの対応 (28.3%)
8	音楽遊び (39.8%)	手遊び・指遊び (35.8%)	子どもの病気・ケガへの対応 (29.7%)	自己点検・自己評価 (28.3%)
9	子どもの病気・ケガへの対応 (39%)	保護者からのクレーム対応 (33.9%)	障害児保育 (25.5%)	保育者のチームワーク (25.9%)
10	クラスの運営方法 (39%)	子どもの発達に関する理解 (33.9%)	日々の保育の振り返り方法 (25.5%)	保育記録の取り方 (24.6%)
11	保護者からのクレーム対応 (38.2%)	伝承遊び (33.9%)	食育 (23.4%)	保育における環境構成 (23.4%)
12	絵本 (36.7%)	災害発生時の対応 (32%)	運動遊び (23.4%)	日々の保育の振り返り方法 (23.4%)
13	伝承遊び (34.3%)	食育 (32%)	保育の中の遊びへの援助 (21.2%)	子どもの発達への理解 (22.2%)
14	子どもに対する関わり方 (32.8%)	保育記録の取り方 (28.3%)	幼・保・小の連携 (21.2%)	カウンセリング・マインド (22.2%)
15	子どもの発達に関する理解 (32%)	造形遊び (28.3%)	子どもに対する関わり方 (19.1%)	障害児保育 (20.9%)
			保育者のチームワーク (19.1%)	

注：（ ）内の%は各年齢群ごとの選択率。
上位15位までを表記。

95

傾向として,「保育の中の遊びの援助」「保育における環境構成」「運動遊び」「手遊び・指遊び」「音楽遊び」「伝承遊び」に関しては，20-29歳や30-39歳の保育者の選択率が高く，具体的な保育実践における技術や方法に関する研修内容を必要としていることがわかった。また，20-29歳の保育者については他の年齢の保育者よりも「パネルシアター」「絵本」の選択率も高かった。

「子どもの発達に関する理解」に関しては20-29歳や30-39歳の保育者の選択率が高かった。20-29歳の保育者については「子どもに対する関わり方」の選択率も高かった。

さらに,「災害発生時の対応」に関しては，30-39歳，40-49歳，50歳以上の保育者の選択率が高く,「子どもの管理危機」「子育て支援」「日々の保育の振り返り方法」「保育者のチームワーク」「障害児保育」に関しては，40-49歳や50歳以上の保育者の選択率が高かった。

「食育」に関しては，30-39歳および40-49歳の保育者の選択率が高かった。「保育記録の取り方」に関しては30-39歳の保育者,「幼・保・小の連携」に関しては40-49歳の保育者,「自己点検・自己評価」「カウンセリングマインド」に関しては50歳以上の保育者の選択率が高かった。

　5）考　察
　① 初任・中堅保育者が必要としている保育技術・方法の研修内容
　表3-3に示したように，主に20-29歳を中心に保育実践に伴う保育技術（運動遊び，手遊び・歌遊び，パネルシアター，音楽遊び，絵本，伝承遊びなど）の研修へのニーズが高いことが明らかとなった。この保育技術に関する研修とともに，20-29歳ならびに30-39歳の保育者については「保育の中の遊びの援助」「保育における環境構成」などの保育方法に関する研修ニーズの高さが表れている。

2006（平成18）年に全国保育士会が作成している研修体系や全日本私立幼稚園幼児教育研究機構（2008）が作成している保育者としての資質向上研修俯瞰図などにも明記されるように，初任や中堅保育者までを対象とした初

級・中級においては，保育の実践における基本的な保育技術の習得が求められる時期である。具体的には，基本的な保育技術の習得（集団を引きつける技術，言葉かけ，実技研修），場に応じた保育技術の生かし方（保育技術の開発と研究，材料の提示，間の取り方，的確な言葉かけ，個々の子どもに合わせた保育，園全体，学年などの大きな集団の保育）である。

しかし，保育の実践は各保育技術の習得のみの研修だけでは，子どもの環境や発達，状況に応じた技術とは言えない。まずは，いかに日常の保育の中でその技術を生かし，保育計画や指導計画を立て，環境構成とも関連づけながら実践を振り返り反省し，よりよい実践へと向上させていくのかを考える力を身につけることが重要である。このため，研修内容を設定する際には，保育における環境構成や保育の中の遊びの援助，子どもに対するかかわり方なども関連づけた保育技術・方法を習得する研修が必要である。

本研究の結果からも，20-29歳を中心として初任・中堅の保育者が必要としている研修内容には，保育技術の研修内容とともに「保育の中の遊びの援助」「保育における環境構成」「子どもに対するかかわり方」「子どもの発達に関する理解」の研修を必要としている保育者が多いことが確認された。それぞれの研修内容が断絶されたテーマによって開催されるのではなく，それぞれの保育技術研修ごとに「保育の中の遊びの援助」「保育における環境構成」「子どもに対するかかわり方」「子どもの発達に関する理解」が関連した総合的に学ぶことができる研修プログラムの構築が必要と言える。

② 40歳以降の保育者のマネージメントの研修に対するニーズ

表3-3より，40歳以降の保育者では，「災害発生時の対応」や「子どもの危機管理」「子育て支援」「保護者からのクレーム対応」など，子どもや保護者を取り巻く環境においてリスクとされる内容の対応や予防の研修を必要としていることがわかる。さらに，40歳以上の保育者の結果は，自らの役割として主任や所長（園長）といった所内（園内）での立場に置かれていることが推測され，その施設管理の役割を担う上では，リスクマネージメントだけ

でなく，「自己点検・自己評価の方法」「保育者のチームワーク」「カウンセリングマインド」などといた保育者または保育者同士に対するマネージメント能力を習得する研修なども必要としている。

網野（2008）は，施設長の責務の遂行に当たって，保育所長のリーダーシップ，ヘッドシップ，保育マネージメントの専門性の維持・向上が必要であると指摘している。また，所長の責務の内容を，①対外的に保育所を代表する，②保育マネージメントの総括責任者として義務を把握・理解し，実践する，③法令等を遵守する，④個々の保育所職員を把握・理解し，協働・連携し，指導・助言し，支援する，⑤施設長としての責務（『保育所保育指針』第7章2の内容），専門的役割を探求し，資質向上を図る，の5つを挙げている。

2008（平成20）年に改訂された『保育所保育指針』のキーワードとなる保育の質の向上には，保育の専門施設としてその組織力や専門力が求められている。そのような職員全体の資質向上において求められる施設長の責務については，本調査における40歳以上が求めている「自己点検・自己評価の方法」「保育者のチームワーク」「カウンセリングマインド」などの研修内容の結果から表れており，40歳以上を対象にしたこれらの研修は必須の内容である。

③　保育者のキャリアに応じた研修の必要性

本研究の結果からわかるように，保育者の研修に対するニーズは，共通して高い傾向を示す研修内容はあるものの，その選択においては保育経験による違いがあることが明らかである。

このような保育者のキャリアによる発達した研修体制に関して，田中・仲野（2007）は，「保育者のライフサイクルをふまえ，キャリア発達のプロセスをふまえながら体系的・組織的に進める必要がある」と述べている。

また，野口（2013）は，1974年にElderが定義したライフコース（年齢によって区分された生涯期間を通じてのいくつかの軌跡，すなわち人生上の出来事についての時期，移行期間，間隔および順序にみられる社会的パタン）を取り上げ，保育者という職業集団のライフコースに着目する時にもその集団はキャリアが展

開するごとに共通の社会的・職業的経験を経由しており，一人ひとりにおいては個別的かつ多様な経験を伴うものの，共通の社会的パタンがあることを言及している。さらに，保育者としてのライフコースには，共通のパタンがあり，さまざまな出会い，経験，出来事，環境が複雑に交差し織りなされて，オリジナルの模様として彩られていること，保育者の専門的発達を長期的スパンで考えることの重要性と，専門家が育つ場としての組織作りや必要な援助，研修などの制度，養成課程制度をよりよいものにしていかなくてはならないことを述べている。

保育者のライフコース，キャリアの発達に関しての研究が少ない状況であることが指摘されている（無藤，2009）なか，それらの研究の取り組みとともに，それぞれのライフコース，キャリアの発達に応じた研修が必要である。

（2）若手保育者に必要な読みあう活動に関する研修

さらに，本節では，本節では筆者が本書のテーマである絵本や読みあう活動の研修に対する保育者のニーズを把握するための質問紙調査に取り組んだ結果から，現職保育者に必要とされている研修内容を言及していくこととする。

1）目 的

本研究は，保育者が絵本や読みあう活動の研修を受講する際にどのような内容を希望しているのかを明らかにするために，保育者に対して質問紙調査を行い，絵本や読みあう活動の研修に関する保育者のニーズを明確化することを目的とする。

2）調査対象者

調査対象者は，千葉県内の公立保育所の保育士311名であった。なお，調査対象である保育者311名のうち回答に不備があった者を除いたため，有効回答数は309名分となった。年齢別でみると，20-29歳128名（42％），30-39歳53名（17％），40-49歳47名（15％），50歳以上81名（32％）で20-29歳が4割以上を占めていた。また，309名のうち，女性が292名（94％），男性が17名

(6%)であった。

3) 方 法
① 調査手続き

無記名の自記式質問紙調査を行った。筆者が自治体労働組合千葉県保育部会担当者を訪問して，同部会主催の研修時での質問紙調査を依頼し，その後，同部会会議で検討した上で承認を得られた。実施にあたっては，2012（平成28）年6月3日に開催された保育者研修において，質問紙調査を実施した。受付にて当日の研修資料とともに質問紙を配布し，研修終了後受付に設置した提出BOXによって，留置法で回収した（回収率71.5%）。

この回答について，研究協力者4名（保育者3名，保育を専門とする大学教員1名）とともにブレーンストーミングを前提としたKJ法により，分類化を行った。一度選出された言語および文章が，再度，他の対象者より出現し，前後の文章内容から同義語および同文章と認められた場合には，前出された項目の中に含め，カウントした。

② 調査項目

質問紙は，調査用紙記入年月日，性別，年齢，保育経験年数の4項目と，絵本や保育現場での読みあう活動の研修を受講する際の研修に関するニーズ1項目を設定した。絵本や読みあう活動の研修に関する保育者のニーズについての調査項目は自由記述式の設問とした。

③ 倫理的配慮

2012（平成24）年5月9日に，筑波大学医学医療系医の倫理審査委員会における研究倫理審査の承認を受けた（承認番号：641号）。

4) 結 果

絵本や保育現場での読みあう活動等の研修を受講する際に，どのような研修内容を必要としているのかを自由記述で尋ねたところ，調査対象者309名中93名が回答した。KJ法の第2段階により，表3-4に示した結果を得られた。「絵本の紹介および選び方」「絵本の読み方（声の出し方，ペース，ページの

第3章 読みあう活動の研修に対する保育者のニーズ

表3-4 絵本や読みあう活動に関する研修に対する保育者のニーズ

	研修内容	人数
1	絵本の紹介および選び方	41
2	絵本の読み方(声の出し方,ペース,ページのめくり方,絵本の持ち方,絵本の見せる位置)	35
3	活動の具体的な展開方法(活動の時間設定,日常の保育の中への活動の取り入れ方)	8
4	日常の保育とのつなげ方	5
5	絵本を与える際の教育的視点	5
6	導入の方法	4
7	環境設定の方法	4
8	実践事例を取り上げた研修	3
9	保育に対するねらいや子どもたちの育ちへの効果	3
10	絵本を楽しむ子どもを育てる方法	2
11	所内での絵本の扱い方	2
12	日常の行事とのつなげ方	2
13	Q&A方式の研修	1
14	保護者への啓発	1
15	気になる子を交えた活動展開	1

注:複数回答含む。
保育者309名中93名が回答。

めくり方,絵本の持ち方,絵本の見せる位置)」「活動の具体的な展開方法(活動の時間設定,日常の保育の中への活動の取り入れ方)」「日常の保育とのつなげ方」「絵本を与える際の教育的視点」「導入の方法」「環境設定の方法」「実践事例を取り上げた研修」「保育に対するねらいや子どもたちの育ちへの効果」「絵本を楽しむ子どもを育てる方法」「絵本の扱い方」「日常の行事とのつなげ方」「Q&A方式の研修」「保護者への啓発」「気になる子を交えた活動展開」の15項目であった。

5) 考 察

以上の結果から,絵本や読みあう活動の研修に関する保育者のニーズについて,次のことが考えられる。表3-4に示されるように,「絵本の紹介およ

び選び方」の研修に対する保育者のニーズは41名となり，その人数の多さから保育者が絵本の知識とその選択方法を身につけたいと考えていることが明らかになった。

さらに，「絵本の読み方（声の出し方，ペース，ページのめくり方，絵本の持ち方，絵本の見せる位置）」「活動の具体的な展開方法（活動の時間設定，日常の保育の中への活動の取り入れ方）」「導入の方法」「環境設定の方法」などの研修は，主に絵本を読みあう時に必要な保育技術である。この読みあう時に必要な保育技術に関する研修に対するニーズを合計すると51名であった。絵本や読みあう活動の研修に関する保育者のニーズのなかで，読みあう時の保育技術の研修が最も高いことが明らかになった。

また，「日常の保育とのつなげ方」「実践事例を取り上げた研修」「保育に対するねらいや子どもの育ちへの効果」「絵本を楽しむ子どもを育てる方法」「所内での絵本の扱い方」「日常の行事とのつなげ方」「気になる子を交えた活動展開」などの研修から，絵本を読みあっている間だけでなくその前後も含めて，保育者が保育実践のなかで子どもの理解をしながらねらいや指導計画を立て，どのように読みあう活動を展開することができるのかという具体的な方法を必要としていることが明らかになった。「保護者への啓発」の研修に対するニーズからは，子どもに対する読みあいや読みあう活動に留まらず，家庭へ読みあう活動を広げるための研修を必要としていることも明らかになった。

このような研修に対する保育者のニーズは，保育者は保育のなかで絵本などを活用し，子どもと読みあい，その後にも読みあったことにつながる保育を展開しているなかで，よりよい実践力を身につけていきたいという姿勢の表れであると考えられる。

保育者養成校においては，養成段階において保育内容の言葉や言語表現などの科目において，絵本をはじめとした児童文化財をどのように保育現場で活用し，保育を展開することが必要なのかを教授している。藤重（2012）に

よれば，保育者養成校35校で使用している教科書を調べた結果，絵本・物語・劇・ごっこ遊びなどの実践が多く取り上げられていることが明らかになっている。

このように，保育者養成課程においても実践事例をふまえながら授業が設定されてはいるものの，実際に保育者となり，より実践の現場での実践方法や展開は，日々の課題と考えられる。

3 絵本の知識，読みあう活動における読む技術，そして具体的展開方法

表3-3に示されるように，20-29歳の保育者においては，3割以上の者に絵本に関する研修ニーズがみられたが，その他の年代の者にはみられなかった。このことは研修としては特に必要とされているという言及までには至らないものの，研修のニーズとして決して低いものではなく，日頃必要としている研修の一つであると捉えることができる。また，30歳未満の経験の浅い保育者に特に高いニーズがあると言える。

さらに，表3-4に示したように，保育者が必要とする研修の約8割は，「読みあう活動時の保育技術」や「絵本の紹介及び選び方」であった。また，この他に，読みあう活動時における子どもの理解とその支援，保育者のねらい，指導計画，日常の保育の具体的な展開方法などの研修も必要としていた。

これらの結果から，絵本や保育現場での読みあう活動に関する研修に必要である条件としては，主な研修受講者が保育者経験10年未満の対象であることを想定し，「絵本及び読みあう活動の知識・保育技術の習得」や「読みあう活動における子どもの理解と支援」「読みあう活動に対する保育者のねらい・指導計画および日常の保育とのつながり」を教授できるプログラムが必要であると考えられる。

第4章	保育者研修プログラムの開発1 ——知識・保育技術中心型か，保育のねらい・年間計画中心型か

　筆者は第1章の問題と目的の所在，第2章の読みあう活動において保育者に必要な保育技術・能力，第3章の研修に対する保育者のニーズから得られた知見から，読みあう活動に関する保育者研修プログラム第1版を作成に向けての視点を明確化した。本章では，その視点を基にして，研修に必要な保育現場の実践事例を調査した。この調査から，読みあう活動に関する保育者研修プログラムの素案を作成した。筆者が作成したこの読みあう活動に関する保育者研修プログラムの素案を保育士や保育学を専門とする大学教員らと共に随時検討を重ね，読みあう活動に関する保育者研修プログラム第1版を完成させた。その後，読みあう活動に関する保育者研修プログラム第1版を実施し，参加者のアンケート結果から研修内容を検討した。本章では，この研修プログラム第1版を開発し，研修内容を検証した経緯を述べていくものとする。

1　知識・技術・ねらい・計画を学ぶ保育者研修プログラムの開発

（1）方　法
1）協力者・協力保育園
　読みあう活動に関する保育者研修プログラム第1版の作成にあたり，保育士4名，園長2名，保育学を専門とする大学教員2名にプログラム内容を検討する上での協力を依頼した。さらに，北九州市清心保育園，千葉市まどか保育園，千葉市真生保育園，練馬区石神井町さくら保育園にプログラム内容

の教材・資料として実践事例を使用する上での調査協力を依頼した。

　2）手続き

　まず，筆者が第1章の先行研究の概観と第2章の読みあう活動において保育者に必要な保育技術・能力及び第3章の研修に対する保育者のニーズの研究から得られた知見から読みあう活動に関する保育者研修プログラム第1版を作成に向けての視点を明確化した。

　次に，筆者の作成した読みあう活動に関する保育者研修プログラム第1版の内容に必要な実践事例について，協力保育園4園の読みあう活動を調査し，研修に使用する教材・パワーポイント資料を作成した。

　協力者である保育学を専門とする大学教員2名と共に，筆者の作成した読みあう活動に関する保育者研修プログラムの素案の内容を検討した。検討に際しては，筆者が勤務する大学内において保育学を専門とする大学教員2名と共に，筆者の作成したプログラムの内容に対し，自由に意見を出し合う1時間の会議を設定して内容検討を行った。また，協力者である保育士4名，園長2名と共に，筆者の作成した読みあう活動に関する保育者研修プログラムの素案の内容を検討した。検討に際しては，協力保育園である清心保育園とまどか保育園を訪問した。それぞれの園長1名と保育士2名と共に自由に意見を出し合う1時間の会議を設定した。

　最後に，すべての協力者との検討結果をふまえて，読みあう活動に関する保育者研修プログラム第1版を作成した。

　3）期　間

　2012（平成24）年11月～2013（平成25）年2月上旬。

　4）倫理的配慮

　2012（平成24）年5月9日に，筑波大学医学医療系医の倫理審査委員会における研究倫理審査の承認を受けた（承認番号：641号）。

表4-1　第1～3章で示された保育者研修プログラム
　　　　第1版作成に向けての視点

該当部分	留意事項
第1章　読みあう活動の歴史的展開	①　読みあう活動による子どもの感情や行動の成長・発達 ②　読みあう活動は日常の生活や経験と結びつけた活動展開 ③　読みあう活動中の具体的な子ども同士または子どもと保育者における相互作用の明確化
第2章　読みあう活動に必要な専門的知識・技術	①　読みあう活動の保育技術・能力の明確化 ②　絵本および読みあう活動の知識・保育技術の習得 ③　保育者の子どもの理解と支援 ④　保育者としての資質・教養の向上 ⑤　読みあう活動に関する保育のねらい・保育計画・環境設定
第3章　読みあう活動の研修に対する保育者のニーズ	①　保育者の研修ニーズへの対応 ②　絵本や読みあう活動に関する研修に対する20-29歳の保育者のニーズの高さ ③　読みあう活動の保育実践に関する知識・保育技術や絵本の紹介および選び方に対する保育者のニーズの高さ

（2）結果と考察

1）保育者研修プログラム第1版作成への視点

　読みあう活動の保育者研修プログラム作成への視点として，第1章の読みあう活動の歴史的展開，第2章の読みあう活動に必要な専門的知識・技術，第3章の読みあう活動の研修に対する保育者のニーズから得られた知見は表4-1である。

　第1章からは，先行研究による保育現場における読みあいや読みあう活動，読み聞かせの概念とその意義が明らかになったことにより，子どもの感情や行動が成長・発達する活動，子どもの日常の保育や経験と結びつけた展開とする活動であることを位置づけるという課題が示された。

　第2章からは，保育現場における読みあう活動の必要性，読みあう活動・読みあいにおける保育者の役割を明らかにし，保育現場における保育者の読む活動に関する保育のねらいや方法の調査と読みあう活動を実践している保

表4-2　保育者研修プログラム第1版作成に向けて検討した工夫

項　目	検討事項	留意事項
目　標	プログラムの目標	・実践事例の紹介，参加者の保育実践の振り返りながら，絵本や読みあう活動の知識・保育技術を学びあい，保育者の保育の質の向上につなげることを目的とする
プログラム作成	プログラムの流れ	・3つのSessionに分けて実施 Session 1：読みあう活動中の子どもの理解と保育のねらい Session 2：絵本・読みあう活動の知識と保育技術 Session 3：読みあう活動と日常の保育がつながる保育計画
	プログラム内容	・具体的な実践事例を取り上げる
	プログラムパターン	・参加型ワーク学習の実施時間を差異とする2つのパタンを作成 プログラムA：子どもの理解と支援，保育計画中心型 プログラムB：絵本・読みあう活動の知識と保育技術中心型
	ワークシートの活用	・研修した後に継続して学習したことが保持できるようにする
プログラム実践	親和的な集団形成	・研修中，保育者同士の集団の居場所感，安心感を持たせるような雰囲気づくりに努める
	バランスの取れた集団形成	・保育者の経験値などにより意見交換・情報交換に偏りが出現しないように，事前に保育者の経験年数を把握し，バランスよく配置したグループづくり
プログラム評価	参加者の満足度	・参加者の満足度を把握するために，Sessionごとの振り返りシートによる調査を実施

育者による保育技術・能力に関する関連要因の検討から，読みあう活動において保育者は，絵本及び読みあう活動の知識・技術の習得，保育者の子どもに関する理解と支援，保育者としての資質・教養の向上，読みあう活動に関する保育のねらい・計画・環境設定を行う必要があるという課題が示された。

　第3章からは，先行研究により保育者研修の必要性，研修に対する保育者のニーズの高さが明らかにし，さらに，調査研究によって絵本や読みあう活動に関する研修に対する保育者のニーズは20-29歳の保育者にニーズが高いこと，絵本や読みあう活動などの研修を受講する際には，保育実践に対する知識・技術や絵本の紹介及び選び方に対する保育者のニーズが高いことが明らかになり，その内容を含めた研修プログラムの作成の課題が示された。表

4-1で示された留意事項にもとづいてプログラム内容の工夫点を示したのが表4-2である。

はじめにプログラム作成に向けて，プログラムの目標を「実践事例の紹介，参加者の保育実践を振り返りながら，絵本や読みあう活動の知識・保育技術を学びあい，保育者の保育の質の向上につなげること」と設定した。プログラムの流れは，読みあう活動中の子どもの理解と保育のねらい，絵本・読みあう活動の知識と保育技術，読みあう活動と日常の保育がつながる保育計画の3つのSessionを踏まえることとした。また，プログラム内容には，保育者が保育実践につなげられるように，読みあう活動の実践事例を取り上げ，研修を展開するように工夫した。

さらに，第2章の研究結果では，読みあう活動において保育者に必要な保育技術・能力から読みあう活動を取り組む保育者が子どもに関する理解と支援と読みあう活動に関するねらい・保育計画・環境設定を特に配慮しながら保育に取り組んでいることが明らかになった。第3章の研究結果では，研修に対する保育者のニーズから保育者が絵本や保育現場での読みあう活動などの研修を受講する際には，保育実践に対する知識・技術や絵本の紹介及び選び方に対する保育者のニーズが高いことが明らかになった。これらの結果から，プログラム第1版A「子どもの理解と支援，保育計画中心型プログラム」，プログラム第1版B「絵本・読みあう活動の知識と保育技術中心型プログラム」の2つのパタンを作成した。2つのパタンの違いとしては，参加型ワーク学習の実施時間の差異とした。

研修後，より保育実践へとつなげるために，ワークシート（巻末資料1・2）や保育計画シート（巻末資料3）などを作成し，研修した後に継続して学習したことが保持できるように工夫した。保育者研修プログラム実践に関しては，互いの意見や情報交換しやすいような集団の居場所感，安心感を促せるよう，親和的な集団形成を行うこととした。

また，保育者の経験値などにより意見交換・情報交換に偏りが出現しない

時間	9	10	11	12	13	14	15	16	17
プログラムA		受付 / 開講のご挨拶	読みあう活動中の子どもの理解と保育のねらい (Session1)	昼食	絵本・読みあう活動の知識と保育技術 (Session2)		読みあう活動と日常の保育がつながる保育計画 (Session3)	閉講のご挨拶	

図4-1　プログラム第1版Aの日程

時間	9	10	11	12	13	14	15	16	17
プログラムB		受付 / 開講のご挨拶	読みあう活動中の子どもの理解と保育のねらい (Session1)	昼食	絵本・読みあう活動の知識と保育技術 (Session2)		読みあう活動と日常の保育がつながる保育計画 (Session3)	閉講のご挨拶	

図4-2　プログラム第1版Bの日程

ように，事前に保育者の経験年数を把握し，初任からベテランの保育者までグループ構成員をバランスよく配置するようにした。プログラム評価方法としては，保育者研修プログラムに対する保育者の満足度を把握するためのSession 毎の振り返りシート（巻末資料1・2）による調査を行い，プログラムの総合的な評価を行うこととした。

2) 保育者研修プログラム第1版の素案の作成

プログラム第1版の素案作成にあたっては，表4-2に示したプログラム第1版作成の検討事項と工夫を踏まえて，プログラムの目標を「実践事例の紹介，参加者の保育実践の振り返りながら，絵本や読みあう活動の知識・保育技術を学びあい，保育者の保育の質の向上につなげること」とし，参加型ワーク学習を含めることとした。講義および参加型ワーク学習の内容は保育者の保育実践など日頃の読みあう活動に関する実践事例を中心に据え，互いの意見や情報交換が可能となるように2パタンのプログラムとも各Session

の展開を「オリエンテーション」→「課題を見つける(または絵本の知識を知る)」→「課題への取り組み」→「まとめ」という4段階の学習展開とした。この学習展開をプログラムAは巻末資料4，プログラムBは巻末資料5のとおりに示した。

また，図4-1と図4-2に示される通り，2パタンのプログラムは，Session毎の時間配分が異なるが研修総合時間数240分(開講・閉講の挨拶を除いた研修のみの総合時間数)として，1日で行われるように作成し，この基本的枠組みをもとに保育現場の状況に合わせて実施することとした。

2 実践事例を含めた研修内容の開発
——読みあう活動を実施する保育現場に対する調査

筆者は，読みあう活動に関する保育者研修プログラム第1版の作成に向けて，表4-2に示されるプログラム内容として設定した実践事例を調査するため，筆者が日常の保育で読みあう活動を実施していると認める国内の4園の実践事例を調査した。各園への調査にあたっては，表4-1の第1～3章で示された読みあう活動に関する保育者研修プログラム作成に向けての視点に基づきながら，表4-3に示されるような調査内容，調査方法によって実施した。

清心保育園の調査は，筆者が2012(平成24)年12月から2013(平成25)年1月にかけて2回にわたり保育園を訪問し，日常の5歳児における読みあう活動の実践を写真(記録例：巻末資料6・7)およびビデオ(記録例：巻末資料8・9)，エピソードにて記録した。さらに，園内で作成していた5歳児さくら組の年間指導計画(巻末資料10)とあそびと絵本の年間計画(巻末資料11)の資料をもとにクラス担任および園長・主任へのインタビューを行い，保育実践の具体的な展開方法を調査した。

まどか保育園の調査は，筆者が2012(平成24)年11月に訪問し，0～5歳児の絵本とあそびの年間計画の資料(巻末資料12～15)と絵本ノート(巻末資

表4-3 実践事例の調査内容と方法

保育園	調査内容	調査方法
①清心保育園	5歳児の保育実践	日常の保育実践の観察と写真およびビデオ，エピソード記録による調査
	5歳児の年間計画	クラス担当および園長・主任へのインタビュー調査
	5歳児の絵本とあそびの年間計画	クラス担当および園長・主任へのインタビュー調査
②まどか保育園	0～5歳児の絵本とあそびの年間計画	園長へのインタビュー調査
	絵本ノートの保育実践	園長へのインタビュー調査
③真生保育園	保護者への絵本の貸出システム	担当保育者および園長へのインタビュー調査と写真記録
④さくら保育園	おたよりでの読みあう活動紹介	保育者へのインタビュー調査

料16)をもとに保育実践に関する園長へのインタビューを行い，保育実践の具体的な展開方法を調査した。

真生保育園の調査は，筆者が2012（平成24）年11月に訪問し，保護者への絵本の貸し出しシステム（巻末資料17）に関する担当保育者および園長へのインタビューと写真記録を行い，保育実践の具体的な展開方法を調査した。

石神井町さくら保育園の調査は，筆者が2012（平成24）年11月に訪問し，これまでに発行したおたよりの資料（巻末資料18）をもとに保護者に対する読みあう活動の紹介方法について保育者に対するインタビューを行い，保育実践の具体的な展開方法を調査した。

3 保育者研修プログラム第1版の完成
――プログラム第1版の素案と実践事例に関する協力者との内容検討

筆者が作成した読みあう活動の保育者研修プログラム第1版の素案の内容について，保育学を専門とする大学教員2名およびプログラム内容の保育実践事例となった保育園の保育士4名と園長2名それぞれと自由に意見を出し合う1時間の会議を設定して内容検討を行った。この内容検討の結果，表4

第4章　保育者研修プログラムの開発1

表4-4 保育者研修プログラム第1版の素案に対する協力者の意見

① 清心保育園の読みあう活動の保育実践の紹介の際には，一人ひとりの子ども理解を前提として，保育計画を立てていることをより具体的に説明する必要がある
② 清心保育園，まどか保育園ともに，読みあう活動と日常の保育をつなげた保育を展開するにあたってより具体的に説明する必要がある
③ 保育者の経験年数や力量によって理解度の差が出る可能性がある
④ 参加型ワーク学習については，参加者の日常の保育実践において絵本の活用や読みあう活動の実践の少ない保育者にとって困難ではないか
⑤ プログラムA・Bともに全てを一日で実施するのは，時間設定として困難ではないか

-4のとおり5つの意見が出された。

　協力者から出された以上5つの意見をふまえて改善点を話し合った結果，以下の通りに修正および研修の配慮をすることとなった。まず，「清心保育園の読みあう活動の保育実践の紹介の際には，一人ひとりの子ども理解を前提として保育計画を立てていることのより具体的な説明が必要」と「清心保育園，まどか保育園ともに，読みあう活動と日常の保育をつなげる保育を展開するにあたってのより具体的な説明が必要」という意見が出された。このことから，読みあう活動の保育実践を行う上で子ども理解と支援の方法を具体的に説明するにあたり，「読みあう活動のねらいの立て方」「年間計画と絵本の年間計画の連動性」「読みあう活動中における子どもの関わり方」「絵本の活用方法」「絵本とつながるヒト・モノ・コトをまとめた研修資料と説明（巻末資料19）」を行うこととした。

　「保育士の経験年数や力量により理解度の差が出る可能性がある」と「参加型ワーク学習内容については，参加者の日常の保育実践において絵本の活用や読みあう活動の実践の少ない保育者にとって困難ではないか」という意見については，プログラム実践時の保育者の経験年数にバランスの取れたグループ形成に対する配慮を行うことにした。さらに，研修のファシリテーターとなる筆者が参加者の学習状況を把握し，参加型ワーク学習の際に，グループごとへの細やかな助言を行っていくことにした。

第5の意見として出された「プログラム第1版Aもプログラム第1版Bも全ての内容を1日で実施するのには時間設定として困難ではないか」については，プログラムA・Bともに1日240分の研修日程を基本としながらも，研修を受ける保育現場の状況に合わせて，1日間で研修を完結させる「単発型」と研修のSessionごとに研修を分散して受講する「分散型」に分けて実施することとした。また，この「単発型」「分散型」に関しては，その参加形態ごとに参加者の習熟度や状況に左右されると考えられるため，研修終了後の振り返りシートによってプログラム第1版A単発型，プログラム第1版A分散型，プログラム第1版B単発型，プログラム第1版B分散型の4パタンによる参加者の評価を導き出すことによって，課題点を明確にした上で，今後作成予定のプログラム内容および時間設定で修正していくこととした。

　協力者とのすべての検討事項を加え，読みあう活動の保育者研修プログラム第1版のAとBの2パタンのプログラムの学習展開をプログラムAは巻末資料20，プログラムBは巻末資料21のとおりに作成した。さらに，このプログラムA・Bの流れを基本に，それぞれの研修で活用するスライド資料をPowerpointにて作成した（図4-3）。

4　保育者研修プログラム第1版の実施と評価
　　　──グループ学習型研修への改版

（1）保育者研修プログラム第1版の実施

　読みあう活動に関する保育者研修プログラム第1版を用いて，2013（平成25）年3～6月にかけて合計4ヶ所でプログラムを実施した。プログラムの実施方法は，千葉市民間保育園協議会と千葉市幼稚園協会，東京児童協会の協力を得て，筆者の自主企画としてプログラムの参加希望を募るため，研修案内文書にて告知を実施した。この結果，千葉市民間保育園協議会の1園，千葉市幼稚園協会の1園，東京児童協会の1園より園内での研修実施希望があった。また，千葉市民間保育園協議会の5園の保育園より数名ずつの研

第4章　保育者研修プログラムの開発1

Session 1：子どもの成長・発達を理解し、読みあう活動の保育にねらいを立てる

Session 2：絵本の知識と読みあう技術を学ぶ

Session 3：読みあう活動と日常の保育をつなげる

・読み聞かせの意義・目的
・「保育所保育指針」や「幼稚園教育要領」の領域「言葉」における読み聞かせの意義
・保育現場における読みあう活動の意義
・本研修における「読みあう活動の定義」
・本研修の目的
・読みあう活動における保育のねらい・保育方法
・Session 1の目的
・「げんきなマドレーヌ」の読みあい
・日常の読みあう活動の振り返りとグループ学習（プログラムAのみ）
・ヒト・モノ・コトとの経験の積み重ねと絵本のつながり
・子ども理解を基本とした読みあう活動のねらいと保育計画
・読みあう活動の保育のねらいと保育計画を立てるグループ学習（プログラムAのみ）

・Session 2の目的
・絵本の知識に対しての自己認識を深めるためのグループ学習（プログラムBのみ）
・絵本作家に関する知識
・絵本に関する知識
・参加者による編集による好きな絵本の紹介に関するグループ学習
・子どもの成長・発達に即した絵本の選択方法
・子どもの成長・発達や日常の生活に即した絵本の選択に関するグループ学習（プログラムAのみ）
・読みあう活動の導入方法
・絵本を読む方法
・絵本を読みあうグループ学習（プログラムBのみ）

・Session 3の目的
・読みあう活動と日常の保育のつながり
・0歳児クラスの読みあう活動の実践事例から考えるグループ学習（プログラムAのみ）
・読みあう活動後の保育のあり方
・読みあう活動の子どもの姿と主体性を育む保育方法（ビデオによる保育実践の紹介）
・「年間計画」と「絵本による年間計画」のつながり
・清心保育園の「年間計画」と「絵本の年間計画」をもとにつながりを捉えるグループ学習
・日常の保育における読みあう活動の振り返りとグループ学習（プログラムAのみ）
・読みあう活動を家庭へつなげる方法
・読みあう活動を家庭へつなげるためのグループ学習（プログラムAのみ）
・計画に関するグループ学習の内容

図4-3　保育者研修プログラム第1版A・Bスライド資料の内容

115

表4-5 保育者研修プログラム第1版のプログラム実施パタン・実施場所・実施期間・人数

プログラム実施パタン	実施場所	実施期間	参加人数
プログラム第1版A単発型	淑徳大学構内	2013（平成25）年3月3日（土）	20名
プログラム第1版A分散型	千葉市A幼稚園	2013（平成25）年4月23日（火） 5月14日（火） 6月12日（水） 6月23日（火）	15名
プログラム第1版B単発型	千葉市B保育園	2013（平成25）年6月5日（水）	20名
プログラム第1版B分散型	東京都C保育園	2013（平成25）年3月16日（土） 3月30日（土）	16名

表4-6 保育者研修プログラム第1版の評価に関する対象者の人数と年齢属性

プログラムの実施方法	20歳代	30歳代	40歳代	全体
プログラム第1版A単発型	12	5	1	18
プログラム第1版A分散型	10	2	0	12
プログラム第1版B単発型	8	9	1	18
プログラム第1版B分散型	9	2	1	12
合計	39	18	3	60

修参加希望があったため，筆者の勤務している大学内において研修を実施した。

4ヶ所での具体的な実施期間・参加人数・プログラムなどについては，表4-5のとおりである。2013（平成25）年3～6月の期間に研修参加者が希望する実施期間で日程とプログラム内容を調整した結果，実施方法が単発型と分散型になり，それぞれの参加者や施設の希望するプログラム内容で実施した。

（2）保育者研修プログラム第1版の評価

1）対象者

それぞれのプログラム実施方法別の研修の参加者は，プログラム第1版A単発型20名，プログラム第1版A分散型15名，プログラム第1版B単発型20

名，プログラム第1版B分散型16名の4ヶ所で実施した合計71名の参加者であった。この研修参加者のうち，読みあう活動に関する保育者研修プログラム第1版を評価するため，遅番や早番，体調不良で欠席などの理由で研修のはじまりから最後まで参加をできなかった者を除いた60名を本研究の対象者とした。各プログラム実施方法別の対象者の人数と年齢属性は表4-6のとおりであり，対象者60名のうち，20歳代が39名，30歳代が18名，40歳代が3名であった。

2) 手続き

まず，読みあう活動に関する保育者研修プログラム第1版の実施した際に，参加者に対して，Sessionごとに振り返りシート（巻末資料1・2）の記入を依頼した。振り返りシートの調査項目は，以下の5つであった。次に，表4-6のプログラム実施方法ごとにおける対象者の振り返りシートの結果をまとめた。そして，分析結果から，プログラム第1版と研修実施方法の改善点を明らかにし，読みあう活動に関する保育者研修プログラム第2版を作成に向けての修正点を明確にした。最後に修正点をもとに，保育者研修プログラム第2版を作成した。

---

① 0%から100%の数値による研修の満足度に関する設問項目
② 「まったくなかった」「あまりなかった」「どちらでもない」「まあまああった」「けっこうあった」の5つの尺度による研修後の新しい発見や気づきの度合いに関する設問項目
③ 「まったくなかった」「あまりなかった」「どちらでもない」「まあまああった」「けっこうあった」の5つの尺度による研修後の今後の仕事へ生かせる度合いに関する設問項目
④ 研修で理解が深まった点を自由記述で回答する設問項目
⑤ 研修で改善が必要な点を自由記述で回答する設問項目

---

3) 倫理的配慮

2012（平成24）年5月9日に，筑波大学医学医療系医の倫理審査委員会に

おける研究倫理審査の承認を受けた（承認番号：641号）。

4）保育者研修プログラム第1版A単発型の評価

対象者全員の同意を得て，無記名にて読みあう活動の保育者研修プログラム第1版A単発型に参加した18名に各Session後，振り返りシートに記入してもらった。この振り返りシートの設問に対する対象者の回答結果について以下のようにまとめた。

① 研修の満足度

Sessionごとにおける参加者の満足度は，Session 1 では，60％と回答した者が2名，70％回答した者が1名，80％と回答した者が5名，90％と回答した者が4名，100％と回答した者が6名であり，8割以上の参加者から80～100％の満足感を得ていたことが示された。

Session 2では，80％と回答した者が7名，90％と回答した者が4名，100％と回答した者が7名であり，参加者全員から80～100％の満足感を得ていたことが示された。

Session 3では，70％と回答した者が4名，80％と回答した者が5名，90％と回答した者が3名，100％と回答した者が6名であり，8割近くの参加者が80～100％の満足感を得ていたことが示された。

② 研修後の新しい発見や気づきの度合い

研修後の新しい発見や気づきの度合いについてまとめた結果，全てのSessionにおいて，参加者全員から新しい発見や気づきがあったということが示された。

③ 研修後の仕事へ生かせる度合い

研修後の仕事へ生かせる度合いについてまとめた結果，Session 1とSession 2において，参加者全員から新しい発見や気づきがあったという回答が示された。Session 3においては，9割以上の参加者から今後の仕事に生かせることがあったという回答が示された。

④ 研修で理解が深まった点の自由記述

第4章　保育者研修プログラムの開発1

表4-7　保育者研修プログラム第1版A単発型のSession1における研修で理解が深まった点

項　目	回　答
実践事例	・他園の取り組んでいる保育内容への興味・関心 ・他園における保育展開と工夫 ・子どもたちへの日々の生活の中における読みあう活動の場の提供 ・他園におけるヒト，モノ，コトとの連動性，連続性 ・他園におけるクラスノートの取り組みの興味・関心 ・実践事例を参考に年間計画を立てること
絵本の選択，知識，読み方	・絵本を選択する方法 ・ページのめくり方，声，ペース，時間設定などの保育技術 ・絵本の分類 ・絵本の多面的な捉え方 ・子ども一人ひとりに合った絵本の選択 ・保育者自らが絵本読む楽しみ方 ・絵本の絵の意味
絵本と日常の保育のつながり	・絵本から遊びにつなげる方法 ・絵本と日常の保育が自然につながる方法 ・絵本を通した子どもの世界の広がり ・絵本と日常生活のつながり ・絵本の計画に基づいた生活に取り入れる実践方法
グループ学習	・他者の意見 ・他者の読みあう活動の保育実践 ・他者の絵本の選択方法 ・他者の絵本の楽しみ方
子どもの理解と支援	・絵本を読むことによって得られる子どもと保育者の楽しみ ・子どもたちの気づきや興味・関心を大切にした一人ひとりへの寄り添い ・保育者の絵本から得られた気づきや汲み取ったことを子どもたちに伝えること ・絵本を通した子どもたちの成長 ・子どもの現実と絵本の世界の楽しみへの理解と保育者の配慮 ・その時々の季節や雰囲気，行事を経験し味わうこと ・子どもと保育者が共に絵本を楽しみ，共有すること ・読みあう活動への保育者の積極的な意欲の大切さ ・絵本を通した子どもたちの気づきや想像する楽しさへの理解とその支援への意欲 ・子ども一人ひとりに対する絵本の好みや種類への理解 ・3・4・5歳児縦割りクラスにおける絵本選択での年少，個別などに対する配慮 ・子どもたちが主体となれるような読みあう活動
自らの振り返り	・計画・実践・反省・振り返りの大切さ ・絵本や読みあう活動に関する自らの感じ方の浅さ
保育のねらい・保育計画	・緻密な保育計画によって生み出される子どもの発見のある保育展開 ・読みあう活動にねらいを具体的に持つことの重要性 ・絵本と日常生活のつながりを考慮した上でのカリキュラムの立て方 ・実践例を参考に年間計画を立てることの意欲

研修で理解が深まった点に関する自由記述をまとめた結果，以下のとおりであった。Session 1 では，「実践事例」「絵本の選択，知識，読み方」「絵本と日常の保育のつながり」「グループ学習」「子どもの理解と支援」「自らの振り返りの必要性」「保育のねらい・保育計画」の 7 つの項目に分けられる 39 点があげられた。その具体的な回答は表 4 - 7 のとおりである。

　「実践事例」では，他園における具体的な実践事例から学んだことで，読みあう活動への興味・関心を広げ，年間計画や活動展開の具体的な方法の理解を深め，自らの保育でも実践したいという参加者の意欲が記述されていた。

　「絵本の選択，知識，読み方など」では，絵本を選択する方法，読み方の保育技術，絵本の大切さ，絵本の捉え方，絵本の分類方法，絵本の楽しみ方などの理解を深めた参加者の様子が記述されていた。

　「絵本と日常の保育のつながり」では，絵本の読みあい後，遊びなどの日常の保育につなげることの重要性や絵本を通した子どもの世界の広がりの理解を深め，絵本の計画に基づいた日常の保育に取り入れる実践方法の理解を深め，自らの保育でも実践したいという参加者の意欲が記述されていた。

　「グループ学習」では，グループにおける話し合いの機会から絵本の選び方や楽しみ方の理解を深めたり，他者の日常の読みあう活動の取り組みや意見から学びを深めたりした参加者の様子が記述されていた。

　「子どもの理解と支援」では，絵本の読みあいを通して現れた子どもの気持ちや行動を理解し，子どもの成長・発達に即した保育者の配慮や保育実践への理解を深めた参加者の様子が記述されていた。

　「自らの振り返り」では，自らの保育を客観的な視点で見直すことの重要性や絵本や読みあう活動に関する自らの感じ方の浅さを認識した参加者の様子が記述されていた。

　「保育のねらい・保育計画」では，読みあう活動において保育にねらいや保育計画を立てることの重要性についての理解を深め，自らの保育でも実践したいという参加者の意欲が記述されていた。

第4章　保育者研修プログラムの開発1

表4-8　保育者研修プログラム第1版A単発型のSession 2における研修で理解が深まった点

項　目	回　　答
実践事例	・他園での取り組み方法
絵本の選択，知識，読み方	・生活と結びついた絵本の良さ ・音のリズムを楽しめる絵本の良さ ・絵や色彩の素晴らしい絵本の良さ ・絵本の作者の思いや考え ・絵本の構造 ・絵本の作成過程 ・絵本の読み手の多様な感じ方 ・絵本の味わいの深さ ・絵本を選択する基準 ・絵本の新たな楽しみ方 ・新たな絵本の知識 ・絵本に対する興味・関心 ・絵本の読み方 ・絵本を読むペース ・絵本の導入への配慮
絵本と日常の保育のつながり	・絵本の世界と現実の世界をつなげていく大切さ ・絵本を通して遊びに発展させていく方法 ・絵本に出てくる言葉や場面を日常生活の中で表現する保育のあり方
グループ学習	・他者の絵本の好み ・他者の意見や考えの共有 ・共に学びあう方法 ・他者の薦める絵本からの新たな楽しみ方
子どもの理解と支援	・子どもと一緒に想像すること ・子どもたちに絵本の楽しさを伝えること ・絵本に出てくる言葉や場面を日常生活の中で表現すること ・子どもが自ら意欲的に絵本を見ること ・子どもと一緒に絵本を楽しむ保育者の支援方法

　Session 2では，回答として，「実践事例」「絵本の内容，選択，知識，読み方など」「絵本と日常の保育のつながり」「グループ学習」「子どもの理解と支援」の5つの項目に分けられる27点があげられた。その具体的な回答は表4-8のとおりである。

　「実践事例」では，読みあう活動の実践事例の紹介から具体的な読みあう

活動の保育方法の理解が深まった参加者の様子が記述されていた。

「絵本の選択，知識，読み方など」では，絵本の良さを認識し，絵本の興味・関心が深まり，絵本の作家の思い・考えや構造，作成過程などの絵本の知識を得ることの重要性，読み方や速度などの保育技術の方法の理解を深めた参加者の様子が記述されていた。

「絵本と日常の保育のつながり」では，絵本の世界と現実の世界をとつなげたり，読みあい後遊びなどの日常の保育につなげたりすることの重要性の理解を深めた参加者の様子が記述されていた。

「グループ学習」では，グループで互いの好きな絵本を紹介しあったことから，他者の絵本の好みや読みあう活動に対する意見や考えを共有することによってさまざまな絵本を知ることができ，学びあうことの重要性を認識した参加者の様子が記述されていた。

「子どもの理解と支援」では，絵本を子どもとともに楽しむことや子どもに絵本の楽しさを伝えること，絵本によって得られた子どもの想像を大切にすることなどの理解を深めた参加者の様子が記述されていた。

Session 3 では，回答として，「実践事例」「絵本の選択，知識，読み方」「絵本と日常の保育のつながり」「グループおよびワーク学習」「子どもの理解と支援」「自らの振り返り」「保育のねらい・保育計画」の7つの項目に分けられる26点があげられた。その具体的な回答を表4-9のとおりに示した。

「実践事例」では，実践事例の紹介から絵本と日常の保育のつながりについて理解を深めた参加者の様子が記述されていた。「絵本の選択，知識，読み方」では，年間計画に基づいた絵本選択の方法やねらいをもった絵本選択，生活場面に即した絵本，行事と季節に合わせた絵本選択と保育のねらいの連動性，絵本の内容の奥深さに理解を深めた参加者の様子が記述されていた。

「絵本と日常の保育のつながり」では，日常の保育における子どもの興味・関心や行事，季節，年間の保育計画と絵本をつなげることや保育園の家庭への絵本の貸し出し方法の理解を深めた参加者の様子が記述されていた。

第 4 章　保育者研修プログラムの開発 1

表 4-9　保育者研修プログラム第 1 版 A 単発型の Session 3 における研修で理解が深まった点

項　目	回　答
実践事例	・他園の保育実践方法による絵本と日常の保育のつながり
絵本の選択，知識，読み方	・保育計画に基づいた絵本選択の方法 ・保育者のねらいのある絵本選択 ・生活場面に即した絵本 ・行事や季節に合わせた絵本選択と保育のねらいの連動性 ・絵本の内容の奥深さ
絵本と日常の保育のつながり	・日常の行事や季節に合わせた絵本 ・日頃の子どもの興味・関心と絵本の関連に対する気づき ・年間のねらいと絵本の年間計画の連動性 ・絵本と日ごろの活動のつながり ・保育園の家庭に対する絵本の貸し出しの方法 ・絵本と日常の保育のつながり
グループ学習	・グループ学習でのワークシートの記入に対する自らのふり返りと新たな学習への意欲 ・グループ学習における他者の実践発表からの学び
子どもの理解と支援	・絵本の世界を楽しむ子どもの姿 ・子どもたちと保育者が共に共有しあえる絵本の大切さ ・季節に合った絵本の選択と子どもたち自身の関心および新しい発見や学びの関連 ・絵本を通した子どもたちの絵本の楽しさや世界観 ・保育者のねらいと絵本の内容の伝え方の工夫 ・絵本を子ども自らが選択する主体性の大切さ ・保育園の家庭への絵本の貸し出しにおける子どもの一年の変化
自らの振り返り	・保育者が絵本をよく知り，好きになることの必要性
保育のねらい・保育計画	・自らの年間カリキュラムとの比較 ・年間計画と絵本のつながり ・年間計画に応じた絵本の選択の大切さへの気づきとその取り組みへの意欲 ・新年度に向けての保育計画への意欲

　「グループ学習」では，グループ学習を通して自らの絵本の知識を深めていくことの必要性に対する参加者の認識や，グループのメンバー同士の実践事例から学びを深めた参加者の様子が記述されていた。
　「子どもの理解と支援」では，子どもの興味・関心・状況に応じて絵本を選択し，子どもの生活に広がりを持たせることの重要性や絵本を読むことに

関する子どもの主体性，子どもを理解しながら保育にねらいを持つこと，家庭に対する絵本の貸し出しにおける子どもの変化を捉えることなど重要性の理解を深め，読みあう活動を展開することで，子どもの生活に広がりを持たせ，子どもと子ども同士または子どもと保育者が絵本を通した気持ちや行動，遊びなどの共有ができることに気づいた参加者の様子が記述されていた。

「自らの振り返り」では，保育者が絵本の知識を深め，日頃から積極的に読むことの必要性を感じた参加者の様子が記述されていた。

「保育のねらいと計画」では，年間計画と絵本のつながりに理解を深め，実践していくことの重要性を認識し，自らも保育実践の中で取り組もうとしている参加者の様子が記述されていた。

⑤　研修の改善点に関する自由記述

Sessionごとの研修の改善点に関する自由記述をまとめた結果，以下のとおりであった。Session 1 では「グループ学習」「研修の進行」「実践事例」「参加者の習熟状況」の4つの改善点があげられた。その具体的な回答は表4-10のとおりである。

「グループ学習」では，設定された時間以上にグループの話し合いを求めている参加者の要望が記述されていた。「研修の進行」では，研修者のスライドの進行状況に対し，メモが取りづらくペースを調整してほしいという参加者の要望が記述されていた。「実践事例」では，紹介した実践事例だけでなくさらに多くの事例を紹介して欲しいという参加者の要望が記述されていた。「参加者の習熟状況」では，研修内容に対して理解が深まりきれずにいる参加者の様子が記述されていた。

Session 2 では，研修内容の改善点である「子どもの理解と支援」の項目に分けられる1点があげられた。その具体的な回答は表4-11のとおりである。

「子どもの理解と支援」では，現状の研修内容に加え，絵本を読みあった後の子どもたちの様子をより具体的に動画で学びたいという参加者の要望が

第4章　保育者研修プログラムの開発1

表4-10　保育者研修プログラム第1版A単発型のSession 1における研修で改善が必要な点

項　目	回　答
グループ学習	・グループ内での話し合いの時間の増加
研修の進行	・スライドを変える速度
実践事例	・実践事例の紹介数の増加
参加者の習熟状況	・参加者の理解が深まる研修内容

表4-11　保育者研修プログラム第1版A単発型のSession 2における研修で改善が必要な点

項　目	回　答
子どもの理解と支援	・絵本を読みあった後の子どもたちの反応や遊びへの発展などの動画から子どもたちへの理解を深める時間の設定

表4-12　保育者研修プログラム第1版A単発型のSession 3における研修で改善が必要な点

項　目	回　答
研修の進行	・グループ学習の時間の増加 ・実践事例の映像の時間の増加
実践事例の説明	・実践事例のより詳細な説明

記述されていた。

　Session 3では，「研修の進行」と「実践事例の説明」の2つの項目で3点があげられた。その具体的な回答は表4-12のとおりである。「研修の進行」では，時間に追われていたと感じた参加者の様子や紹介した実践事例をゆっくりと見たかった，映像をしっかりと見たかったという参加者の要望が記述されていた。「実践事例の説明」では，実践事例の説明を詳細にして欲しいという参加者の要望が記述されていた。

5）　保育者研修プログラム第1版A分散型の評価

　対象者全員の同意を得て，無記名にて読みあう活動の保育者研修プログラム第1版A分散型に参加した12名に各Session後，振り返りシートに記入してもらった。この振り返りシートの設問に対する対象者の回答結果について以下のようにまとめた。

①　研修の満足度

Sessionごとにおける参加者の満足度は，Session 1では，70％と回答した者が5名，80％と回答した者が2名，90％と回答した者が3名，100％と回答した者が2名であり，約6割の参加者から80～100％の満足感を得ていたことが示された。

Session 2では，50％と回答した者が1名，70％と回答した者が1名，80％と回答した者が4名，90％と回答した者が1名，100％と回答した者が5名であり，約8割の参加者から80～100％の満足感を得ていたことが示された。

Session 3では，70％と回答した者が3名，80％と回答した者が3名，90％と回答した者が4名，100％と回答した者が2名であり，約7割の参加者から80～100％の満足感を得ていたことが示された。

②　研修後の新しい発見や気づきの度合い

研修後の新しい発見や気づきの度合いについてまとめた結果，Session 1では，約9割程度の参加者から新しい発見や気づきがあったということが示された。Session 2とSession 3では，参加者全員から新しい発見や気づきがあったということが示された。

③　研修後の仕事へ生かせる度合い

研修後の仕事へ生かせる度合いについてまとめた結果，Session 1とSession 2において，参加者全員から新しい発見や気づきがあったという回答が示された。Session 3においては，約8割以上の参加者から今後の仕事に生かせることがあったという回答が示された。

④　研修で理解が深まった点の自由記述

研修で理解が深まった点に関する自由記述による回答についてまとめた結果，以下のとおりの回答が得られた。

Session 1では，「実践事例」「絵本の選択，知識，読み方」「グループ学習」「子ども理解と支援」「自らの振り返り」「保育のねらい・保育計画」の

第4章　保育者研修プログラムの開発1

表4-13　保育者研修プログラム第1版A分散型のSession1における研修で理解が深まった点

項　目	回　　答
実践事例	・年間における計画と絵本の選択の関連
絵本の選択，知識，読み方	・子どもたちの成長・発達に応じた絵本の選択 ・他園の資料を参考に年齢に応じた絵本の選択 ・読みあう活動の意味深さ ・子どもにとって経験のない絵本との出合わせ方 ・同じ絵本を何度も読むことと読解力の関連 ・絵本の選択方法 ・絵本のそのものの重要性 ・絵本の作者の気持ちや思い
グループ学習	・他者との読みあう活動に関する考えの共有 ・他者の読みあう活動の取り組みとその配慮 ・他者の意見から学びとその意見を参考にした読みあう活動
子どもの理解と支援	・子どもと保育者が共に絵本を楽しむことの重要性 ・絵本に対する子どもたちの細かいところまでの気づき ・同じ絵本の繰り返しの読みあいの重要性と子どもたちの読解力の高まり ・読みあう活動を通した子どもの豊かな成長の大切さ ・乳児期から読みあう活動を取り組みたいという意欲
自らの振り返り	・日常の保育における自らの読みあう活動の振り返りと反省 ・読みあう活動における自らの絵本の使い方と子どもたちに対する伝え方 ・子どもと絵本を出合わせる方法
保育のねらい・保育計画	・子どもの発達段階に合わせた絵本の選択と年間計画の連動性

6つの項目に分けられる21点があげられた。その具体的な回答を表4-13に示した。

「実践事例」では，保育園での具体的な実践事例から学んだことで，年間における計画と絵本の選択の関連の理解を深めたという参加者の様子が記述されていた。

「絵本の選択，知識，読み方」では，子どもの成長・発達に応じた絵本選択の方法，読みあう活動の意味と深さ，子どもにとって経験のない絵本との出合わせ方，絵本の作者の思いや考え読み方の保育技術，絵本の重要性，同じ絵本を何度も読むことと読解力の関連などの理解を深め，参加者自らも保

育実践で取り組んでいきたいという意欲が記述されていた。

「グループ学習」では，グループでの話し合いの機会から他者の読みあう活動の取り組みとその配慮を学び，互いに読みあう活動への考えを共有しながら，参加者自らも保育実践で取り組んでいきたいという意欲が記述されていた。

「子どもの理解と支援」では，子どもと保育者が共に絵本を楽しむことの重要性や絵本に対して子どもたちが細かいところまで気づけるようになったり，読解力が高まったりする，同じ絵本の繰り返しの読みあいの重要性，読みあう活動を通した子どもたちの豊かな成長の大切さなどの理解を深め，乳児期から読みあう活動に取り組みたいという参加者の意欲が記述されていた。

「自らの振り返り」では，日常の保育における自らの読みあう活動や自らの絵本の使い方と子どもたちに対する伝え方，子どもたちに絵本と出合わせる方法など自らの保育を客観的な視点で見直すことで反省している参加者の様子が記述されていた。

「保育のねらい・保育計画」では，子どもの発達段階に合わせた絵本の選択と年間計画の連動性への理解を深めた参加者の様子が記述されていた。

Session 2 では，「絵本の内容，選択，知識，読み方」「子どもの理解と支援」の２つの項目に分けられる12点があげられた。その具体的な回答は表4-14のとおりである。

「絵本の内容，選択，知識，読み方」では，絵本の作者の気持ちや思い，絵本の構造，擬音のある絵本の魅力，絵本を読みあう時の声の大きさやトーン，絵本の面白さ，絵本の楽しみ方，絵本の奥深さ，絵本の選択方法などの理解を深め，参加者自らが絵本を読むことや絵本を通して新たな発見をしていくことの意欲が記述されていた。

「子どもの理解と支援」では，同じ絵本を繰り返し読みあうことの効果の理解を深めた参加者の様子が記述されていた。

Session 3 では，「実践事例」「絵本の選択，知識，読み方」「絵本と日常の

第4章　保育者研修プログラムの開発1

表4-14　保育者研修プログラム第1版A分散型のSession 2における研修で理解が深まった点

項　目	回　答
絵本の選択，知識，読み方	・絵本の作者の気持ちや思い ・絵本を読み，新たな発見をしていくことに対する意欲 ・絵本の構造 ・擬音がある絵本の魅力と子どもの楽しみ方 ・保育者自らが絵本を読むことに対する意欲 ・絵本を読みあう時の声の大きさやトーン ・絵本への興味や関心 ・絵本の面白さ ・絵本の楽しみ方 ・絵本の奥深さ ・絵本を選択方法
子どもの理解と支援	・同じ絵本を繰り返し読みあうことの子どもに対する効果

保育のつながり」「子どもの理解と支援」「保育のねらい・保育計画」の5つの項目に分けられる20点があげられた。その具体的な回答は表4-15のとおりである。

「実践事例」では，実践事例の紹介から絵本が子どもたちに与える影響の大きさについて理解を深めた参加者の様子が記述されていた。

「絵本の選択，知識，読み方」では，子どもの年齢・発達に合わせた絵本選択や季節ごとの絵本選択，絵本の種類別の分け方の理解を深め，絵本に触れあうことの興味・関心を持ち，絵本の知識（内容や種類など）を身に付けることに対する参加者の意欲が記述されていた。

「絵本と日常の保育のつながり」では，読みあう活動を家庭へつなげることの大切さや絵本と子どもたちの生活の接点の深さ，行事や生活に合わせた絵本の活用方法，絵本から遊びに発展していくことの大切さ，行事・季節と絵本の連動性などの理解を深めた参加者の様子が記述されていた。

「子どもの理解と支援」では，子どもの絵本に対する親しみと自らの世界を広げていく楽しさ，絵本の内容の子どもたちの遊びに活かす方法，子どもたちの生活の一部になっている絵本の世界，絵本を読みあう活動によって豊

表4-15 保育者研修プログラム第1版A分散型のSession 3における研修で理解が深まった点

項　目	回　答
実践事例	・動画の子どもの姿にみる絵本が与えた影響
絵本の選択, 知識, 読み方	・絵本の知識（内容や種類など）を身につけることに対する意欲 ・年齢・発達に合わせた絵本選択 ・季節ごとの絵本選択 ・絵本に触れあうことの興味・関心 ・絵本の種類別の分け方
絵本と日常の保育のつながり	・読みあう活動を家庭へつなげること ・絵本と子どもたちの生活の接点の深さ ・行事や生活に合わせた絵本の活用方法 ・絵本から遊びに発展していくこと ・行事・季節と絵本の連動性
子どもの理解と支援	・子どもの絵本に対する親しみと自らの世界を広げていく楽しさ ・絵本の内容を子どもの遊びに活かす方法 ・子どもたちにとっての絵本の世界 ・絵本を読みあう活動によって豊かになる子どもの想像力と子どもの成長・発達につながる支援
保育のねらい・保育計画	・年間計画と絵本が連動することの重要性 ・年間の計画を作成する先生同士のコミュニケーションのあり方 ・絵本の計画を作ることの重要性 ・本の内容をリスト化することに対する意欲 ・年間計画と絵本の年間計画を合わせることでの行事への活用方法とその取り組みに対する意欲

かになる子どもの想像力，子どもの成長・発達につながる支援などの理解を深めた参加者の様子が記述されていた。

「保育のねらいと計画」では，年間計画と絵本が連動することの重要性や年間の計画を作成する保育者同士のコミュニケーションのあり方，絵本の計画を作ることの重要性などの理解を深め，本の内容のリスト化や年間計画と絵本の年間計画を合わせた行事の展開など自らも保育実践の中で取り組もうとしている参加者の意欲が記述されていた。

⑤　研修の改善点に関する自由記述

　Sessionごとの研修の改善点に関する自由記述をまとめた結果，以下のと

第4章　保育者研修プログラムの開発1

表4-16　保育者研修プログラム第1版A分散型のSession1における研修で改善が必要な点

項　目	回　答
実践事例の紹介	・幼稚園で実施している絵本の年間計画表の紹介
グループ学習	・グループ同士の話し合いは同じ学年だけでなく，他の学年も含ませての意見交換 ・ワークシート記入後の話し合う時間の増加
読みあう活動や絵本の紹介	・幼稚園の先生が知らない読みあう活動などの新しい情報 ・おすすめの絵本の紹介
読みあう活動の具体的な説明	・カリキュラムの具体的取り組み方法の説明 ・読みあう活動を自分の幼稚園に取り入れる際の意図・過程の詳細な説明

表4-17　保育者研修プログラム第1版A分散型のSession2における研修で改善が必要な点

項　目	回　答
紹介された絵本	・様々な出版社が発行している絵本の紹介

表4-18　保育者研修プログラム第1版A分散型のSession3における研修で改善が必要な点

項　目	回　答
保育計画の具体的な説明	・あそびと絵本の計画づくりの具体的方法の説明

おりであった。

　Session1では，「グループ学習」「実践事例の紹介」「読みあう活動や絵本の紹介」「読みあう活動の具体的な説明」の4つの項目に分けられる7点の改善点があげられた。その具体的な回答を表4-16に示した。

　「グループ学習」では，他のグループの話し合いの内容も聞きたいということや話し合いの時間が足りなかったという参加者の要望が記述されていた。

　「実践事例」では，紹介した保育園での実践事例だけでなく幼稚園での実践事例を紹介して欲しいという参加者の要望が記述されていた。

　「読みあう活動や絵本の紹介」では，幼稚園の先生が知らない読みあう活動等の新しい情報やおすすめの絵本を紹介して欲しいなどの参加者の要望が記述されていた。

「読みあう活動の具体的な説明」では，より具体的な絵本と遊びの年間計画の立て方や自園での取り組み方法を説明してほしいという要望が記述されていた。

Session 2では，「紹介された絵本」の項目について1つの点があげられた。その具体的な回答を表4-17に示した。それは，今回の研修で紹介された絵本だけでなく，より多くの絵本を知りたいという参加者の要望であった。

Session 3では，「保育計画の具体的な説明」の項目について1つの点があげられた。その具体的な回答を表4-18に示した。

「保育計画の具体的な説明」では，あそびと絵本の年間計画を立てるために必要な具体的方法を説明してほしいという参加者の要望が記述されていた。

6) 保育者研修プログラム第1版B単発型の評価

対象者全員の同意を得て，無記名にて読みあう活動の保育者研修プログラム第1版B単発型に参加した18名に各Session後，振り返りシートに記入してもらった。この振り返りシートの設問に対する対象者の回答結果について以下のようにまとめた。

① 研修の満足度

Sessionごとにおける満足度は，Session 1では，70％と回答した者が2名，80％と回答した者が11名，90％と回答した者が2名，100％と回答した者が3名であり，9割近くの参加者から80〜100％の満足感を得ていたことが示された。

Session 2では，70％と回答した者が2名，80％と回答した者が5名，90％と回答した者が5名，100％と回答した者が6名であり，9割近くの参加者から80％から100％の満足感を得ていたことが示された。

Session 3では，70％と回答した者が2名，80％と回答した者が7名，90％と回答した者が4名，100％と回答した者が5名であり，9割近くの参加者から80％〜100％の満足感を得ていたことが示された。

② 研修後の新しい発見や気づきの度合い

第4章　保育者研修プログラムの開発1

表4-19　保育者研修プログラム第1版B単発型のSession1における研修で理解が深まった点

項　目	回　答
実践事例	・具体的な実践事例から読みあう活動への理解とその活動への意欲
絵本の選択,知識,読み方	・絵本の選択方法 ・子どもとはじめて読みあう時の絵本の選択 ・保育における絵本の活かし方 ・絵本を読むことに対する保育者の意欲の必要性
絵本と日常の保育のつながり	・ヒト・モノ・コトとの経験の積み重ねと絵本の関連 ・絵本と日常の保育のつながりを持った読みあう活動 ・保育者が絵本を読み，それを子どもたちと共有することで日常の保育の生活や遊びに絵本がつながることの重要性 ・絵本と日常の保育がつながる読みあう活動が，子どもたちの想像・想像力まで豊かにすること
グループ学習	・他者との読みあう活動に関する情報交換からの学び ・他者の絵本の捉え方からの学び ・他者との意見交換からの学び ・自分の考えを他者に伝えることによる自らの振り返り ・互いの思いを文字や言葉にして伝えあう方法 ・他者（職員同士）との思いの共有
自らの振り返り	・読みあう活動を実践する上での自分の感性を磨くこと ・自らの読みあう活動の振り返り ・自らの読みあう活動の実践に対する意識や考えの再認識 ・読みあうという活動に対する自分の不安や自信のなさから自信を持つことへの意識変化 ・自らの実践における経験の浅さへの理解と読みあう活動の実践への意欲
保育のねらい・保育計画	・絵本の年間計画におけるねらいと絵本の内容の連動性に対する理解 ・絵本の世界を読んでいる時だけでなく，生活や遊びにつなげていく心がけと計画の必要性に対する理解 ・紹介した実践事例と自園の絵本の年間計画を比較し，自らの保育の振り返りと反省点の明確化

　研修後の新しい発見や気づきの度合いについては，全てのSessionにおいて，参加者全員から新しい発見や気づきがあったということが示された。
　③　研修後の仕事へ生かせる度合いに関する設問項目
　Sessionごとの研修後の仕事へ生かせる度合いについてまとめた結果，Session1とSession3において，参加者全員から新しい発見や気づきがあったという回答が示された。Session2においては，9割以上の参加者から今

133

後の仕事に生かせることがあったという回答が示された。
　④　研修で理解が深まった点の自由記述
　Sessionごとの研修で理解が深まった点に関する自由記述による回答ついてまとめた結果，以下のとおりの回答が得られた。
　Session 1では，「実践事例」「絵本の選択，知識，読み方」「絵本と日常の保育のつながり」「グループ学習」「自らの振り返り」「保育のねらい・保育計画」の6つの項目に分けられる23点があげられた。その具体的な回答を表4-19に示した。
　「実践事例」では，具体的な実践事例から読みあう活動の理解とその活動に対する参加者の意欲が記述されていた。
　「絵本の選択，知識，読み方」では，絵本の選択方法，子どもとはじめて読みあう時の絵本の選択ポイント，保育における絵本の活かし方の理解を深め，より多くの絵本を読むことに対する参加者の意欲が記述されていた。
　「絵本と日常の保育のつながり」では，ヒト・モノ・コトとの経験の積み重ねと絵本の関連や保育者が絵本を読み，それを子どもたちと共有することで日常の保育の生活や遊びに絵本がつながることの重要性，絵本と日常の保育がつながる読みあう活動が，子どもたちの想像・想像力まで豊かにすることの理解を深め，自らの保育でも絵本と日常の保育のつながりを持った読みあう活動を実践したいという参加者の意欲が記述されていた。
　「グループ学習」では，話し合いの機会から他者の意見や日常の読みあう活動の取り組みから学びを深め，互いの意見を交わしあうことや考えを共有することを重要と感じた参加者の様子が記述されていた。
　「自らの振り返り」では，読みあう活動を実践する上で自分の感性を磨くことの大切さや自らの読みあう活動の実践に対する意識や考え，自らの実践における経験の浅さなどを認識していた。自らの保育を客観的な視点で見直すことから読みあう活動の実践に対する意欲や読みあうという活動に対する自分の不安や自信のなさから自信を持つことなどの参加者の意識変化が記述

表4-20 保育者研修プログラム第1版B単発型のSession2における研修で理解が深まった点

項　目	回　　答
絵本の選択,知識,読み方	・絵本作家の気持ち・考え ・絵本の作成過程 ・絵本編集者の仕事 ・絵本の持ち方 ・絵本の知識 ・絵本の読み方 ・新しい絵本の発見 ・読む技術 ・絵本の選択方法 ・絵本を読むペース，声，雰囲気づくり ・絵本をより多く読んでいくことの大切さ
自己の振り返り	・絵本を読みあう前の導入方法の自分の振り返り ・自分の振り返りから読みあう活動へのヒントの発見 ・自らが絵本を読みあうことが，子どもと共有する第一歩であるということの気づき ・自らの絵本に対する興味・関心の再認識
グループ学習	・他者（職員）との読みあう活動に関する共通理解 ・他者の読みあう活動の取り組みからの学び ・他者の絵本の読み方の工夫や悩みに対する理解 ・他者の好きな絵本に対する興味・関心の広がり ・聞き手である子どもの立場の理解 ・絵本紹介を通した他者の視点の気づき
子どもの理解と支援	・子どもの目に見える反応（表情やリアクション）だけでなく，目に見えない反応（感情）にも目を向けることの大切さ ・保育者として絵本の知識を得て，読みあう活動を展開しようという意欲

されていた。

「保育のねらい・保育計画」では，絵本の年間計画におけるねらいと絵本の内容の連動性や絵本の世界と生活や遊びにつなげていく必要性に対する理解を深めていた。また，紹介した実践事例と自園の絵本の年間計画を比べながら，自らの実践の反省点を明確にしていた参加者の様子が記述されていた。

Session2では，回答として，「絵本の内容，選択，知識，読み方」「グループ学習」「自らの振り返り」「子どもの理解と支援」の4つの項目に分けられる23点があげられた。その具体的な回答を表4-20のとおりに示した。

「絵本の選択，知識，読み方」では，絵本作家の気持ちや考え，絵本の作成過程，絵本に関する知識，絵本の持ち方や絵本の読み方，絵本の選択方法，絵本を読むペース・声・雰囲気づくりなどの読む保育技術への理解を深めていた。また，新しい絵本の発見や絵本をより多く読んでいくことの大切さが記述されていた。

「自己の振り返り」では，自らの日常の保育を振り返り，絵本を読む前の導入の方法の改善や読みあう活動のヒントの発見，自らが絵本を読みあうことが子どもと気持ちや考えを共有する第一歩であることの気づき，自らの絵本に対する興味・関心を再認識したなどの参加者の意識変化が記述されていた。

「グループ学習」では，他者の読みあう活動の取り組みや絵本の読み方の工夫，他者（職員）との読みあう活動に関する共通理解をすることによって学びを深めていた。また，他者の好きな絵本に興味・関心が広がり，他者絵本の捉え方やグループ活動から様々な気づきをもって学びあうことの重要性を認識した参加者の様子が記述されていた。

「子どもの理解と支援」では，子どもの目に見える反応（表情やリアクション）だけでなく，目に見えない反応（感情）にも目を向けることの大切さを認識したことや保育者として絵本の知識を得て，読みあう活動を展開しようという参加者の意欲が記述されていた。

Session 3 では，回答として，「実践事例」「絵本の選択，知識，読み方」「絵本と日常の保育のつながり」「子どもの理解と支援」「自己の振り返り」「保育のねらい・保育計画」の6つの項目に分けられる26点があげられた。その具体的な回答を表4-21に示した。

「実践事例」では，実践映像を通して読みあう活動に関する保育計画・年間計画と絵本の計画の連動性の重要性，子ども一人ひとりに対する見通しを持った保育，読みあう活動における積み木コーナーの設定方法などの学びを深めた参加者の様子が記述されていた。

第4章　保育者研修プログラムの開発1

表4-21 保育者研修プログラム第1版B単発型のSession3における研修で理解が深まった点

項　目	回　答
実践事例	・読みあう活動に関する保育計画への理解 ・年間計画と絵本の計画の連動性の重要性 ・子ども一人ひとりへの見通しを持った保育の重要性 ・読みあう活動における積み木コーナーの設定方法 ・実践映像を通した具体的なイメージを持った読みあう活動に関する学び
絵本の選択，知識，読み方	・読みあった後の感動を大切にすること ・絵本の知識を深めることの重要性
絵本と日常の保育のつながり	・絵本と遊びをつなげることによる子どもの育ち ・日常の生活（保育計画）と絵本の計画のつながりによる子どもたちの絵本の世界観の広がり ・絵本の貸し出しにおける保護者の楽しむ姿 ・絵本ノートの活動の大切さ ・読みあう活動に対する保護者との共感 ・子どもや保育における絵本の有効性 ・日常の生活（保育計画）と絵本の計画のつながり
子どもの理解と支援	・子どもの発達に即した絵本の選択，計画を立てることによる子どもの発達 ・子どもとともに共感しあえる読みあう活動 ・読みあう活動に関する保護者とのコミュニケーション ・読みあう活動による子どもたちの考える力，互いに考えあう，話しあう力の育ちと読みあう活動への意欲
自己の振り返り	・自らの読みあう活動の振り返り，子どもの成長・発達に即した絵本の選択の必要性 ・自らの保育における遊びの展開方法に対する反省 ・自らの読みあう活動の年間計画と絵本の計画の連動性のふり返りと反省 ・自らの絵本理解の状況把握 ・自らの読みあう活動における絵本と行事・遊び・自然との連動性への振り返りと反省
保育のねらい・保育計画	・年間保育計画とあそびや絵本の年間計画との連動性と子どもの成長・発達との関係 ・あそびと絵本の年間計画の意義 ・年間計画を立てることに関する複数担任のなかでの共通理解の重要性 ・計画，ねらいと絵本が連動するための保育者の緻密な配慮

「絵本の選択，知識，読み方」では，絵本を読みあった後の子どもの感動を大切にすることや絵本の知識を深めることが重要性であることの認識を深めた参加者の様子が記述されていた。

「絵本と日常の保育のつながり」では，絵本と日常の保育をつなげる保育を展開することで子どもが育つこと，子どもたちの絵本の世界観の広がること，読みあう活動や絵本の貸し出しにおける保護者の楽しみについて保護者と共感すること，絵本ノートの活動の大切さなどについて理解を深めていた参加者の様子が記述されていた。

「子どもの理解と支援」では，子どもの発達に即した絵本の選択，保育計画による子どもの発達，子どもとともに共感しあう読みあう活動の必要性，読みあう活動に関する保護者とのコミュニケーションの大切さなどに対する理解を深め，読みあう活動に向けての参加者の意欲が記述されていた。

「自己の振り返り」では，自らの保育実践を振り返り，子どもの成長・発達に即した絵本の選択や遊びの展開方法，年間計画と絵本の計画の連動性，子どもの絵本理解の状況把握，読みあう活動における絵本と行事・あそび・自然との連動性などに関して反省している参加者の様子が記述されていた。

「保育のねらいと計画」では，年間保育計画全体と絵本とあそびの年間計画の連動性，子どもの成長・発達との関係やあそびと絵本の年間計画の意義，年間計画を立てることに関する複数担任間での共通理解の重要性，年間保育計画と絵本とあそびの年間計画が連動するための保育者の緻密な配慮などに理解を深めた参加者の様子が記述されていた。

⑤　研修で改善の必要な点の自由記述

研修の改善点に関する自由記述をまとめた結果，以下のとおりであった。

Session 1 では，「グループ学習」「研修の進行」「研修資料」「実践事例の説明」の 4 つの項目に分けられる 5 点があげられた。その具体的な回答は表 4 - 22 のとおりである。

「グループ学習」では，設定された時間以上により多くのグループでの話し合いの時間を求めている参加者の要望が記述されていた。「研修の進行」では，スライドを大きくしてほしいことやより多くのワークシートの記入時間が欲しいという参加者の要望が記述されていた。「研修資料」では，研修

第4章　保育者研修プログラムの開発1

表4-22　保育者研修プログラム第1版B単発型のSession 1における研修で改善が必要な点

項　目	回　　答
グループ学習	・話しあいの時間の増加
研修の進行	・スライド表示を大きくする ・ワークシートの記入時間の増加
研修資料	・パワーポイント資料の配布
実践事例の説明	・家庭と保育園における読みあう活動では子どもの感じ方や人との関係性のあり方に違いがあるのかに関する説明

表4-23　保育者研修プログラム第1版B単発型のSession 2における研修で改善が必要な点

項　目	回　　答
研修の進行	・話しあう時間の増加 ・読みあう時間の増加 ・他のグループの絵本紹介の時間設定

で使用したパワーポイント資料がほしいという参加者の要望が記述されていた。「実践事例の紹介」では，家庭と保育園における読みあう活動では子どもの感じ方や人との関係性のあり方に違いがあるのかについて説明してほしいという参加者の要望が記述されていた。

　Session 2では，「研修の進行」の項目について3点があげられた。その具体的な回答を表4-23に示した。

　「研修の進行」では，グループ学習においてより多くの話し合う時間や読みあう時間が欲しいことや他のグループ学習における絵本紹介も知りたかった（他のグループで紹介された絵本を発表するなどの時間の設定）という参加者の要望が記述されていた。

　Session 3では，設問に対する回答は1点もなかった。

7）　保育者研修プログラム第1版B分散型の評価

　対象者全員の同意を得て，無記名にて読みあう活動の保育者研修プログラム第1版B分散型に参加した12名に各Session後，振り返りシートに記入してもらった。この振り返りシートの設問に対する対象者の回答結果について

以下のようにまとめた。

① 研修の満足度

Sessionごとにおける参加者の満足度は，Session 1では，70％と回答した者が1名，80％と回答した者が2名，90％と回答した者が7名，100％と回答した者が2名であり，9割程度の参加者から80〜100％の満足感を得ていたことが示された。

Session 2では，70％と回答した者が1名，80％と回答した者が3名，90％と回答した者が2名，100％と回答した者が6名であり，9割程度の参加者から80〜100％の満足感を得ていたことが示された。

Session 3では，70％と回答した者が1名，80％と回答した者が6名，90％と回答した者が2名，100％と回答した者が3名であり，9割程度の参加者から80〜100％の満足感を得ていたことが示された。

② 研修後の新しい発見や気づきの度合い

研修後の新しい発見や気づきの度合いについてまとめた結果，全てのSessionにおいて，参加者全員から新しい発見や気づきがあったということが示された。

③ 研修後の仕事へ生かせる度合い

研修後の仕事へ生かせる度合いについてまとめた結果，Session 1とSession 3において，参加者全員から新しい発見や気づきがあったという回答が示された。Session 2においては，9割以上の参加者から今後の仕事に生かせることがあったという回答が示された。

④ 研修で理解が深まった点の自由記述

研修で理解が深まった点に関する自由記述をまとめた結果，以下のとおりであった。

Session 1では，「実践事例」「絵本の選択，知識，読み方」「絵本と日常の保育のつながり」「子どもの理解と支援」「保育のねらい・保育計画」の5つの項目に分けられる22点があげられた。その具体的な回答を表4－24のとお

第4章　保育者研修プログラムの開発1

表4-24　保育者研修プログラム第1版B分散型のSession1における研修で理解が深まった点

項　目	回　　答
実践事例	・読みあう活動を実践する保育者の考えや思い ・他園のカリキュラムを自園の読みあう活動に取り入れる方法 ・絵本と日々の保育のつながり
絵本の選択，知識，読み方	・子どもが経験をしているヒト・モノ・コトが内容に含まれている絵本 ・子ども自身の生活に即している絵本選択 ・クラスで絵本の年間計画を立てる際の子どもの発達に応じた絵本の選択 ・科学，物語などのジャンルで分けた絵本の計画づくり ・絵本を読む時の場所や読み方 ・生活と絵本，現実とファンタジーをつなげ，子どもの意欲を高められるような絵本選択 ・子どもたちの年齢に即した絵本選択 ・子どもとはじめて読みあう時の絵本選択への配慮 ・0歳児クラスの絵本選択 ・発達障害児・年少児・新入園児向けなどの個別的配慮を持った絵本選択 ・絵本の面白さ
絵本と日常の保育のつながり	・子どもたちの生活体験と絵本のつながりの深さ ・絵本を媒体にした活動の広がりの可能性
子どもの理解と支援	・日々の子どもの様子や子ども自身の発見に目を向け，「読みあう活動」に取り入れていくこと ・子どもの発達と絵本・玩具・制作活動とのつながり
保育のねらい・保育計画	・絵本を年間計画への組み入れる方法 ・絵本の年間計画の作成への意欲 ・絵本の年間計画を紙面にすることの重要性 ・絵本の年間計画とヒト・モノ・コトならびに遊びとの連動性

りに示した。

「実践事例」では，保育園の具体的な実践事例から読みあう活動を実践する保育者の考えや思い，他園のカリキュラムを知ることで自園の読みあう活動の取り入れる方法，絵本と日々の保育のつながりなどに関する理解を深めた参加者の様子が記述されていた。

「絵本の選択，知識，読み方」では，子どもが経験をしているヒト・モノ・コトが内容に含まれている絵本の面白さ，絵本の選択方法（子ども自身の生活に即している絵本選択方法，クラスで絵本の年間計画を立てる際の子どもの発

表 4-25 保育者研修プログラム第1版B分散型のSession 2における研修で理解が深まった点

項　目	回　答
実践事例	・保育者の絵本の活用方法 ・他園の読みあう活動の方法
絵本の選択，知識，読み方など	・抑揚をつけすぎない読み方 ・子どもの年齢にあった読み方 ・絵本の知識 ・さまざまな絵本を知ることの大切さ ・絵本作家の気持ち・考え ・絵本の読み方，間の取り方，ページのめくり方などにより，子どもの世界を中断させず，想像力を豊かにするための配慮 ・絵本の作成過程 ・絵本の構造 ・絵本を読みあう際の声の大きさ ・絵本の持ち方 ・読みあう活動の環境づくり ・子どもの読む本，大人の読む本の分け方 ・絵本の特徴に合わせた環境構成 ・保育者が絵本を繰り返し読んで内容を理解すること
自己の振り返り	・読む技術の不十分さ ・絵本の知識の足りなさ ・絵本に対する理解度の低さ ・自らが絵本好きであることの再認識
グループ学習	・他者の保育活動の展開方法 ・他者（職員）の絵本に対する知識の深さ ・仲間と共に振り返ることの大切さ ・他者に自らの意見を伝えることの大切さ ・他者との読みあいによる自らのよい点，改善点の明確化 ・読みあいに対する客観的な意見交換 ・他者の絵本の読み方からの学び ・他者が紹介した絵本による楽しみ方の発見 ・絵本を読みあう環境で見直すべき点の明確化

達に応じた絵本の選択方法，子どもたちの年齢に即した絵本選択，現実とファンタジーをつなげて子どもの意欲を高められるような絵本選択，0歳児クラスの絵本選択，発達障害児・年少児・新入園児向けなどの個別的配慮を持った絵本選択，絵本を科学，物語などのジャンルで分けた計画づくり），絵本を読む時の場所や読み方への工夫などに理解を深めた参加者の様子が記述されていた。

「絵本と日常の保育のつながり」では，子どもたちの生活体験と絵本のつながりの深さや絵本を媒体にした活動の広がりの可能性に関する理解を深めた参加者の様子が記述されていた。

「子どもの理解と支援」では，日々の子どもの様子や子ども自身の発見に目を向け，読みあう活動に取り入れていくことの大切さ，子どもの生活と保育とのつながりを見つけるために子どもの様子や子ども自身の発見に目を向けて読みあう活動に取り組むこと，子どもの発達と絵本・玩具・制作活動とのつながりの大切さに関する理解を深めた参加者の様子が記述されていた。

「保育のねらい・保育計画」では，絵本を年間計画へ組み入れる方法，絵本の年間計画とヒト・モノ・コトならびに遊びとの連動性の理解を深め，自らの保育でも実践したいという参加者の意欲が記述されていた。

Session 2 では，「実践事例」「絵本の内容，選択，知識，読み方」「自己の振り返り」「グループ学習」の4つの項目に分けられる29点があげられた。その具体的な回答を表4-25のとおりに示した。

「実践事例」では，実践事例から保育士がどのように絵本を活用し，どのように読みあう活動を展開しているのかについて理解を深めた参加者の様子が記述されていた。

「絵本の選択，知識，読み方」では，作家の思いや考え，絵本の作成過程，絵本の構造，子どもの読む本，大人の読む本の分け方などの絵本の知識，抑揚をつけすぎない読み方，年齢に合う読む間の取り方，ページのめくり方，声の大きさ，絵本の持ち方，読みあう活動の環境づくりなどの保育技術への理解を深めていた。さらに，保育者自身が絵本を繰り返し読んで内容を理解することの大切さに気づいた参加者の様子が記述されていた。

「自己の振り返り」では，絵本の知識・理解の浅さや読む技術の不十分さを反省したり，自らが絵本好きであることを再認識した参加者の様子が記述されていた。

「グループ学習」では，話し合いの中で他者の保育活動の展開方法や他者

表 4-26 保育者研修プログラム第 1 版 B 分散型の Session 3 における研修で理解が深まった点

項　目	回　　答
実践事例	・読みあう活動の映像による具体的な活動展開の方法 ・絵本と日常の保育のつながり ・子どもの生活経験と絵本の計画と保育のねらい
絵本の選択，知識，読み方	・絵本の知識 ・絵本を読むことへの意欲 ・繰り返し絵本を読むことの大切さ ・日常をつなげるような絵本選択 ・子どもの個別性に対応した絵本選択 ・担当職員と連携した月ごとの絵本選択
絵本と日常の保育のつながり	・絵本の日常の保育への取り入れ方 ・絵本によって広がる遊び ・絵本とヒト・モノ・コトの体験がつながること ・絵本と日常の保育につながりを持たせることの重要性 ・絵本をコーナー保育へと広げる方法 ・保育のなかで絵本を活かす方法 ・絵本を子どもの成長や楽しみへつなげる方法 ・子どもの絵本の世界観のつくり方 ・絵本の内容に沿った保育環境を作る方法 ・子ども自身が絵本を読んだ後，自分でストーリーを遊びの中に取り入れ，その場所により場面を設定すること（子ども自身が絵本を読んだ後に主体的活動を広げることの大切さ） ・子どもたちが日常の生活の中で絵本とのつながりを発見することの重要性 ・子どもと保護者に対して絵本の貸し出しを実施することの有効性
グループ学習	・絵本の内容，絵本についての知識を自ら深めようとする職員の増加
子どもの理解と支援	・保育者が絵本の世界と日常の保育をつながることで子ども自らが主体的に取り組む力を発揮すること ・子どもの空想世界に対する保育者の共感すること ・保育者が子どもの考えに沿った絵本の提供すること ・絵本の年間計画を取り入れることによって子どもが生き生きとすること
保育のねらい・保育計画	・絵本と遊びの年間計画とクラスの年間指導計画との連動性 ・年間計画とヒト・モノ・コトの体験との連動性 ・保育のねらいに即した絵本選定を年間で見通しを持った計画の立て方 ・絵本と遊びの年間計画と子どもの成長の連動性

(職員)の絵本に対する知識の深さ，絵本の読み方，他者が紹介した絵本による楽しみ方の発見から学びを深め，仲間と共に振り返ることや他者に自らの意見を伝えることの大切さに気づいた参加者の様子が記述されていた。さらに，グループ学習で他者との読みあいをしたことによって自らの読み方の良い点や改善点，絵本の環境で見直すべき点などを明確にした参加者の様子が記述されていた。

Session 3 では，回答として「実践事例」「絵本の選択，知識，読み方」「絵本と日常の保育のつながり」「グループ学習」「子どもの理解と支援」「保育のねらい・保育計画」の6つの項目に分けられる30点があげられた。その具体的な回答を表4-26のとおりに示した。

「実践事例」では，実践事例の紹介から絵本と日常の保育のつながりと具体的保育実践方法，子どもの生活経験と絵本のねらいおよび計画について理解を深めた参加者の様子が記述されていた。

「絵本の選択，知識，読み方」では，日常をつなげ，子どもの個別性に対応し，担当職員と連携した月ごとの絵本選択方法や絵本の知識，繰り返し絵本を読むことの大切さの理解を深め，絵本を読むことの意欲を高めた参加者の様子が記述されていた。

「絵本と日常の保育のつながり」では，絵本の日常の保育へ取り入れ方，絵本によって広がる遊び，絵本とヒト・モノ・コトの体験がつながることの大切さ，絵本と日常の保育につながりを持たせることの重要性，絵本をコーナー保育へと広げる方法，保育のなかで絵本を活かす方法，絵本を子どもの成長や楽しみへつなげる方法，子どもの絵本の世界観のつくり方，絵本の内容に沿った保育環境を作る方法，子ども自身が絵本を読んだ後に主体的活動を広げることの大切さ，子どもたちが日常の生活の中で絵本とのつながりを発見することの重要性などの理解を深めている参加者の様子が記述されていた。また，子どもと保護者に対して絵本の貸し出しを実施することの有効性に気づいた参加者の様子が記述されていた。

「グループ学習」では，グループ学習を通して職員全体の絵本の知識を深めていくことの重要性を認識した参加者の様子が記述されていた。

「子どもの理解と支援」では，保育者が絵本の世界と日常の保育がつながることによって子ども自ら主体的に取り組む力があること，子どもの空想世界に対して保育者が共感すること，保育者が年間計画や子どもの考えに沿った絵本を提供することの必要性を認識した参加者の様子が記述されていた。

「保育のねらいと計画」では，絵本と遊びの年間計画とクラスの年間指導計画の連動性，絵本の年間計画とヒト・モノ・コトの体験との連動性，遊びと絵本の年間計画と子どもの成長の連動性，保育のねらいに即した絵本選定を年間で見通しを持った計画の立て方などの理解を深めた参加者の様子が記述されていた。

⑤ 研修の改善点に関する自由記述

Session ごとの研修の改善点に関する自由記述をまとめた結果，以下のとおりであった。

Session 1 では，回答として，「実践事例」「読みあう活動の方法」「保育カリキュラム」の3つの項目に分けられる4つの改善点があげられた。その具体的な回答を表4-27のとおりに示した。

「実践事例」では，紹介した実践事例だけでなくさらに多くの事例を紹介して欲しいという参加者の要望が記述されていた。

「読みあう活動の方法」では，発達障害などの子どもや乳児期の子どもに対する読みあう活動の方法を知りたいという参加者の要望が記述されていた。「保育カリキュラム」では，乳児向けの絵本のプログラムを紹介してほしいという参加者の要望が記述されていた。

Session 2 では，「事前の告知」「絵本の知識および保育技術」の2つの項目に分けられる2点があげられた。その具体的な回答を表4-28のとおりに示した。

「事前の告知」では，グループ学習で取り組んだ自分が好きな絵本の紹介

第 4 章　保育者研修プログラムの開発 1

表 4-27　保育者研修プログラム第 1 版 B 分散型の Session 1 における研修で改善が必要な点

項　目	回　答
実践事例	・さらに多くの他園の実践の紹介
読みあう活動の方法	・発達障害などの子どもに対する読みあう活動の方法の説明 ・1 歳児クラス向け（乳児向け）の読みあう活動の方法の説明
保育カリキュラムの説明	・乳児の絵本のプログラムの説明

表 4-28　保育者研修プログラム第 1 版 B 分散型の Session 2 における研修で改善が必要な点

項　目	回　答
事前の告知	・好きな絵本を持参することの事前告知
絵本の知識および保育技術	・年齢別の絵本の選び方やさまざまな手法の読み方についてのより詳細な説明

表 4-29　保育者研修プログラム第 1 版 B 分散型の Session 3 における研修で改善が必要な点

項　目	回　答
研修時間	・研修時間の増加

をする学習で使用する絵本を用意できなかったので，事前に告知してほしかったという参加者の要望が記述されていた。「絵本の知識および保育技術」では年齢別に合わせた絵本の選び方や絵本の読み方をより具体的に学びたいという参加者の要望が記述されていた。

　Session 3 では，「研修時間」で 1 つの改善点があげられた。その具体的な回答を表 4-29 のとおりに示した。

　「研修時間」では，より多くの研修時間が欲しいという参加者の要望が記述されていた。

（3）保育者研修プログラム第1版への参加者の評価
　　――「読みあう活動の知識・保育技術」と
　　　「グループ学習」に対するニーズの高さ

1）参加者の満足度にみる評価

　読みあう活動の保育者研修プログラム第1版の各実施パタンの研修実施後の振り返りシートによる参加者の満足度の結果から，第1版A単発型・第1版A分散型・第1版B単発型・第1版B分散型それぞれのSessionごとにおける80～100％の満足度を得た参加者の割合を示した。その結果が，表4－30のとおりである。

　プログラム内容として，「子どもの理解と支援，保育計画中心型」であるプログラム第1版Aと「絵本・読みあう活動の知識と保育技術中心型」であるプログラム第1版Bを比較した場合，実施パタンの総合評価の順位から，プログラム第1版B単型とB分散型が一番高く，プログラム第1版A単発型，プログラムA分散型がそれに続く順位のため，総合的に参加者の満足度が高いのは，プログラム第1版Bであった。

　実施方法として，1日で研修を実施した単発型と数日に分けて研修を実施した分散型を比較した場合，実施パタンの総合評価の順位をみると，プログラム第1版B単発型とプログラム第1版B分散型が一番高く，プログラム第1版A単発型，プログラム第1版A分散型と続く順位であった。この結果，単発型か分散型のどちらの満足度が高いのかという優劣はつけられなかった。

　Session内容として，「読みあう活動中の子どもの理解と保育のねらい」であるSession 1と「絵本・読みあう活動の知識と保育技術」であるSession 2と「読みあう活動と日常の保育がつながる」であるSession 3を比較した場合，総合順位から参加者の満足度が高いのは，Session 2であった。

　以上の結果から，読みあう活動の保育者研修プログラム第1版の中で，総合的に参加者の満足度が高いのは「プログラム第1版B単発型」と「プログラム第1版B分散型」であり，「絵本・読みあう活動の知識・保育技術中心

表4-30　研修の実施パタンとSessionごとにみる80%以上の満足度を得た参加者の割合（%）

実施パタン＼Session	Session 1	Session 2	Session 3	実施パタンの総合評価の順位
第1版A単発型	80	100	60	2
第1版A分散型	60	80	70	3
第1版B単発型	90	90	90	1
第1版B分散型	90	90	90	
Sessionごとの総合評価の順位	2	1	3	

型」の研修において満足度が高かったと言える。

2)　参加者の新しい発見や気づきと今後の仕事に生かせる度合いへの評価

　読みあう活動の保育者研修プログラム第1版の各実施パタンの研修実施後の振り返りシートによって得られた参加者の研修後の新しい発見や気づきの度合いの結果から，第1版分散型Session 1の参加者1名を除いて，新しい発見や気づきのある内容であったと回答していたことが明らかになった。この結果から，参加者60名のうち約98%が新しい発見や気づきのある内容であったと認めた研修であった。

　さらに，今後に生かせる度合いの結果から，第1版A単発型Session 3の参加者1名，第1版A分散型Session 3の参加者2名，第1版B単発型Session 2の参加者1名，第1版B分散型Sssion 2の参加者1名を除いては，今後の仕事に生かせる内容であったと回答していたことが明らかになった。この結果から，参加者60名のうち約92%が今後の仕事に生かせる内容であったと認められた研修であった。

3)　研修で理解が深まった点にみる評価

　読みあう活動の保育者研修プログラム第1版の各実施パタンの研修実施後の振り返りシートによって得られた参加者の研修で理解が深まった点の結果を，実施パタンごとにまとめると次のようなことが言える。

　全ての実施パタンにおいて，参加者は映像や絵本・遊びを含めた読みあう

活動の年間計画などの資料による実践事例の説明を含めた研修によって，具体的な読みあう活動の方法，読みあう活動中の子ども理解と保育者の支援方法，絵本と日常の保育をつなげることへの理解と具体的方法，読みあう活動の保育のねらいや保育計画の立て方と具体的実践方法などへの理解が深まっていた。

さらに，絵本の知識や読みあう活動の保育技術については，Session 2 を中心として，絵本の作者や内容，構造，楽しみ方，絵本を読む人の感じ方などの理解が深まっていた。また，絵本の選択や絵本を読む際の声の出し方・ペース・大きさなど読みあう活動の具体的な保育技術を理解していた。

グループ学習では，他者との意見や情報交換によって新たな発見をしたり，他者の読みあう活動の方法から学んだりすることによって，互いに学びあうことが重要であると理解していた。参加者自らの振り返りとしては，日頃の読みあう活動を振り返りながら，今後活動を展開する上で，学習したことを活かして取り組んでいきたいという意欲が生み出された参加者もいた。このことにより，参加者は一連の研修を通して，本研修の目的に沿った学びをしていたことが明らかになった。

全ての実施パタンにおいて共通した参加者の理解が深まったという評価が得られたが，それぞれの実施パタンの参加者の理解が深まった点の回答を比較した結果，実施パタンごとに特徴的な傾向があった。その傾向をまとめた結果が表 4 - 31 のとおりである。

まず，プログラム第 1 版 A 単発型では，Session 2 と Session 3 では自己の振り返りに関する回答はなかった。

プログラム第 1 版 A 分散型では，4 点の特徴的な傾向があった。まず，1 点目に，研修実施が幼稚園であったため，0～2 歳における読みあう活動の年間計画の事例の紹介に対する興味・関心が広がっていた。このことから，幼児期だけではなく乳児期における読みあう活動の理解を深めていた。ある参加者の回答では，2 歳児の預かり保育を実施していることから，乳児期か

第4章　保育者研修プログラムの開発1

表4-31　各実施パタンにおける研修後に理解が深められたことの特徴点

実施パタン	特徴
プログラム第1版A単発型	・自己の振り返りの回答があったのはSession 1のみ
プログラム第1版A分散型	・乳児期の読みあう活動への興味・関心と保育実践への意欲が高い
	・全てのSessionにおける各項目の理解を深めたことの内容が浅い
	・グループ学習の回答があったのはSession 1のみ
	・自己の振り返りの回答があったのはSession 1のみ
プログラム第1版B単発型	・Session 1における子どもの理解と支援と保育ねらいの理解に関する回答なし
	・グループ学習に関する回答があったのはSession 1とSession 2のみ
	・全てのSessionにて自己の振り返りの回答が多い
	・グループ学習に関する回答があったのはSession 2とSession 3のみ
プログラム第1版B分散型	・自己のふり返りの回答があったのはSession 2のみ

ら積極的に絵本を活用して読みあう活動を実践していきたいという意欲が述べられていた。

　2点目に，プログラム第1版A分散型の表4-13～14における各項目の内容を捉えていくと，各項目の内容は，他の実施パタンと比較して理解した内容が浅かった。この理由としては，各Sessionを数日間に分けて実施したことにより，研修による学習の積み重ねが得られていない可能性があったのではないかと考えられる。

　3点目に，プログラム第1版A分散型の場合，グループ学習についての回答はSession 1の3つのみであった。このことから，他の実施パタンと比較してグループ学習における効果が少なかったのではないかと考えられる。

　4点目に，プログラム第1版A分散型の場合，自己の振り返りについての回答はSession 1の3つのみであった。このことから，他の実施パタンと比較して自己の振り返りに関する効果が少なかったのではないかと考えられる。

　プログラム第1版B単発型では，3点の特徴的な傾向があった。まず，1

点目に，プログラム第1版B単発型のSession 1の研修は「読みあう活動中の子どもの理解と保育のねらい」であったにもかかわらず，子どもの理解と支援に関する回答はなかった。この理由としては，プログラム第1版B単発型を研修した保育園は，日頃から絵本を活用した保育実践に取り組んでいるため，子どもの理解と支援や保育のねらいについては基本的なことであったと考えられる。子どもの理解と支援の理解を深めることよりも，自らの保育実践を振り返り，グループ学習をすることで，日ごろから取り組んでいる読みあう活動の保育実践についての情報交換や意見交換が多かったのではないかと考えられる。

2点目に，プログラム第1版B単発型では自己の振り返りに関して全てのSessionで多くの回答が寄せられていた。

3点目に，プログラム第1版B単発型ではグループ学習についても，Session 3ではグループ学習に関する回答が得られていなかった。このことから，Session 3におけるグループ学習に関する効果が少なかったのではないかと考えられる。

プログラム第1版B分散型では，特徴的な傾向があった。プログラム第1版B分散型の参加者は，Session 1においてグループ学習の回答が得られなかった。また，Session 3においても回答は1つだけであったことから，グループ学習における効果が少なかったのではないかと考えられる。

以上の特徴的な傾向から，プログラム第1版B単発型が全てのSessionにおいて「自己の振り返り」に関する回答が得られていたことや「グループ学習」に関する回答については各実施パタンのSessionごとに差があったことが明らかになった。

4）保育者研修プログラム第1版の評価と課題の明確化

読みあう活動に関する保育者研修プログラム第1版の参加者の評価による研修の改善点をまとめ，表4-32のような5つの課題があることを示した。

第1の課題としては，研修の時間配分の改善である。全ての実施パタンに

第4章　保育者研修プログラムの開発1

表4-32　研修で改善が必要な点にみる参加者の評価と課題

参加者が必要と考える改善点	課　　題
・グループ学習の時間の増加 ・ワークシートの記入時間の増加 ・研修時間の増加	研修進行の時間配分の改善
・詳細な実践事例の紹介と説明	研修内容の改善
・分散型の実施方法の場合の学習に関する継続性や連続性 ・保育者全員が参加できる研修設定	研修の実施パタンの改善
・グループ学習の時間の増加 ・グループ学習時のワークシートに記入する学習時間の増加	グループ学習の改善
・研修後における参加者の振り返り時間の増加	十分な振り返り時間の設定

おいて研修時間の増加を改善点としてあげている参加者が多かった。特に，グループ学習やワークシートの記入では時間が足りず，その結果，学習を深めることができなかったことが指摘された。さらに，日常の保育では互いの意見や情報の交換ならびに自己の振り返りなどの時間を取ることができないからこそ，研修という時間の中で学習の共有や自己を見つめるがほしいとしているという要望もあげられていた。時間配分を検討するとともに，話し合いがよりスムーズに運ぶようにグループ学習の内容にポイントを定め，話し合いを深めていけるように改善していく必要がある。

　第2の課題としては，研修内容の改善である。全ての実施パタンにおいて実践事例の紹介と説明を充実させてほしいという要望が多かった。さらに，プログラム第1版では，どの実施パタンにおいても実践事例の紹介にあたりビデオ映像による紹介や読みあう活動の保育計画に関する資料の紹介が多く，時間内では実践事例の説明や実践事例から参加者が考える時間を確保することができなかった。

　また，グループ学習の際の研修参加者の様子から，保育計画に関する研修内容については，実際に日常の保育にて読みあう活動の保育計画を立てた経験のある保育者と保育計画を立てた経験のない保育者の理解度に差があり，

興味・関心はあっても習熟度や満足度に差が出たものと考えられる。

このため，多くの参加者にとっては，読みあう活動の保育実践や資料は目にしたものの，その内容の理解を深めるまでには至らなかったと考えられる。紹介する実践事例や保育導計画に関する研修内容を絞り，その事例から保育者が学ぶべき内容について焦点をあてた研修内容に改善していく必要がある。

第3の課題としては，研修の実施パタンの改善である。プログラム第1版では，保育現場に合わせた研修の実施パタンが可能となるように，1日で研修を実施する単発型と数日間に分けて研修を実施する分散型の2パタンを作成した。振り返りシートの回答結果から，分散型の参加者は，研修内容に見通しを持って取り組むことが困難であることが明らかになった。具体的には，研修の最初に研修実施者である筆者が全てのSessionに含まれる学習内容を説明していたにもかかわらず，1日目や2日目の研修を終えた後にはそのことを忘れてしまい，次回の研修における学習内容について説明をしてほしいという要望があった。また，振り返りシートにも前回の研修で学んだ学習内容を含めて欲しいという要望が書かれていた。このことから，学習に継続性や連続性を持たせることが困難であることがわかった。この理由から，研修は一日間で実施できる単発型の方が参加者にとってより効果的な実施方法であると言える。

さらに，プログラム第1版では全4時間の研修で設定したが，保育現場にとっては長い研修時間となり，職員全員を研修に参加させることが困難な保育現場があった。プログラム第1版の実施は，全パタンともに保育時間終了後の17時以降もしくは保育者の休日となる土・日曜日の開催であった。このような場合，遅番の保育者が研修に参加できなかったり，土・日曜日の休みに午前から午後までの時間を費やした研修では全員が参加できなかったりしていた。保育者の参加しやすい時間設定を考慮すると，夕方6時以降に全員が参加できたり，半日で実施できたりする3時間程度の研修プログラムを検討していく必要がある。

第4の課題としては，グループ学習の改善である。参加者の振り返りシートから，グループ学習に対する意欲と満足度が高かった。その結果，グループ学習の時間の増加してほしいという要望が多かった。プログラム第1版では，グループ学習の時間設定をしたが，グループ学習の進行に関する筆者からの明確な指示が少なかったり，グループ学習中の司会や書記などを決定することがなかったりした。このため，グループ学習の進行度や親和的な雰囲気，話し合いの深まりなどについてグループごとに差が表れていた。さらに，グループ学習時におけるワークシートに記入する時間を増加してほしいという回答が多かったため，参加者の満足感が低減してしまったのではないかと考えられる。

第5の課題としては，十分な振り返り時間の設定である。参加者の振り返りシートから，研修後，参加者は研修によって日常の読みあう活動に関する自己の振り返りを図っていることが明らかになった。研修後に研修内容の振り返りの時間を設定することで，参加者が研修で学習したことをより深めることができる。また，参加者自らの反省をふまえて，研修後の保育実践につなげられることになると考えられる。このことから，プログラムのSessionごとに自己の振り返り時間の設定をする必要があると考える。

第5章 保育者研修プログラムの開発2
——グループの話し合いを中心として

　第4章で述べたように，筆者は読みあう活動に関する保育者研修プログラム第1版を開発し，研修内容を検証した。この結果から，研修参加者はグループの話し合いの時間をより必要としており，この話し合いの時間から研修における学びを深め，振り返り，日常の保育に活かすことを望んでいることが明らかになった。さらに，読みあう活動のより具体的な実践事例の紹介や説明も必要としていた。このことから，本章では，第1版を修正して保育者研修プログラム第2版を開発し，実際に研修を実施した結果を評価し，第2版の改善点を明確にした経緯を述べていくこととする。

1　グループ学習を中心とした保育者研修プログラムの開発

（1）方　法
1）手続き
　まず，筆者が第4章で明らかにしたプログラム第1版の課題（表4-32）から，読みあう活動に関する保育者研修プログラム第2版を作成に向けての視点を明確化した。
　次に読みあう活動に関する保育者研修プログラム第1版のパワーポイントスライド作成時に調査した北九州市清心保育園，千葉市まどか保育園，千葉市真生保育園，練馬区石神井町さくら保育園にプログラム内容の教材・資料から第2版作成に必要なものを選定し，教材・パワーポイントスライド資料を作成した（図5-1）。

そして，協力者である保育学を専門とする大学教員2名と共に，読みあう活動に関する保育者研修プログラム第2版の内容を検討した。検討に際しては，筆者が勤務する大学内において保育学を専門とする大学教員2名と共に，筆者の作成したプログラムの内容に対し，自由に意見を出し合う1時間の会議を設定して内容検討を行い，全ての協力者との検討結果をふまえて，読みあう活動に関する保育者研修プログラム第2版を作成した。

　2）期　間

2013（平成25）年2月下旬～2013（平成25）年3月。

　3）倫理的配慮

2012（平成24）年5月9日に，筑波大学医学医療系医の倫理審査委員会における研究倫理審査の承認を受けた（承認番号：641号）。

（2）保育者研修プログラム第2版の作成

　読みあう活動の保育者研修プログラム第2版作成への視点として，プログラム第1版の課題（表4-32）から，研修の時間配分の改善，研修内容の改善，研修の実施パタンの改善，グループ学習の改善，十分なふり返り時間の設定の5点が示された。

　これら5つの課題をもとに，協力者である保育学を専門とする大学教員2名と共に，プログラム第2版作成に向けて，プログラム第1版から削除する部分を検討した。全体的にグループ学習の時間を確保するためには，読みあう活動に関する説明について焦点化し，より具体的に実践をする必要があることから，まず，「1冊の絵本を読みあい，内容を味わう」「子どもの成長・発達に即した絵本の選択」「0～4歳児までの絵本の年間計画の説明」「絵本の作者・編集・出版・内容に関する説明」の箇所を削除することとした。さらに，「人・モノ・事との経験の積み重ねと絵本のつながり」に関する説明については，清心保育園における日々の保育やヒト・モノ・コトと絵本のつながりを示す表から説明するのではなく，ビデオ映像や写真を通して視覚教

第5章 保育者研修プログラムの開発2

Session 1：読みあう活動にねらいを立て、日常の保育をつなげる

Session 2：絵本の知識と読みあう技術を学ぶ

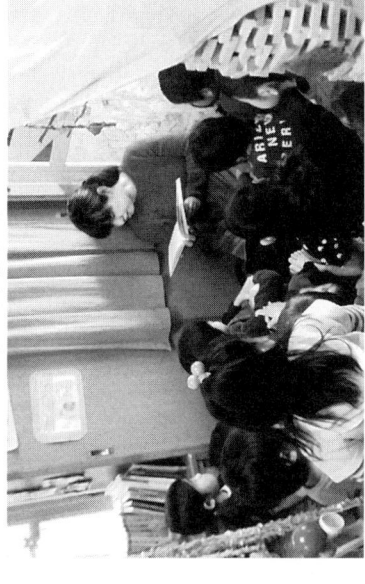

- 本研修における「読みあう活動の定義」
- グループメンバーの挨拶
- Session 1 の目的
- 読みあう活動の保育実践の紹介（ビデオによる保育実践の紹介）
- 読みあう活動の子どもの楽しみ方や成長・発達のあり方を捉えるグループ学習
- 読みあう活動と日常の保育実践におけるヒト・モノ・コトのつながり（写真による保育実践の紹介）
- 「年間計画」と「絵本と遊びの年間計画」のつながり
- 清心保育園の「年間計画」と「絵本の年間計画」をもとにつながりを捉えるグループ学習

- Session 2 の目的
- 参加者による好きな絵本の紹介に関するグループ学習
- 絵本を楽しむためのグループ学習
- 子どもの成長・発達に即した絵本の選択方法
- 絵本を読む際の保育技術の大切さに気づくためのグループ学習
- 絵本を読む際の保育者の配慮点
- 絵本を読む読み聞かせ技術を向上するためのグループ学習

図 5-1　保育者研修プログラム第 2 版スライド資料の内容

材をもとに具体的な保育実践をもとに説明することにした。

　プログラムの流れは，読みあう活動の子どもの理解と保育のねらいと日常の保育につながる保育計画，絵本・読みあう活動の知識と保育技術の2つのSessionを踏まえることとした。絵本・読みあう活動の知識と保育技術のSession 2は，グループ参加型の研修内容とするため，絵本の知識習得についてはグループ回答型のクイズ形式，保育技術については実践を含めた研修内容にした。

　また，グループ学習の時間を確保するために全体的なグループ学習回数を軽減し，学習時間を増加した研修の流れに変更した。これに伴い，ワークシートも内容を削減し，グループ学習によって考えたこと，学び得たことをまとめることが可能となるように工夫した。

　以上の結果から，パワーポイントスライド資料（図5-1），ワークシート（巻末資料22）を作成した。プログラム評価方法としては，プログラム第1版同様に，保育者研修プログラムに対する保育者の満足度を把握するためのSession毎の振り返りシート（巻末資料22）による調査を行い，プログラムの総合的な評価を行うこととした。

2　保育者研修プログラム第2版の実施と評価
――グループ学習を中心とした保育者研修プログラムは
参加者にとってより有効なのか

（1）保育者研修プログラム第2版の実施

　読みあう活動に関する保育者研修プログラム第2版を用いて，2013（平成25）年7月15～20日にかけて合計3ヶ所でプログラムを実施した。プログラムの実施方法は，子ども支援研究所，社会福祉法人すずみ会，八重瀬町法人園長会の協力を得て，筆者がプログラムの研修参加希望を募るため，文書にて研修案内の告知をした。この結果，子ども支援研究所の会員となっている幼稚園・保育所のうち16園，社会福祉法人すずみ会の保育所のうち2園，八重瀬町法人園長会の保育所のうち9園より研修実施希望があった。そこで，

表5-1　保育者研修プログラム第2版の研修参加施設・実施場所・実施期間・人数

研修参加施設	実施場所	実施期間	参加人数
子ども支援研究所16園	筑波大学	2013年7月15日（土）	35名
社会福祉法人すずみ会2園	若松すずみ保育園	2013年7月17日（水）	27名
八重瀬町法人園長会9園	八重瀬町社会福祉協議会	2013年7月20日（土）	17名
研修参加者の合計人数			79名

表5-2　保育者研修プログラム第2版の評価に関する対象者の人数と年齢属性

年　齢	20歳代	30歳代	40歳代	50歳代	60歳代	合　計
参加者人数	46名	18名	8名	6名	1名	79名
全体割合	58%	23%	10%	8%	1%	

　子ども支援研究所の16園は筑波大学，社会福祉法人すずみ会の2園は若松すずみ保育園，八重瀬町法人園長会の9園は八重瀬町社会福祉協議会2階集会所の各施設内において研修を実施した。研修の各実施場所における開催当日には，研修者である筆者の補助として保育を専門分野に学ぶ大学生2名または小学校教員1名が補助員となり，会場設定や資料の配布，資料の回収などを行った。

（2）保育者研修プログラム第2版の評価
1）対象者
　3ヶ所で実施したプログラム第2版の研修参加者は，合計79名であった。3ヶ所での具体的な実施期間・参加人数などについては，表5-1のとおりであった。全員が，研修の最初から最後まで参加した。この対象者の人数と年齢属性は表5-2のとおりであり，対象者79名のうち，20歳代が46名（58%），30歳代が18名（23%），40歳代が8名（10%），50歳代が6名（8%），60歳代が1名（1%）であった。
2）手続き
　まず，読みあう活動に関する保育者研修プログラム第2版の実施した際に，

参加者に対して，Sessionごとに振り返りシート（巻末資料22）の記入を依頼した。振り返りシートの調査項目は，以下の5つであった。

---

① 0％から100％の数値による研修の満足度に関する設問項目
② 「まったくなかった」「あまりなかった」「どちらでもない」「まあまああった」「けっこうあった」の5つの尺度による研修後の新しい発見や気づきの度合いに関する設問項目
③ 「まったくなかった」「あまりなかった」「どちらでもない」「まあまああった」「けっこうあった」の5つの尺度による研修後の今後の仕事へ生かせる度合いに関する設問項目
④ 研修で理解が深まった点を自由記述で回答する設問項目
⑤ 研修で改善が必要な点を自由記述で回答する設問項目

次に表5-2のプログラム実施方法ごとにおける対象者の振り返りシートの結果をまとめた。

そして，分析結果から，プログラム第2版と研修実施方法の改善点を明らかにした。

3） 倫理的配慮

2012（平成24）年5月9日に，筑波大学医学医療系医の倫理審査委員会における研究倫理審査の承認を受けた（承認番号：641号）。

4） 保育者研修プログラム第2版の評価

対象者全員の同意を得て，無記名にて読みあう活動の保育者研修プログラム第2版の参加者79名に各Session後，振り返りシートに記入してもらった。この振り返りシートの設問に対する対象者の回答結果について以下のようにまとめた。

① 研修の満足度

満足度をまとめた結果，Session 1では，50％と回答した者が3名，60％と回答した者が4名，70％と回答した者が14名，80％と回答した者が21名，90％と回答した者が18名，100％と回答した者が19名であり，7割程度の参

加者から80〜100％の満足感を得ていたことが示された。

　Session 2では，50％と回答した者が1名，60％と回答した者が1名，70％と回答した者が6名，80％と回答した者が13名，90％と回答した者が18名，100％と回答した者が39名，未記入者1名であり，9割近い参加者から80〜100％の満足感を得ていたことが示された。

　② 研修後の新しい発見や気づき

　研修後の新しい発見や気づきについてまとめた結果，Session 1では，新しい発見や気づきがあまりなかったもしくはどちらでもないと回答した者が3名，新しい発見や気づきがあったと回答した者が76名であり，9割以上の参加者から新しい発見や気づきがあったことが示された。

　Session 2では，未記入者1名以外の78名が新しい発見や気づきがあったと回答しており，ほぼ全員に近い参加者から新しい発見や気づきがあったことが示された。

　③ 研修後の仕事へ生かせる度合い

　研修後の仕事へ生かせる度合いについてまとめた結果，Session 1では，どちらでもないと回答した者が2名，今後の仕事へ生かせることがあったと回答した者が77名であり，9割以上の参加者から今後の仕事に生かせることがあったということが示された。

　Session 2では，未記入者1名以外の78名が今後の仕事に生かせることがあったと回答しており，ほぼ全員に近いの参加者が今後の仕事に生かせることがあったことが示された。

　④ 研修で理解が深まった点の自由記述

　研修で理解が深まった点に関する自由記述による回答についてまとめた結果，以下の回答が得られた。

　Session 1では，「実践事例」「絵本の選択，知識，読み方」「絵本と日常の保育のつながり」「グループ学習」「読みあう活動の意義」「子どもの理解と支援」「自らの振り返り」「保育のねらい・保育計画」の8つの項目に分けら

表5-3 保育者研修プログラム第2版のSession 1における研修で理解が深まった点

項　目	回　答
実践事例	・子どもたちが絵本の世界を楽しんでいること ・読みあう活動におけるいきいきとした保育展開方法 ・子どもの絵本の捉え方 ・子ども自らが考えて絵本の世界を作り出している読みあう活動の展開方法 ・読みあっている時の子どもたちの集中力が高いこと ・ビデオと説明による読みあう活動の深い理解 ・子どもに対する保育者からの言葉かけの仕方
絵本の選択，知識，読み方	・絵本の世界観の楽しみ方 ・絵本のイメージを広げられるような絵本の選択方法 ・絵本の大切さ ・絵本そのものの重要性 ・長い物語における保育者の読み方の配慮 ・季節や行事に合わせた絵本の選択方法 ・様々な種類の絵本を子どもへ与えることの大切さ ・絵本に関する知識の大切さ ・絵本の内容の深さ ・保育者が季節に敏感になり，見通しを立てて絵本を選択していくことが必要なこと ・日常の保育において効果的に絵本を取り入れる方法 ・子どもの個別に合わせた絵本の選択方法
絵本と日常の保育のつながり	・絵本と遊びをつなげる方法 ・読みあう活動の具体的な保育展開の仕方 ・読みあう活動と子どもの生活の関連性 ・読みあう活動を展開する上での保育環境のあり方 ・絵本の年間計画と日常の保育における活動展開の方法
グループ学習	・他者の意見からの学び ・他の研修参加者の気づきの深さからの学び ・保育者同士の話し合いの大切さ ・読みあう活動を通した子どもの活動や行動等に対する保育者の捉え方とそのことに対する話し合いの大切さ ・他者の考えに対する共感と新たな気づき ・自らの考えとは異なる見方や考え方 ・さまざまな保育現場の保育活動
読みあう活動の意義	・読みあう活動の具体的な意義 ・読みあう活動によって導きだされる子どもたちの姿 ・読みあう活動を日常の保育で取り組むことに意欲を持つこと

第5章　保育者研修プログラムの開発2

項　目	回　答
子どもの理解と支援	・子どもたちが共通理解，体験，感情が持てることへの気づき ・絵本を読むことによって得られる子どもたちの気持ちや行動の共有 ・絵本が子どもたちに与える影響 ・絵本を通した子どもたちの成長・発達 ・読みあう活動を通した子どもの世界観の広がり ・読みあう活動を通して広がる子どものイメージや想像力 ・読みあう活動によって得られる人間関係 ・読みあう活動を通して得られる子どもの想像力・表現力 ・読みあう活動を通した子どもの自由な表現や発想 ・読みあう活動によって導かれる子どもたちの協調性 ・保育者が子どもと共に絵本の世界を感じ，共有することの大切さ ・子どもの気づきの深さについての理解 ・児童文学（絵のほとんどない物語）に対する子どもの興味・関心の深さ ・継続した読みあいによって生み出される子どもたちの日々の新たな発見と活動の楽しみ方 ・主人公になりきった子どもたちの遊びの姿 ・読みあう活動によって得られる子どもたちの集団生活の中での共有すること，チームワーク，思いやりを読み取る力，尊重しあうことの大切さ ・読みあうだけでなく，余韻や遊びを大切にすること ・読みあう活動によって得られる子どもの社会性，考える力，仲間意識
自らの振り返り	・絵本に対する自分の向き合い方 ・自らの絵本の年間計画の見直し ・絵本を多く知ることの必要性
保育のねらい・保育計画	・読みあう活動と日常の保育をつなげるための保育者の保育計画の大切さ ・読みあう前から読みあった後における子どもの生活や遊びの発展を考慮に入れた保育計画 ・絵本と遊びの年間計画を立てることへの意欲 ・ねらいを持った読みあう活動の保育計画の立て方 ・保育のねらいと絵本を読みあう活動のねらいを重ねあわせることの大切さ ・子どもたちがイメージを共有するための基になる絵本選びと計画の連動の仕方 ・絵本の年間計画とクラス運営の連動の仕方

れる62点があげられた。その具体的な回答は表5-3のとおりに示した。

「実践事例」では，他園における具体的な実践事例から学んだことで，読みあう活動によってどのような子どもの気持ちや行動への影響があるのか，読みあう活動における保育者の子どもの関わり，具体的な保育展開の理解を深めた参加者の様子が記述されていた。

「絵本の選択，知識，読み方」では，絵本の内容の深さ，子どもにとっての絵本の大切さ，絵本の知識，効果的な絵本の活用方法，読み方の配慮などに関する理解を深めた参加者の様子が記述されていた。

「絵本と日常の保育のつながり」では，絵本と遊びをつなげる方法，読みあう活動の具体的な保育展開，読みあう活動と子どもの生活の関連性，読みあう活動を展開する上での保育環境，絵本の年間計画と日常の保育における活動展開の方法などの理解を深めた参加者の様子が記述されていた。

「グループ学習」では，グループでの話し合いの機会から他者の意見や日常の保育における読みあう活動の実践報告から新たな気づきを得て学びを深めたり，読みあう活動に関するさまざまな意見が出された話し合いによってその機会の重要性に関する認識を深めた参加者の様子が記述されていた。

「読みあう活動の意義」では，読みあう活動への意味や読みあう活動によって導きだされる子どもたちの姿，読みあう活動を保育現場で実践することの意義などの理解を深め，自らの保育でも実践していきたいという参加者の意欲が記述されていた。

「子どもの理解と支援」では，絵本の読みあいを通して現れた子どもの絵本の世界観・イメージ・想像力・表現力・発想力・共感する力・共有する力・絵本の楽しみ方・社会性・考える力・仲間意識などの内発的な成長・発達，子ども同士の人間関係の深まり・協調性・チームワーク・思いやり行動・尊重しあう関係・遊びへの発展などの外発的な成長・発達への理解を深めた参加者の様子が記述されていた。

「自らの振り返り」では，保育者自身の絵本に対する向き合い方，自らの

第5章 保育者研修プログラムの開発2

表5-4 保育者研修プログラム第2版のSession 2における研修で理解が深まった点

項　目	回　答
絵本の選択,知識,読み方	・絵本の知識の大切さ　　　　　　・絵本の持ち方 ・絵本の種類　　　　　　　　　　・絵本のめくり方 ・保育所保育指針と絵本の関連　　・絵本を読む時の予告方法 ・絵本の内容の奥深さ　　　　　　・導入の方法 ・絵本の内容の意味深さ　　　　　・子どもの年齢ごとの読み方 ・絵本の内容に関する新たな発見　・個別に配慮が必要な子どもへの読み方 ・絵本の音を楽しむことの大切さ　・絵本の読み方 ・絵本の絵と文章の大切さ　　　　・間の取り方 ・絵本の楽しみ方　　　　　　　　・抑揚のつけ方 ・絵本の面白さ　　　　　　　　　・声の強弱 ・作者の背景　　　　　　　　　　・読む時のリズム ・絵本の構造　　　　　　　　　　・読む時の環境づくり ・絵本の選び方　　　　　　　　　・読む時の雰囲気づくり ・絵本を読む前の事前準備　　　　・読む時の背景
グループ学習	・他者の意見からの気づき ・グループ学習における話し合いの重要性 ・他者の紹介した絵本からの知識の広がり ・他の先生の読み方からの学び
自己の振り返り	・自らの絵本の読み方についての反省
子どもの理解と支援	・子どもたちに多くの絵本を与えることの必要性と保育実践への意欲 ・子どもたちと絵本を楽しむことの大切さ

年間計画の見直し，絵本を多く知っていくことの必要性などといった自らの保育を客観的な視点で振り返っている参加者の様子が記述されていた。

「保育のねらい・保育計画」では，読みあう活動において絵本の年間計画と日常の保育の年間計画を連動させながら，読みあう前から読みあった後における子どもの生活や遊びの発展，子どものイメージ世界の共有を考慮に入れた保育のねらいや保育計画を立てることの重要性の理解を深め，自らの保育でも読みあう活動を実践したいという参加者の意欲が記述されていた。

Session 2 では，「絵本の内容，選択，知識，読み方」「グループ学習」「自己の振り返り」「子どもの理解と支援」の4つの項目に分けられる35点があ

表 5-5　保育者研修プログラム第 2 版の Session 1 における研修で改善が必要な点

項　目	回　答
実践事例	・実践事例を詳細に説明してほしい ・実践事例で紹介された児童文学作品のあらすじを説明してほしい
グループ学習	・グループ学習の話し合いの時間が足りなさ
研修の環境	・画面が見えにくい
研修の進行	・メモを取る時間がほしい ・研修時間が短い

表 5-6　保育者研修プログラム第 2 版の Session 2 における研修で改善が必要な点

項　目	回　答
研修の進行	・メモを取る時間がほしい
読みあう活動の説明	・読みあう活動の意味のより具体的な説明がほしい
絵本の紹介・選択方法・読み方の説明や実演	・もっと絵本を紹介してほしい ・絵本の選択方法に関するより詳細な説明がほしい ・研修実施者が絵本の読み方の実演をしてほしい

げられた。その具体的な回答を表 5-4 のとおりに示した。

　「絵本の選択，知識，読み方」では，絵本の内容の奥深さを知り，新たな発見をしたことで絵本への興味・関心が広がり，絵本の作家の思い・考え，絵本の構造，絵本の作成過程，絵本の種類，『保育所保育指針』と絵本の関連，絵本の楽しみ方などの絵本に関する知識を得ることの重要性を認識した参加者の様子が記述されていた。また，読み方や速度，めくり方，間の取り方，声の強弱，リズムの取り方，事前準備，雰囲気づくり，導入方法，読む時の予告方法，絵本選択，環境づくりなどの保育技術や方法の理解を深めた参加者の様子が記述されていた。さらに，子どもの成長・発達や個別的に配慮が必要な子どもへの読み方などの理解を深めた参加者の様子が記述されていた。

　「絵本と日常の保育のつながり」では，絵本の世界と現実の世界をとつなげたり，読みあい後に遊びなどの日常の保育につなげたりすることの重要性

第5章　保育者研修プログラムの開発2

の理解を深めた参加者の様子が記述されていた。

「グループ学習」では，グループで互いの好きな絵本を紹介しあったり，読みあったりしたことから，他者の絵本の知識や好み，読みあう活動に関する意見や考えを共有することによってさまざまな絵本の知識が広がり，他者との意見を交わしあうことで学びあうことの重要性を認識した参加者の様子が記述されていた。

「自己の振り返り」では，自らの絵本の読み方に関する反省が導きだされた参加者の様子が記述されていた。

「子どもの理解と支援」では，子どもたちに多くの絵本を与える必要性や子どもとともに絵本を楽しむことの大切さを認識し，自らの保育実践の中でも取り組んでいいという参加者の意欲が記述されていた。

⑤　研修で改善の必要な点の自由記述

研修の改善点に関する自由記述についてまとめた結果は，以下のとおりであった。

Session 1 では，「実践事例」「グループ学習」「研修の環境」「研修の進行」の4つの項目に分けられる6点があげられた。その具体的な回答を表5-5のとおりに示した。

「実践事例」では，紹介した実践事例についてより詳細な説明や実践事例で読んでいた児度文学作品の説明をしてほしいという参加者の要望があった。「グループ学習」では，設定された時間以上により多くのグループ学習での話し合いを求めている参加者の要望があった。「研修の環境」では，パワーポイントの画面が見えにくかったので改善してほしいとの参加者の要望が記述されていた。「研修の進行」では，研修者の進行状況に対し，メモが取る時間がなかったのでペースを調整してほしいという参加者の要望や研修時間を長くしてほしいという参加者の要望があった。

Session 2 では，「研修の進行」「読みあう活動の説明」「絵本の紹介・選択方法・読み方の説明や実演」の3つの項目に分けられる5点があげられた。

その具体的な回答を表5-6のとおりに示した。

「研修の進行」では，メモが取る時間がなかったのでペースを調整してほしいという参加者の要望があった。「読みあう活動の説明」では，より具体的な読みあう活動の意味の説明がほしいという参加者の要望があった。「絵本の紹介・選択方法・読み方の説明や実演」では，もっと絵本を紹介や絵本の選択方法の説明や読み方の実演をしてほしいというの参加者の要望があった。

（3）保育者研修プログラム第2版への参加者の評価
――「読みあう活動の意義」と「子どもの理解と支援」の理解が深められた研修の誕生

1）参加者の満足度にみる評価

読みあう活動の保育者研修プログラム第2版の研修実施後の振り返りシートによる参加者の研修に対する満足度の結果から，Session 1 では7割程度の参加者から80～100％の満足感を得ていたこと，Session 2 では，9割近い参加者から80～100％の満足感を得ていたことが示された。

70％以下の満足度と回答した Session 1 の対象者21名の振り返りシートを詳細に捉えたところ，研修における改善点として「プロジェクターの画面が見えづらかったこと」「実践事例の説明をより詳細にしてほしい」「研修実施者が絵本の読み方の実演をしてほしい」「グループ学習の時間を長くしてほしい」などの要望があった。実際に，筑波大学における研修では，参加者の集合時間が遅れたことにより，Session 1 全体の研修時間を約8分間短縮して実施した。実践事例の説明やグループ学習の時間が短かった原因であると考える。また，若松すずみ会における研修では，保育園の所有するプロジェクターの精度に不具合があり，可能な限りの大画面で映写したものの，はっきりとした文字や画面の明るさが出せなかった。一部の参加者にとっては見えづらかったという意見が出されていた。このことから，参加者にとって満

足度の高い研修を実施するためには，研修時間と環境を適切にし，研修内容をよりよく伝える配慮をしていかなくてはならないという反省点があげられた。

Session 2 の満足度が70％以下であった 8 名の全回答を詳細に捉えたところ，研修における改善点の回答として「もっと絵本を紹介してほしい」「実践事例の説明をより詳細にしてほしい」「絵本の選択方法に関するより詳細な説明がほしい」などの要望があった。研修内容からさらに深く学びを深めたいという参加者の意欲が現れていることがわかる。このような参加者の様子から捉えると，研修内容に対する不満足によって満足度の数値が低かったのではなく，より学習をする機会がほしいという要望から満足度の数値が低くなっていたことがわかる。

2) 参加者の研修後の新しい発見や気づきと今後の仕事に生かせる度合いにみる評価

読みあう活動に関する保育者研修プログラム第 2 版に参加した対象者79名の Session ごとの研修後の新しい発見や気づきの度合いと今後の仕事に生かせる度合いについてまとめた結果から，2 つの Session ともに，ほぼ全員の参加者から新しい発見や気づきや今後の仕事に生かせることがあったということが示された。

このことから，本研修は保育者の仕事にとって意義のある研修であったと考えることができる。保育現場では読みあう活動などの絵本を活用した保育実践は，ほぼ毎日というくらい行われている。厚生労働省の定める保育者養成のカリキュラムにおいても，2010（平成22）年度より「言語表現」という科目の設置が義務づけられた。その中でも絵本を活用した保育展開のための知識・技術の習得が求められている。それだけに，本研修のような読みあう活動の研修は現職の保育者にとっても必要不可欠なものであり，新しい発見や気づき，今後の仕事にいかせる知識や技術を得られ，保育の質を向上させることは重要であると考えられる。

3） 研修で理解が深まった点にみる評価

　保育者研修プログラム第2版の研修実施後の振り返りシートから参加者の研修後の研修で理解が深まった点の結果から次のようなことが言える。

　参加者は映像や絵本・あそびを含めた読みあう活動の年間計画などの資料による実践事例の説明を含めた研修内容によって，具体的な読みあう活動の意義や方法，読みあう活動中の子ども理解と保育者の支援方法，絵本と日常の保育をつなげることへの理解と具体的方法，読みあう活動の保育のねらいや保育計画の立て方と具体的実践方法などへの理解が深まっていた。

　絵本の知識や読みあう活動の保育技術については，絵本の知識を習得する必要性を感じ，絵本の作者や内容，作成過程，構造，種類，楽しみ方，『保育所保育指針』との関連性などへの理解が深まり，絵本の選択や絵本を読む際の声の出し方・ペース・大きさなど読みあう活動の具体的な保育技術を理解して習得していた。

　グループ学習では，他者との意見や情報交換によって新たな発見をしたり，他者から読みあう活動の方法を学んだりすることによって，互いに学びあうことが重要であることの理解を深めていた。

　参加者自らの振り返りや子どもの理解と支援の理解では，現在の保育を振り返り，今後の読みあう活動を保育で実践する上で，研修で学んでことを活かして取り組んでいきたいという意欲が生み出された者もいた。この結果から，参加者は本研修を通して，目的に沿った学びをしていたことが明らかになった。

　また，第1版と第2版で比較すると，第2版の振り返りシートには研修に参加したことによって読みあう活動における保育のねらいや計画の立て方，子ども理解と支援の方法，絵本の知識や保育技術で習得したことなどがより具体的に書かれていた。このことから，第1版よりも第2版の方が理解の度合いが深い研修内容であったのではないかと考えられる。

　さらに，Sessionごとに理解が深まった点を比較してみると，第2版の方

第 5 章　保育者研修プログラムの開発 2

表 5-7　保育者研修プログラム第 2 版における研修後に理解が深められたことの特徴

実施パターン	特　徴
プログラム第 2 版 Session 1	・プログラム第 1 版よりも読みあう活動における子ども理解と支援に対する参加者の理解が深かった ・プログラム第 1 版よりも読みあう活動の意義に対する理解や興味・関心が深かった
プログラム第 2 版 Session 2	・プログラム第 1 版よりも絵本や読みあう活動の知識や保育技術に関する理解が深かった ・プログラム第 1 版よりも自己の振り返りに関する回答が少なかった

が第 1 版よりも Session ごとの目的に即した回答が得られていた。第 2 版では，研修参加者が Session ごとの目的に沿った学習をしていたと考えられる。第 1 版から第 2 版の改善点であった Session ごとに学習する内容の整理が適切であったと言える。

　Session ごとにあげていた研修の学習目標と参加者の理解が深まった点を比較してみると，特徴点があげられた。その特徴点をまとめたものが表 5-7 である。

　まず，プログラム第 2 版では 2 つの特徴があげられた。1 点目の特徴としては，読みあう活動における子どもの理解と支援に対する参加者の理解の深まりである。Session 1 では，学習目標として，「読みあう活動にねらいを立てること」「読みあう活動と日常の保育をつなげること」「絵本の年間計画を立てること」「絵本の年間計画は，クラスの年間計画と連動させること」の 4 つを設定していた。参加者の回答から，4 つの学習の理解を深めている様子も得られたが，この 4 つの学習目標以外に読みあう活動における子どもの理解と支援について理解を深めていた様子が明らかになった。この子どもの理解と支援については，プログラム第 1 版の理解を深めた点の回答よりも，読みあう活動時の子どもの気持ちや行動における成長・発達の理解，読みあう活動が子どもたちに与える影響の理解が深まっていたという特徴が得られた。

173

この理由として，第2版のSession 1では，研修の冒頭で読みあう活動の実践事例の映像を参加者に視聴してもらい，子どもたちはどのように絵本の世界を楽しんでいるのか，読みあう活動の中で子どもたちがどのように成長・発達しているのかをグループで話し合ってもらった。このグループ学習の取り組みから，子どもたちが読みあう活動の保育実践からどのような影響が与えられ，読みあう活動の体験がなぜ子どもたちの成長・発達において効果があるのかが，参加者にとって明確に理解できたものになったのではないかと考えられる。また，ビデオ映像だけでなく読みあう活動における子どもたちの遊びの展開の様子を数枚の写真を用いて説明したことにより，子どもの理解と支援が具体的に理解しやすかったことであると考えられる。

　また，第2版のSession 1のもう一つの特徴点は，読みあう活動の意義に対する深い理解や興味・関心の深まりがあげられていたことである。第1版以上に第2版の参加者の方が読みあう活動に対する理解の深まった可能性が考えられる。

　プログラム第2版のSession 2では，2つの特徴点があげられた。まず，1点目に，プログラム第1版の時よりも絵本や読みあう活動の知識や保育技術に関する理解の深まりが大きく，その他の理解がほとんど回答としてあげられなかったことである。前述したとおり，第2版では，第1版の反省点としてSessionごとに学習する内容を整理して，Sessionの終わりには研修者がパワーポイントを明示しながら，学習目標を振り返った。このことにより，参加者が学習者の学習したことの整理がしやすかったのではないかと考えられる。さらに，第2版では，研修者による実演を取り入れながら保育技術の講習を取り入れたり，読みあう活動のグループ学習を参加者が行っている時間に，研修者が各グループを巡回しながらアドバイスをしたりするようにしていた。このことから，参加者のより具体的な保育技術の習得に至ったのではないかと考えられる。

　2点目に，自己の振り返りに関する回答が少なかったことである。第1版

第5章 保育者研修プログラムの開発2

表5-8 保育者研修プログラム第2版の研修で改善が必要な点にみる参加者の評価と課題

参加者が必要と考える改善点	課　　　題
・グループ内での話し合いの時間の増加 ・メモを取る時間が欲しい ・研修時間の増加	研修の進行における時間配分の改善
・実践事例を詳細な説明 ・実践事例で詳細された児童文学作品のあらすじの説明	研修内容に関して充分に説明を行う
・スライドが見やすい画面	研修環境への配慮
・より具体的な読みあう活動の意味の説明 ・絵本の選択方法に関するより詳細な説明 ・絵本の紹介 ・研修実施者による絵本の読み方の実演	絵本の知識の講習や具体的な保育技術の実演講習の必要性

の時には，絵本と読みあう活動の知識・保育技術の習得中心型の研修プログラムBの参加者においては，自己の振り返りから今後の日常の保育において知識や保育技術の向上を図らなければならないことを示す回答が多かった。この点に関しては，研修内容から知識・保育技術の習得が深まったことで，自己向上への意識が出現しなかったのか，もしくは自己の振り返りに至るまでの学習効果が得られなかったのかは，回答からは捉えることができなかったため，研修の効果の結果とともに考察していく必要性がある。

4） 保育者研修プログラム第2版の評価と課題の明確化
　　──求められる絵本の知識や具体的な保育技術の実演講習

　読みあう活動の保育者研修プログラム第2版の振り返りシートによって参加者の研修後の研修で第1版よりも読みあう活動の理解が深まった研修になったものの，改善点もあった。その実施改善点について4つの視点から整理し，表5-8のようにまとめた。

　第1の課題としては，研修の進行における時間配分の改善である。プログラム第1版の課題でもあげられていたが，研修時間の不足を改善点としてあげている参加者が多かったことがわかった。特に，第2版では研修全体の時

間の不足とともにメモを取る時間，グループでの学習の時間が足りなかったという参加者もいた。参加者がさらに充分に学習できる時間を取った時間配分を考えるとともに，グループ学習にも十分な話し合いの時間やメモを取る時間も考慮した研修の進行が必要であると考える。

　第2の課題としては，研修内容に関して充分に説明を行うことである。実践事例の紹介と説明を充実させてほしいという要望をあげている参加者がいた。前述したとおり，筑波大学における研修実施の際には，研修開始時間が8分間遅れたことにより，Session 1の実践事例の説明やグループ学習の時間など若干の短縮をしたため，この会場での実施のみ説明や時間の足りなさを要望した参加者がいた。今後の研修実施においては正確に研修を実施し，予定の時間配分に沿って参加者が満足する説明を行うことが必要である。

　第3の課題としては，研修環境の配慮である。若松すずみ会の研修では，プロジェクターの不具合から適切な映写ができなかった。文字や映像が見えないという程の環境ではなかったが，一部見づらいという印象を参加者に与えてしまった。この結果，研修への満足度の低さや研修の受けづらさが生じた。実践事例としてビデオ映像や写真などを使用した研修を実施するのであれば，研修の機器や環境等への事前準備の段階から配慮し，研修を開催する必要性があると考える。

　第4の課題としては，より多くの絵本の知識の講習や具体的な保育技術の実演講習の必要性である。Session 2は，参加者の満足度が高かったが，それだけにより学習を深めたいという参加者の要望が高かった。このため，より多くの絵本の紹介や絵本の選択方法の説明や研修者による実演をより増やしてほしいという要望があった。しかし，研修には時間の制約があり，長時間の研修実現は困難である。長時間の研修ができたとしても，参加者の集中力に差が生じる可能性もある。集中力に差が出ると習熟度に差が生じることにもなりかねない。このため，参加者がより具体的な保育技術を習得する為の実践編のような研修も構築し，読みあう活動の保育者研修プログラムを初

級・中級・上級もしくは理論編，実践編等の段階を経た内容で実施できるように構築し，より学びを深めていきたい保育者向けの研修を実施する必要があると考える。

3　保育者研修プログラム第2版の適切性

読みあう活動に関する保育者研修プログラム第2版（以下，プログラム第2版）の適切性を明らかにするため，研修に参加した保育者79名を調査対象に研修前と研修直後，研修1ヶ月後の効果を分析することにした。本節では，この調査の結果から保育者研修プログラム第2版の有効性を検証し，研修の適切性を把握するためにはさらに縦断的な研究が必要であることについて述べるものとする。

（1）保育者研修プログラム第2版の適切性を明らかにするために
　　　──研修参加者に対する研修前と研修直後，研修1ヶ月後の調査
1）　調査方法
①　調査内容

以下の12カテゴリー，計313項目（巻末資料23参照）について，それぞれ研修前，研修後，研修1ヶ月後に「読みあう活動について日常の保育で取り組む上で必要なこと」を5件法で尋ねた。なお，ここで使用する313項目は第2章の研究にて明らかにした保育者の読みあう活動において必要なねらいと具体的な保育方法をもとに作成した。

また，研修前と研修直後と研修1ヶ月後（以下，3時点）における参加者の個人内の変化を明らかにするために，同人物を特定する項目として，好きな果物2つと好きな動物2つを記入してもらった。

①「絵本の知識・技術の習得」7項目

（読みあう活動に関する質問紙調査の質問項目Ⅰの1～7）
② 「読みあう時の保育技術」60項目
（読みあう活動に関する質問紙調査の質問項目Ⅰの8～67）
③ 「保育者の子どもに対するねらいや願い」13項目
（読みあう活動に関する質問紙調査の質問項目Ⅱの1～13）
④ 「子どもと保育者，子ども同士の共感・共有」57項目
（読みあう活動に関する質問紙調査の質問項目Ⅱの14～70）
⑤ 「子どもに対する保育者の気づきや関わり」24項目
（読みあう活動に関する質問紙調査の質問項目Ⅱの71～95）
⑥ 「子どもの想像世界に対する理解」21項目
（読みあう活動に関する質問紙調査の質問項目Ⅱの96～116）
⑦ 「保育者の資質・教養の向上」7項目
（読みあう活動に関する質問紙調査の質問項目Ⅲの1～7）
⑧ 「読みあう状況・環境に対する配慮」69項目
（読みあう活動に関する質問紙調査の質問項目Ⅵの1～69）
⑨ 「読みあう活動中の雰囲気づくり」5項目
（読みあう活動に関する質問紙調査の質問項目Ⅵの70～74）
⑩ 「読みあう活動後の雰囲気づくり」9項目
（読みあう活動に関する質問紙調査の質問項目Ⅵの75～83）
⑪ 「読みあう活動と日常生活をつなげる」28項目
（読みあう活動に関する質問紙調査の質問項目Ⅵの84～111）
⑫ 「読みあう活動を家庭へつなげる」13項目
（読みあう活動に関する質問紙調査の質問項目Ⅵの112～124）

② 調査手続き

　研修前の質問紙については，研修参加者に郵送にて配布し，研修当日までに記入してもらい，研修参加受付にて回収した。研修直後の質問紙について

は，研修直後に配布し，その場で記入してもらい，筆者が直接回収した。研修1ヶ月後の質問紙については，研修28日後に研修参加者に郵送にて配布し，返信用封筒にて回収した。

3つの研修会場にて参加した保育者の総数は79名であった。それゆえ研修前と研修直後の質問紙は79名に配布し，100％（79名）の回収率であった。研修1ヶ月後の質問紙は79名に配布し，64.5％（51名）の回収率であった。回答に不備があった者を除いたため，有効回答数は研修前と研修直後が68名であり，そのうち1ヶ月後の回答があった者は45名であった。

③　調査時期

研修前は2013（平成25）年7月10日〜20日，研修直後は2013（平成25）年7月15日・17日・20日，研修1ヶ月後は2013（平成25）年8月15日〜9月1日に調査を実施した。

④　結果の処理方法

3時点に共通する45名を分析対象とした。まず，前述の12カテゴリー313項目の回答について「まったくあてはまらない」を1点，「どちらかといえばあてはまらない」を2点，「どちらとも言えない」を3点，「どちらかといえばあてはまる」を4点，「非常にあてはまる」を5点とし，3時点における各項目の合計点数を算出した。次に，12カテゴリーそれぞれについて3時点における合計得点の平均値を算出した。さらに，これらの平均値を比較するため一要因分散分析およびBonferroniによる多重比較を行った。解析にはjs-STARを用いた。

⑤　倫理的配慮

本調査は2013（平成25）年2月に淑徳大学倫理審査委員会の承認を受けた（承認番号2012-104）。

2 ）　調査結果

①　絵本の知識・技術の習得

絵本の知識・技術の習得7項目（読みあう活動に関する質問紙調査の質問項目

表5-9 3時点の絵本の知識・技術の習得の平均値比較

	N	平均値	SD
研修前	45	24.92	4.00
研修直後	45	31.31	3.88
研修1ヶ月後	45	26.73	4.34

表5-10 3時点の絵本の知識・技術の習得への効果

要因	平方和	自由度	平均平方	F値	有意水準
被験者	1161.14	44	26.39		
研　修	976.58	2	488.29	39.47	p＜.01
誤　差	1088.65	88	12.37		
全　体	3226.36	134			

表5-11 3時点の絵本の知識・技術の習得に関する多重比較

研修前・研修直後・研修1ヶ月後の平均値比較	有意水準
研修前（24.92）　＜　研修直後（31.31）	p＜.05
研修前（24.92）　＜　研修1ヶ月後（26.73）	p＜.05
研修直後（31.31）　＞　研修1ヶ月後（26.73）	p＜.05

注：Bonferroniによる多重比較。
　（　）内の数字は平均値。

Ⅰの1～7）に関して，保育者の認識や保育方法に対する研修の効果があるのかどうかを検証した。

まず，3時点における7項目の合計得点の平均値を算出し，表5-9に示した。研修前は平均値（標準偏差）＝24.92（4.00），研修直後は平均値（標準偏差）＝31.31（3.88），研修1ヶ月後は平均値（標準偏差）＝26.73（4.34）であった。

次に，一要因分散分析（3水準）を行い，その結果を表5-10に示した。分散分析の結果，3時点における有意な主効果（$F_{(2,88)}$＝39.47, p＜.01）が見られた。Bonferroniによる多重比較を行った（表5-11）。その結果，3時点の間に5％水準の有意差が見られ，研修効果があったことが明らかになった。研修直後と研修1ヶ月後を比較してみると平均値が下がっているものの研修前よりも研修1ヶ月後の平均値が高く，有意差も見られたことから研修の効果が保たれていることが明らかになった。

第5章 保育者研修プログラムの開発2

表5-12 3時点の読みあう時の保育技術の平均値比較

	N	平均値	SD
研修前	45	224.42	19.14
研修直後	45	256.22	24.96
研修1ヶ月後	45	237.93	24.80

表5-13 3時点の読みあう時の保育技術への効果

要因	平方和	自由度	平均平方	F値	有意水準
被験者	41750.27	44	948.86		
研修	22912.13	2	11456.07	33.10	$p<.01$
誤差	30454.47	88	346.07		
全体	95116.88	134			

表5-14 3時点の読みあう時の保育技術に関する多重比較

研修前・研修直後・研修1ヶ月後の平均値比較			有意水準
研修前（224.42）	＜	研修直後（256.22）	$p<.05$
研修前（224.42）	＜	研修1ヶ月後（237.93）	$p<.05$
研修直後（256.22）	＞	研修1ヶ月後（237.93）	$p<.05$

注：Bonferroniによる多重比較。
（ ）内の数字は平均値。

② 読みあう時の保育技術

　読みあう時の保育技術60項目（読みあう活動に関する質問紙調査の質問項目Ⅰの8～67）に関して、保育者の認識や保育方法に対する研修の効果があるのかどうかを検証した。

　まず、3時点における60項目の合計得点の平均値を算出し、表5-12に示した。研修前は平均値（標準偏差）＝224.42（19.14）、研修直後は平均値（標準偏差）＝256.22（24.96）、研修1ヶ月後は平均値（標準偏差）＝237.93（24.80）であった。

　次に、一要因分散分析（3水準）を行い、その結果を表5-13に示した。分散分析の結果、3時点における有意な主効果（$F_{(2,88)}=33.10$, $p<.01$）が見られた。Bonferroniによる多重比較を行った（表5-14）。その結果、3時点の間に5％水準の有意差が見られ、研修効果があったことが明らかになった。研修直後と研修1ヶ月後を比較してみると平均値が下がっているものの研修

表5-15 3時点の保育者の子どもに対するねらいや願いの平均値比較

	N	平均値	SD
研修前	45	49.89	6.88
研修直後	45	57.44	7.65
研修1ヶ月後	45	52.69	7.62

表5-16 3時点の保育者の子どもに対するねらいや願いへの効果

要因	平方和	自由度	平均平方	F値	有意水準
被験者	4163.40	44	94.62		
研　修	1310.90	2	655.45	17.94	p＜.01
誤　差	3215.76	88	36.54		
全　体	8690.05	134			

表5-17 3時点の保育者の子どもに対するねらいや願いに関する多重比較

研修前・研修直後・研修1ヶ月後の平均値比較			有意水準
研修前 (49.89)	＜	研修直後 (57.44)	p＜.05
研修前 (49.89)	＜	研修1ヶ月後 (52.69)	p＜.05
研修直後 (57.44)	＞	研修1ヶ月後 (52.69)	p＜.05

注：Bonferroniによる多重比較。
　（　）内の数字は平均値。

前よりも研修1ヶ月後の平均値が高く，有意差も見られたことから研修の効果が保たれていることが明らかになった。

　③　保育者の子どもに対するねらいや願い

　保育者の子どもに対するねらいや願い13項目（読みあう活動に関する質問紙調査の質問項目Ⅱの1～13）に関して，保育者の認識や保育方法に対する研修の効果があるのかどうかを検証した。

　まず，3時点における13項目の合計得点の平均値を算出し，表5-15に示した。研修前は平均値（標準偏差）＝49.89（6.88），研修直後は平均値（標準偏差）＝57.44（7.65），研修1ヶ月後は平均値（標準偏差）＝52.69（7.62）であった。

　次に，一要因分散分析（3水準）を行い，その結果を表5-16に示した。分散分析の結果，3時点における有意な主効果（$F_{(2,88)}=17.94$，p＜.01）が見られた。Bonferroniによる多重比較を行った（表5-17）。その結果，3時点

第5章 保育者研修プログラムの開発2

表5-18 3時点の子どもと保育者，子ども同士の共感・共有の平均値比較

	N	平均値	SD
研修前	45	220.67	21.51
研修直後	45	240.90	29.49
研修1ヶ月後	45	225.80	28.91

表5-19 3時点の子どもと保育者，子ども同士の共感・共有への効果

要因	平方和	自由度	平均平方	F値	有意水準
被験者	61140.25	44	1389.55		
研　修	9951.39	2	4975.70	12.02	$p<.01$
誤　差	36423.11	88	413.90		
全　体	107514.75	134			

表5-20 3時点の子どもと保育者，子ども同士の共感・共有に関する多重比較

研修前・研修直後・研修1ヶ月後の平均値比較			有意水準
研修前 (220.67)	<	研修直後 (240.90)	$p<.05$
研修前 (220.67)	=	研修1ヶ月後 (225.80)	n.s.
研修直後 (240.90)	>	研修1ヶ月後 (225.80)	$p<.05$

注：Bonferroniによる多重比較。
（　）内の数字は平均値。

の間に5％水準の有意差が見られ，研修効果があったことが明らかになった。研修直後と研修1ヶ月後を比較してみると平均値が下がっているものの研修前よりも研修1ヶ月後の平均値が高く，有意差も見られたことから研修の効果が保たれていることが明らかになった。

④　子どもと保育者，子ども同士の共感・共有

子どもと保育者，子ども同士の共感・共有57項目（読みあう活動に関する質問紙調査の質問項目Ⅱの14〜70）に関して，保育者の認識や保育方法に対する研修の効果があるのかどうかを検証した。

まず，3時点における58項目の合計得点の平均値を算出し，表5-18に示した。研修前は平均値（標準偏差）＝220.67（21.51），研修直後は平均値（標準偏差）＝240.90（29.49），研修1ヶ月後は平均値（標準偏差）＝225.80（28.91）であった。

次に，一要因分散分析（3水準）を行い，その結果を表5-19に示した。

表5-21　3時点の子どもに対する保育者の気づきや関わりの平均値比較

	N	平均値	SD
研修前	45	103.16	13.52
研修直後	45	116.70	13.41
研修1ヶ月後	45	104.51	16.51

表5-22　3時点の子どもに対する保育者の気づきや関わりへの効果

要因	平方和	自由度	平均平方	F値	有意水準
被験者	17699.12	44	402.25		
研　修	5003.27	2	2501.64	20.24	p＜.01
誤　差	10878.74	88	123.62		
全　体	33581.13	134			

表5-23　3時点の子どもに対する保育者の気づきや関わりに関する多重比較

研修前・研修直後・研修1ヶ月後の平均値比較			有意水準
研修前（103.16）	＜	研修直後（116.70）	p＜.05
研修前（103.16）	＝	研修1ヶ月後（104.51）	n.s.
研修直後（116.70）	＞	研修1ヶ月後（104.51）	p＜.05

注：Bonferroniによる多重比較。
　（　）内の数字は平均値。

表5-24　3時点の子どもの想像世界に対する理解の平均値比較

	N	平均値	SD
研修前	45	66.11	12.11
研修直後	45	85.76	12.59
研修1ヶ月後	45	72.22	13.44

表5-25　3時点の子どもの想像世界への理解に対する効果

要因	平方和	自由度	平均平方	F値	有意水準
被験者	10413.88	44	236.68		
研　修	9096.01	2	4548.01	34.96	p＜.01
誤　差	11448.65	88	130.10		
全　体	30958.55	134			

表5-26　3時点の子どもの想像世界に対する理解に関する多重比較

研修前・研修直後・研修1ヶ月後の平均値比較			有意水準
研修前（66.11）	＜	研修直後（85.76）	p＜.05
研修前（66.11）	＜	研修1ヶ月後（72.22）	p＜.05
研修直後（85.76）	＞	研修1ヶ月後（72.22）	p＜.05

注：Bonferroniによる多重比較。
　（　）内の数字は平均値。

第5章　保育者研修プログラムの開発2

分散分析の結果, 3時点における有意な主効果 ($F_{(2,88)}=12.02$, $p<.01$) が見られた。Bonferroniによる多重比較を行った (表5-20)。その結果, 3時点の間に5％水準の有意差が見られ, 研修効果があったことが明らかになった。研修前から研修直後および研修前から研修1ヶ月後の効果があったことが明らかになった。研修前と研修1ヶ月後を比較してみると平均値が研修前と同じ位の値になっているが, 研修前と研修1ヶ月後の標準偏差の値を比較してみると21.51から28.91へと変化しており (表5-18), 平均値の有意差はないものの研修の効果が持続されている者とそうでない者がいることが示された。

⑤　子どもに関する保育者の気づきや関わり

子どもに関する保育者の気づきや関わり24項目 (読みあう活動に関する質問紙調査の質問項目Ⅱの71～95) に関して, 保育者の認識や保育方法に対する研修の効果があるのかどうかを検証した。

まず, 3時点における26項目の合計得点の平均値を算出し, 表5-21に示した。研修前は平均値 (標準偏差) = 103.16 (13.52), 研修直後は平均値 (標準偏差) = 116.70 (13.41), 研修1ヶ月後は平均値 (標準偏差) = 104.51 (16.51) であった。

次に, 一要因分散分析 (3水準) を行い, その結果を表5-22に示した。分散分析の結果, 3時点における有意な主効果 ($F_{(2,88)}=20.24$, $p<.01$) が見られた。Bonferroniによる多重比較を行った (表5-23)。その結果, 研修前と研修直後, 研修直後と研修1ヶ月後の時点の間に5％水準の有意差が見られた。さらに, 3時点の子どもに関する保育者の気づきと関わりを比較すると, 研修前から研修直後には研修効果があったが, 研修前から研修1ヶ月の研修効果がなかったことが明らかになった。研修前と研修1ヶ月後を比較してみると平均値が研修前と同じ位の値になっているが, 研修前と研修1ヶ月後の標準偏差の値を比較してみると13.52から16.51へと変化しており (表5-21), 平均値の有意差はないものの研修の効果が持続されている者とそうでない者がいることが示された。

表5-27 3時点の保育者の資質・教養の向上の平均値比較

	N	平均値	SD
研修前	45	27.33	4.71
研修直後	45	32.07	3.91
研修1ヶ月後	45	28.87	3.70

表5-28 3時点の保育者の資質・教養の向上への効果

要因	平方和	自由度	平均平方	F値	有意水準
被験者	1314.93	44	29.88		
研修	524.93	2	262.47	23.40	$p<.01$
誤差	987.07	88	11.22		
全体	2826.93	134			

表5-29 3時点の保育者の資質・教養の向上に関する多重比較

研修前・研修直後・研修1ヶ月後の平均値比較			有意水準
研修前 (27.33)	<	研修直後 (32.07)	$p<.05$
研修前 (27.33)	<	研修1ヶ月後 (28.87)	$p<.05$
研修直後 (32.07)	>	研修1ヶ月後 (28.87)	$p<.05$

注:Bonferroniによる多重比較。
( ) 内の数字は平均値。

表5-30 3時点の読みあう状況・環境に対する配慮の平均値比較

	N	平均値	SD
研修前	45	263.78	28.73
研修直後	45	301.80	29.79
研修1ヶ月後	45	280.71	30.77

表5-31 3時点の読みあう状況・環境に対する配慮への効果

要因	平方和	自由度	平均平方	F値	有意水準
被験者	65764.85	44	1494.66		
研修	32663.04	2	16331.52	26.66	$p<.01$
誤差	53912.36	88	612.64		
全体	152340.26	134			

表5-32 3時点の読みあう状況・環境に対する配慮に関する多重比較

研修前・研修直後・研修1ヶ月後の平均値比較			有意水準
研修前 (263.78)	<	研修直後 (301.80)	$p<.05$
研修前 (263.78)	<	研修1ヶ月後 (280.71)	$p<.05$
研修直後 (301.80)	>	研修1ヶ月後 (280.71)	$p<.05$

注:Bonferroniによる多重比較。
( ) 内の数字は平均値。

⑥ 子どもの想像世界に対する理解

子どもの想像世界に対する理解21項目（読みあう活動に関する質問紙調査の質問項目Ⅱの96～116）に関して，保育者の認識や保育方法に対する研修の効果があるのかどうかを検証した。

まず，3時点における21項目の合計得点の平均値を算出し，表5-24に示した。研修前は平均値（標準偏差）＝66.11（12.11），研修直後は平均値（標準偏差）＝85.76（12.59），研修1ヶ月後は平均値（標準偏差）＝72.22（13.44）であった。

次に，一要因分散分析（3水準）を行い，その結果を表5-25に示した。分散分析の結果，3時点における有意な主効果（$F_{(2,88)}=34.96$, $p<.01$）が見られた。Bonferroniによる多重比較を行った（表5-26）。その結果，3時点の間に5％水準の有意差が見られ，研修効果があったことが明らかになった。研修直後と研修1ヶ月後を比較してみると平均値が下がっているものの研修前よりも研修1ヶ月後の平均値が高く，有意差も見られたことから研修の効果が保たれていることが明らかになった。

⑦ 保育者の資質向上・教養の向上

保育者の資質・教養の向上7項目（読みあう活動に関する質問紙調査の質問項目Ⅲの1～7）に関して，保育者の認識や保育方法に対する研修の効果があるのかどうかを検証した。

まず，3時点における7項目の合計得点の平均値を算出し，表5-27に示した。研修前は平均値（標準偏差）＝27.33（4.71），研修直後は平均値（標準偏差）＝32.07（3.91），研修1ヶ月後は平均値（標準偏差）＝28.87（3.70）であった。

次に，一要因分散分析（3水準）を行い，その結果を表5-28に示した。分散分析の結果，3時点における有意な主効果（$F_{(2,88)}=23.40$, $p<.01$）が見られた。Bonferroniによる多重比較を行った（表5-29）。その結果，3時点の間に5％水準の有意差が見られ，研修効果があったことが明らかになった。

表5-33　3時点の読みあう活動中の雰囲気づくりの平均値比較

	N	平均値	SD
研修前	45	19.88	3.19
研修直後	45	22.49	3.02
研修1ヶ月後	45	20.67	3.25

表5-34　3時点の読みあう活動中の雰囲気づくりへの効果

要因	平方和	自由度	平均平方	F値	有意水準
被験者	762.57	44	17.33		
研修	161.05	2	80.52	12.19	p＜.01
誤差	581.10	88	6.60		
全体	1504.72	134			

表5-35　3時点の読みあう活動中の雰囲気づくりに関する多重比較

研修前・研修直後・研修1ヶ月後の平均値比較			有意水準
研修前（19.88）	＜	研修直後（22.49）	p＜.05
研修前（19.88）	＝	研修1ヶ月後（20.67）	n.s.
研修直後（22.49）	＞	研修1ヶ月後（20.67）	p＜.05

注：Bonferroniによる多重比較。
　（　）内の数字は平均値。

表5-36　3時点の読みあう活動後の雰囲気づくりの平均値比較

	N	平均値	SD
研修前	45	31.24	4.15
研修直後	45	36.22	5.79
研修1ヶ月後	45	34.07	5.26

表5-37　3時点の読みあう活動後の雰囲気づくりへの効果

要因	平方和	自由度	平均平方	F値	有意水準
被験者	1427.73	44	32.45		
研修	560.84	2	280.42	11.74	p＜.01
誤差	2101.16	88	23.88		
全体	4089.73	134			

表5-38　3時点の読みあう活動後の雰囲気づくりに関する多重比較

研修前・研修直後・研修1ヶ月後の平均値比較			有意水準
研修前（31.24）	＜	研修直後（36.22）	p＜.05
研修前（31.24）	＜	研修1ヶ月後（34.07）	p＜.05
研修直後（36.22）	＝	研修1ヶ月後（34.07）	n.s.

注：Bonferroniによる多重比較。
　（　）内の数字は平均値。

研修直後と研修1ヶ月後を比較してみると平均値が下がっているものの研修前よりも研修1ヶ月後の平均値が高く，有意差も見られたことから研修の効果が保たれていることが明らかになった。

⑧　読みあう状況・環境に対する配慮

読みあう状況・環境への配慮69項目（読みあう活動に関する質問紙調査の質問項目Ⅵの1〜69）に関して，保育者の認識や保育方法に対する研修の効果があるのかどうかを検証した。

まず，3時点における70項目の合計得点の平均値を算出し，表5-30に示した。研修前は平均値（標準偏差）＝263.78（28.73），研修直後は平均値（標準偏差）＝301.80（29.79），研修1ヶ月後は平均値（標準偏差）＝280.71（30.77）であった。

次に，一要因分散分析（3水準）を行い，その結果を表5-31に示した。分散分析の結果，3時点における有意な主効果（$F_{(2,88)}=26.66$, $p<.01$）が見られた。Bonferroniによる多重比較を行った（表5-32）。その結果，3時点の間に5％水準の有意差が見られ，研修効果があったことが明らかになった。研修直後と研修1ヶ月後を比較してみると平均値が下がっているものの研修前よりも研修1ヶ月後の平均値が高く，有意差も見られたことから研修の効果が保たれていることが明らかになった。

⑨　読みあう活動中の雰囲気づくり

読みあう活動中の雰囲気づくり」5項目（読みあう活動に関する質問紙調査の質問項目Ⅵの70〜74）に関して，保育者の認識や保育方法に対する研修の効果があるのかどうかを検証した。

まず，3時点における5項目の合計得点の平均値を算出し，表5-33に示した。研修前は平均値（標準偏差）＝19.88（3.19），研修直後は平均値（標準偏差）＝22.49（3.02），研修1ヶ月後は平均値（標準偏差）＝20.67（3.25）であった。

次に，一要因分散分析（3水準）を行い，その結果を表5-34に示した。分

散分析の結果，3時点における有意な主効果（F$_{(2,88)}$=12.19，p＜.01）が見られた。Bonferroniによる多重比較を行った（表5-35）。その結果，研修前と研修直後，研修直後と研修1ヶ月後の時点の間に5％水準の有意差が見られた。しかし，3時点の読みあう活動中の雰囲気づくりの平均値を比較すると，研修前と研修1ヶ月後の平均値はほぼ同じであり，標準偏差にもほとんど差がないことから（表5-33），研修直後には研修効果があったものの研修1ヶ月後の効果はあまりなく，効果の持続性としては低いことが明らかになった。

⑩ 読みあう活動後の雰囲気づくり

読みあう活動後の雰囲気づくり」9項目（読みあう活動に関する質問紙調査の質問項目Ⅵの75～83）に関して，保育者の認識や保育方法に対する研修の効果があるのかどうかを検証した。

まず，3時点における7項目の合計得点の平均値を算出し，表5-36に示した。研修前は平均値（標準偏差）=31.24（4.15），研修直後は平均値（標準偏差）=36.22（5.79），研修1ヶ月後は平均値（標準偏差）=34.07（5.26）であった。

次に，一要因分散分析（3水準）を行い，その結果を表5-37に示した。分散分析の結果，3時点における有意な主効果（F$_{(2,88)}$=11.74，p＜.01）が見られた。Bonferroniによる多重比較を行った（表5-38）。その結果，研修前と研修直後，研修前と研修1ヶ月後の間に5％水準の有意差が見られ，研修効果があったことが明らかになった。研修直後と研修1ヶ月後を比較してみると平均値が下がっているものの研修前よりも研修1ヶ月後の平均値が高く，有意差も見られたことから研修の効果が保たれていることが明らかになった。

⑪ 読みあう活動と日常生活をつなげる

読みあう活動と日常生活をつなげる」28項目（読みあう活動に関する質問紙調査の質問項目Ⅵの84～111）に関して，保育者の認識や保育方法に対する研修の効果があるのかどうかを検証した。

まず，3時点における7項目の合計得点の平均値を算出し，表5-39に示

第5章　保育者研修プログラムの開発2

表5-39　3時点の読みあう活動と日常生活をつなげるの平均値比較

	N	平均値	SD
研修前	45	83.33	15.42
研修直後	45	112.36	19.39
研修1ヶ月後	45	94.16	19.89

表5-40　3時点の読みあう活動と日常生活をつなげるへの効果

要因	平方和	自由度	平均平方	F値	有意水準
被験者	23017.30	44	523.12		
研　修	19359.75	2	9679.87	38.03	p＜.01
誤　差	22396.92	88	254.51		
全　体	64773.97	134			

表5-41　3時点の読みあう活動と日常生活をつなげるに関する多重比較

研修前・研修直後・研修1ヶ月後の平均値比較			有意水準
研修前（83.33）	＜	研修直後（112.36）	p＜.05
研修前（83.33）	＜	研修1ヶ月後（94.16）	p＜.05
研修直後（112.36）	＞	研修1ヶ月後（94.16）	p＜.05

注：Bonferroniによる多重比較。
　　（　）内の数字は平均値。

表5-42　3時点の読みあう活動を家庭へつなげるの平均値比較

	N	平均値	SD
研修前	45	34.66	7.62
研修直後	45	47.80	11.02
研修1ヶ月後	45	36.91	11.81

表5-43　3時点の読みあう活動を家庭へつなげるへの効果

要因	平方和	自由度	平均平方	F値	有意水準
被験者	7238.77	44	164.52		
研　修	4446.17	2	2223.08	27.50	p＜.01
誤　差	7114.01	88	80.84		
全　体	18798.94	134			

表5-44　3時点の読みあう活動を家庭へつなげるに関する多重比較

研修前・研修直後・研修1ヶ月後の平均値比較			有意水準
研修前（34.66）	＜	研修直後（47.80）	p＜.05
研修前（34.66）	＝	研修1ヶ月後（36.91）	n.s.
研修直後（47.80）	＞	研修1ヶ月後（36.91）	p＜.05

注：Bonferroniによる多重比較。
　　（　）内の数字は平均値。

した。研修前は平均値（標準偏差）＝83.33（15.42），研修直後は平均値（標準偏差）＝112.36（19.39），研修1ヶ月後は平均値（標準偏差）＝94.16（19.89）であった。

　次に，一要因分散分析（3水準）を行い，その結果を表5-40に示した。分散分析の結果，3時点における有意な主効果（$F_{(2,88)}=38.03$, $p<.01$）が見られた。Bonferroniによる多重比較を行った（表5-41）。その結果，3時点の間に5％水準の有意差が見られ，研修効果があったことが明らかになった。研修直後と研修1ヶ月後を比較してみると平均値が下がっているものの研修前よりも研修直後および研修1ヶ月後の平均値が高く，有意差も見られたことから研修の効果が保たれていることが明らかになった。

⑫　読みあう活動を家庭へつなげる

　読みあう活動を家庭へつなげる」13項目（読みあう活動に関する質問紙調査の質問項目Ⅵの112～124）に関して，保育者の認識や保育方法に対する研修の効果があるのかどうかを検証した。

　まず，3時点における13項目の合計得点の平均値を算出し，表5-42に示した。研修前は平均値（標準偏差）＝34.66（7.62），研修直後は平均値（標準偏差）＝47.80（11.02），研修1ヶ月後は平均値（標準偏差）＝36.91（11.81）であった。

　次に，一要因分散分析（3水準）を行い，その結果を表5-43に示した。分散分析の結果，3時点における有意な主効果（$F_{(2,88)}=27.50$, $p<.01$）が見られた。Bonferroniによる多重比較を行った（表5-44）。その結果，研修前と研修直後，研修前と研修1ヶ月後の間に5％水準の有意差が見られた。さらに，3時点の読みあう活動を家庭へつなげるの平均値を比較すると，研修前から研修直後には研修効果があったが，研修前から研修1ヶ月のあまり研修効果がなかったことが明らかになった。しかし，研修前と研修1ヶ月後を比較してみると平均値が研修前と同じ位の値になっているが，研修前と研修1ヶ月後の標準偏差の値を比較してみると7.62から11.81へと変化しており

(表5-42)，平均値の有意差はないものの研修の効果が持続されている者とそうでない者がいることが示された。

（2）保育者研修プログラム第2版が導いた保育者の認識への効果
──研修1ヶ月後に持続した8つのカテゴリーの読みあう
活動のねらいや保育方法に対する認識

1）研修直後の結果に見る研修効果

3時点における読みあう活動のねらいや保育方法に関する質問紙調査をもとに，保育者研修プログラム第2版の効果測定を行った。

これらの結果から，詳細に各カテゴリーの研修前と研修直後の平均値を捉えてみると，「絵本の知識と技術の習得」「子どもの想像世界に対する理解」「読みあう状況・環境に対する配慮」「読みあう活動と日常生活をつなげる」「読みあう活動を家庭へつなげる」のカテゴリーにおける平均値の変化の割合が大きく，これらのカテゴリーに含まれる項目内容に関する研修の効果がより大きかったと考えられる。あるいは，これらのカテゴリーの項目内容について，参加者である保育者自身にとって研修前の時点では読みあう活動の中で取り組む意識が低い保育方法であったことから，研修で学びを深めることによって読みあう活動における保育方法への理解を深めた可能性も考えられる。

さらに，大幅な値の変化はなかったもののその他のカテゴリーにおいても研修直後の平均値が高くなっていた。

「保育者の子どもに対するねらいや願い」「子どもに対する保育者の気づきや関わり」「保育者の資質・教養の向上」「読みあう活動中の雰囲気づくり」については，研修前の平均値そのものが高い数値であり，保育者は研修前の読みあう活動においても日頃から配慮していたことが予測される。これら研修前から平均値が高いカテゴリーも研修直後の平均値がさらに高くなっていたことから，研修前よりも保育者の意識がさらに高まり，研修の効果があっ

たと言える。
 2） 研修1ヶ月後の結果に見る持続性への課題
　　――研修の適切性を把握するために必要とされる縦断的な研究
　研修前・研修直後・研修1ヶ月後における読みあう活動の保育方法に関する質問紙調査をもとに，研修前と研修直後と研修1ヶ月後の分析対象者45名の一要因分散分析（3水準）を行った結果，12カテゴリー全てに関して研修前と研修直後と研修1ヶ月後における1％水準の有意な主効果が認められた。この結果から，効果のある研修であったことが示された。
　さらに，Bonferroniによる多重比較をした結果，12カテゴリーそれぞれの研修前・研修直後・研修1ヶ月後の平均値に異なる効果が認められた。この効果を詳細に捉えていくと次のような5つのことが考えられる。
　第1に，45名のBonferroniによる多重比較においては12カテゴリー全てにおいて研修前と研修直後を比較した際には5％水準の有意差が認められた。このことから，研修直後においては研修の効果は高く，参加者が読みあう活動に対して新たな保育方法に関する認識を深めていたことが考えられる。
　第2に，45名のBonferroniによる多重比較において12カテゴリーの研修前と研修1ヶ月を比較した際，「絵本の知識・技術の習得」「読みあう時の保育技術」「保育者の子どもに対するねらいや願い」「子どもの想像世界に対する理解」「保育者の資質・教養の向上」「読みあう活動後の雰囲気」「読みあう状況・環境に対する配慮」「読みあう活動と日常生活をつなげる」の8つのカテゴリーにおいて5％水準の有意差が認められた。8つのカテゴリー全てにおいて研修前よりも研修1ヶ月後の平均値が高くなっており，研修の効果があったことが示され，保育者の読みあう活動に関する認識が深まり，その認識は持続していることが推察される。
　第3に，45名のBonferroniによる多重比較において12カテゴリーの研修前と研修1ヶ月を比較した際，「子どもと保育者，子ども同士の共感・共有」「子どもに関する保育者の気づきや関わり」「読みあう活動中の雰囲気づく

第5章　保育者研修プログラムの開発2

表5-45　「読みあう活動を家庭へつなげる」の質問項目

1. 絵本に関して保護者とのコミュニケーションをとる
2. 保護者に絵本を紹介する
3. 保護者に絵本を知ってもらうようにしている
4. 月刊絵本を家庭でも共有できるようにしている
5. 親子で絵本を読む時間を設定してもらうようにしている
6. 絵本の貸し出しをする
7. 保護者へおたよりを発行している
8. 保護者へ絵本のあらすじを紹介する
9. 絵本を読んでいる子どもたちの反応を紹介する
10. 絵本を読んだ子どもたちの反応から見所や裏話を紹介する
11. 絵本ノート（家庭での読みあう活動の日記）の活動を行う
12. 家で絵本を楽しむ様子ややりとりを記録してもらう
13. 家庭での読みあう活動について丁寧な記録をする

り」「読みあう活動を家庭へつなげる」の4つのカテゴリーにおいては有意差が認められなかった。このうち「子どもと保育者，子ども同士の共感・共有」「子どもに関する保育者の気づきや関わり」の2つのカテゴリーについては，研修前の平均値が高く，保育者自身が日頃の保育において配慮している保育方法であると予想されるものの，研修を行うことによってさらなる配慮をもって実践していく必要があると認識している保育者と認識していない保育者の両者がいたことが予想される。このため，今後，全ての参加者に効果のある研修を再検討する必要がある。

「読みあう活動中の雰囲気づくり」のカテゴリーについては，研修前から平均値が高く，保育者自身が日頃の保育において取り組んでいる保育方法であると予想された。しかし，本研究の結果から，研修を行うことによってさらに配慮をもって実践していこうという認識には至らなかったと考えられる。研修中には，保育者と子どもが読みあう前と読みあった後の子どもたちの様子に関する保育実践のビデオ映像を活用していたが，読みあう活動中のビデオ映像は活用していなかった。また，読みあう活動中の具体的な保育方法や配慮の説明は少なかった。このため，読みあう活動中の雰囲気づくりについ

ては研修の効果が少なかったのではないかと考えられる。

　さらに，研修1ヶ月後に効果が認められなかった「読みあう活動を家庭へつなげる」には，表5-45に示されるような項目が含まれている。これらの項目を詳細に捉えると，保護者に向けての具体的な働きかけが保育方法としてあげられており，保育で取り組む上では保育現場における明確なねらいと長期的な計画がなければならない項目が多い。このため，研修前の平均値も低かった。しかし，研修直後には平均値が高くなっていた。研修直後の参加者は，読みあう活動の保育方法として必要な保育方法であると認識していたと考えられる。しかし，研修1ヶ月後の認識の持続にまでは至っていなかったことが考えられる。

　第4に，45名のBonferroniによる多重比較において12カテゴリーの研修直後と研修1ヶ月を比較した際，「読みあう活動後の雰囲気づくり」以外の11カテゴリーにおいて5％水準の有意差が認められた。この結果，その11カテゴリーすべてにおいて研修1ヶ月後には平均値が下がっていたことが示された。この結果により，研修直後は具体的な読みあう活動の保育方法への認識は深まったものの，研修の効果が持続されていなかったことが予想される。しかし，その一方，前述したとおり，研修前と研修1ヶ月を比較した際には，「絵本の知識・技術の習得」「読みあう時の保育技術」「保育者の子どもに対するねらいや願い」「子どもの想像世界に対する理解」「保育者の資質・教養の向上」「読みあう活動後の雰囲気」「読みあう状況・環境に対する配慮」「読みあう活動と日常生活をつなげる」の8つのカテゴリーにおいて5％水準の有意差が認められていたことから，研修直後の認識を持続させながら，保育実践で取り組んでいるもしくは取り組もうとしている経過であることも考えられる。

　第5に，45名のBonferroniによる多重比較において12カテゴリーの研修直後と研修1ヶ月を比較した際，「読みあう活動後の雰囲気づくり」の有意差は認められなかった。この結果により，研修前から研修直後に「読みあう

第5章　保育者研修プログラムの開発2

活動後の雰囲気づくり」の保育方法への認識を深め，研修で学んだことに対する認識を持続し，保育実践に活かしている可能性があることが推察される。

　以上，5つのことから保育者研修プログラム第2版に関して，次のような課題があると考える。保育者研修プログラム第2版は読みあう活動の保育実践に取り組む保育者にとって適正な研修であることが明らかになったが，より縦断的に研修の効果を検討していく必要がある。保育者の保育実践は，日々の積み重ねによって取り組まれるものであり，その中で保育方法の質も高めていくものである。このため，研修で習得した知識や技術も研修参加者への縦断的な調査の中，認識の変化だけではなく保育実践がどのように変化していくのかを捉えていく必要がある。

　また，研修直後から研修1ヶ月の平均値が下がっていた。研修直後に深められた保育者の読みあう活動の保育方法に関する認識を持続させて保育実践につなげていくためにも，単発で終了する研修だけでなく，カテゴリーごとの詳細な研修プログラムの開発や継続的に知識や技術を積み重ねられる段階的な学習の研修プログラムの開発が必要であり，今後の課題であると考える。

第6章 絵本を通した相互作用を実現させるために
―― 読みあう活動のための実践モデルの構築に向けて

1 各研究のまとめ

本書における研究により、明らかになった点を以下にまとめる。

本研究における問題の所在と目的を明確にするため、国内外における読みあう活動や保育者研修の現状と研究動向を概観した。国内の読みあい及び読みあう活動の歴史的な変遷を辿っていくことによって、読みあいや読みあう活動の意義が時代によって変化していることが明らかになった。家庭や保育現場などにおいて、大人から子どもへ読み聞かせるといった与え、与えられる関係性を意味する活動であった読みあいや読みあう活動が、子どもと大人が互いに楽しみあうという感情や行動を共有することを意味する活動があることを記す文献が増加していた。さらに文献に記されるだけでなく、ブックスタートなど、赤ちゃんと大人が絵本を共有する時間をつくることを目的とした活動も広がっていた。現在、国内における読みあいおよび読みあう活動は、絵本を読んだ時間だけでなく、読んだことを共有して互いの関係性を築く時間という意義を意味していることが明らかになった。

さらに、家庭や保育現場における読みあう活動の先行研究から、国内においては、保育実践書や保育実践の数事例を取り上げた研究が多いことが明らかになった。一般の保育現場における子どもの読みあう活動の実態や保育者がどのように保育のねらいや保育方法をもって、読みあう活動を展開しているのかについて分析した研究は未だ乏しかった。

研修についても、先行研究から国内における保育学領域の研究における研

修プログラムの開発・実践・評価の研究は非常に少なかった。『保育所保育指針』の「職員の資質の向上」で示されるように，研修実施は園内や園外で数多く取り組まれている。文部科学省委託事業「幼児教育の改善・充実調査研究」を受けて，ベネッセ次世代育成研究所が『保育者研修の進め方ガイド』(2011) を作成しているように，保育現場は，保育者研修のテーマや内容，方法，企画の仕方などの情報を必要としていた。

このような状況からも，読みあう活動における保育者のねらいと保育方法を明確にして，保育者の絵本を読みあう活動に関する保育者研修プログラムの開発に関する実証的研究を行うことは，保育者の資質向上に向けて必要であることが明らかになった。

第2章では，「保育現場の読む活動における保育者のねらいや保育方法」と「読みあう活動の保育技術・能力に関する関連要因」を明らかにするために保育者に対して質問紙調査を行った。

この研究結果より，保育者は読む活動中の相互の関係性を重視してコミュニケーションを取り，読む活動の前から後にかけての子どもの状況に理解をはかりながら，その状況に応じた支援をしている。また，読む活動における子ども一人ひとりの成長・発達に即した保育方法に取り組んでいることが明らかになった。さらに，読む活動に対する保育方針・ねらい・指導計画を持って，読む活動と日常生活のさまざまな子どもの活動や経験をつなげていることが明らかになった。

さらに，筆者は全国のなかで読みあう活動に取り組んでいる保育所の保育者を選定し，どのように読みあう活動を取り組んでいて，活動を行う上でどのような配慮ををしているのかを明らかにした。具体的には，保育者は読みあう活動において，絵本および読みあう活動の知識や保育技術を身につけ，子どもに関する理解と支援を行い，日常から保育者としての資質・教養の向上をはかり，読みあう活動に関するねらいや保育計画・環境設定をしていた。

これらの結果から，保育者は読みあう活動に関するねらいや保育計画，環

境設定をし，読みあう活動の保育技術を身に付け，読みあいの前・中・後における子どもを理解しながら状況に応じた支援を行っていることが明らかになった。これに加え，読みあう活動に取り組む保育者は，読みあう活動において子どもに関する理解と支援と読みあう活動に関するねらい・保育計画・環境設定を特に配慮していることが明らかになった。

　第3章の研究では，絵本や読みあう活動の研修に対する保育者のニーズを明確化するために質問紙調査を行った。この結果，主に20-29歳を中心に保育実践に伴う保育技術（運動遊び，手遊び・歌遊び，パネルシアター，音楽遊び，絵本，伝承遊びなど）の研修のニーズが高いことが明らかになった。この保育技術に関する研修とともに，20-29歳ならびに30-39歳の保育者については「保育の中の遊びの援助」「保育における環境構成」などの保育方法に関する研修ニーズが高かった。

　初任・中堅の保育者が必要としている研修には，保育技術の研修内容とともに「保育の中の遊びの援助」「保育における環境構成」「子どもとのかかわり方」「子どもの発達に関する理解」の研修を必要としている保育者が多いことも確認された。この結果から，それぞれのテーマによって研修を開催するのではなく，それぞれの保育技術研修では前述した保育者が必要としている研修を関連させ，総合的に学ぶことができる研修プログラムを構築することが必要であることが明らかになった。

　さらに，絵本を読みあう活動の研修に対する保育者のニーズは，「絵本の読み方（声の出し方，ペース，ページのめくり方，絵本の持ち方，絵本の見せる位置）」「活動の具体的な展開方法（活動の時間設定，日常の保育の中への活動の取り入れ方）」「導入の方法」「環境設定の方法」などの主に絵本を読みあう時に必要な保育技術の研修が最も高かった。これに続いて，「絵本の紹介や選び方」に関する研修ニーズも高かった。この結果，保育者が必要とする研修の約8割は，「読みあう活動時の保育技術」や「絵本の紹介及び選び方」であった。さらに，「日常の保育とのつなげ方」「実践事例を取り上げた研修」

「保育に対するねらいや子どもの育ちへの効果」「日常の行事とのつなげ方」「気になる子を交えた活動展開」などに関する研修のニーズがあることが確認された。これらは，保育における実践のなかでどのように読みあう活動を展開することが必要なのかについての研修内容である。保育のなかでは，どのように絵本を活用し，読み，保育を展開していくのかを日常の保育では行っており，実践力を身につけていきたいという保育者のニーズがあることが明らかになった。

　第4章の研究では，読みあう活動に関する保育者研修プログラム第1版の作成後，研修を実施し，参加者の振り返りシートの回答から，研修の評価を行った。この結果，第1版で作成したプログラム「子どもに関する理解と支援，保育計画中心型」と「絵本・読みあう活動の知識と保育技術中心型」の2パタンとも研修の理解度や満足度は高かったが，特に読みあう活動の知識と保育技術を中心としたグループ学習の多い研修の研修に対するニーズが高いことが明らかになった。さらに，プログラム第1版の改善点としては，「時間配分の改善」「研修内容の改善」「研修の実施パタンの改善」「グループ学習の改善」「自己の振り返り時間の設定」の5点があることが明らかになった。この5つの改善点から，研修プログラム第1版の内容を検討し，プログラム第2版を作成した。

　第5章の研究では，読みあう活動の保育者研修プログラム第2版を実施し，参加者の振り返りシートの回答から，研修の評価を行った。この結果，プログラム第2版の理解度や満足度は高かった。さらに，参加者の回答を具体的に捉えると，以下5点が明らかになった。

　第1に，子ども理解と支援について，プログラム第1版よりも第2版の方が，読みあう活動時の子どもの気持ちや行動における成長・発達の理解，読みあう活動が子どもたちに与える影響の理解度が深かった。第2に，グループ学習の取り組みから，読みあう活動の保育実践により子どもにどのような影響が与えられ，読みあう活動の体験がなぜ子どもの成長・発達において効

果があるのかについて，参加者が明確に理解できていた。第3に，プログラム第1版よりもプログラム第2版の方が，読みあう活動の意義に対する深い理解や興味・関心が深まっていた。第4に，プログラム第1版よりもプログラム第2版の方が，絵本や読みあう活動の知識や保育技術の理解が深まっていた。第5に，自己の振り返りに関する回答が少なかった。

さらに，筆者が作成した読みあう活動のねらいや保育方法の質問紙を用いて研修の効果を分析し，プログラム第2版の適切性の検証を行った。この結果，読みあう活動の保育者研修プログラム第2版は，参加した保育者にとって効果的な研修であることが明らかになった。具体的には，研修直後においては，研修前よりも参加者の読みあう活動のねらいや保育方法の認識が高くなり，研修の効果があると実証された。また，研修前と研修1ヶ月後を比較してみると，質問項目12カテゴリーのうち，8カテゴリーにおいては，研修前よりも研修1ヶ月後の平均点が高く，研修の効果が持続していることが明らかになった。しかし，研修直後と研修1ヶ月後において比較すると，すべての質問項目において平均値が下がっていた。

2 総合的考察

本書の研究では，保育現場において読みあう活動に関する保育者研修プログラム開発は必要とされているものであり，この研修プログラムを実施することで保育者の保育の質を向上させることは有効であるという仮定した。この仮定に基づき，保育現場における読みあう活動の保育のねらいや保育方法，研修に対する保育者のニーズを明らかにし，読みあう活動の保育者研修プログラムの開発を行い，このプログラムの適切性について検証した。この検証結果から，以下に，読みあう活動に対する保育者のニーズを捉えた研修プログラムの条件とそのプログラム開発の有効性について考察する。

本書の研究から保育現場において読む活動に取り組んでいる保育者は，子

どもの様子を読み取り，その状況に応じた保育者の言葉かけや働きかけによって相互の関係性を重視し，発達に即した保育方法で取り組んでいることが明らかにされた。特に，筆者の考える読む活動の中でも子どもの育ちにより よい効果を与えている読みあう活動に取り組む保育者においては，読みあう活動の中で保育者は子どもの様子を読み取り，その状況に応じた保育者の言葉かけ，語りかけ，働きかけによって相互の関係性を重視し，発達に即した保育方法を取り組んでいること，読みあう活動と日常生活および家庭をつなげる保育計画・環境設定をしていたことが明らかにされた。さらに，日常の保育で読みあう活動に取り組む保育者は，子どもに関する理解と支援及び読みあう活動に関するねらい・保育計画・環境設定に特に配慮しながら保育に取り組んでいることが明らかにされた。

これら研究にて明らかにされたことは，仲本ら（2011）と白石ら（2011）の研究によって明らかにされた「保育者が読みあう活動に保育方針・ねらい・指導計画を持って，保育者と子どもが読みあう活動の主体となり，相互に感情や行動を共有しながら，日常の保育におけるさまざまな活動がつながる保育を展開していること」を裏づけるものであった。同様に，高橋・首藤（2007）の研究においても「保育のねらいや指導計画を立てることで，集団で「読み聞かせ」を意図的・計画的に実践することが必要であること」が言及されていたが，それを裏付けるものであったと言える。

仲本ら（2011）や白石ら（2011），高橋・首藤（2007）の研究はあくまでも1～2事例の読みあう活動や「読み聞かせ」の保育実践の分析から提言されていたことに過ぎず，本研究として読む活動の実践に取り組む605名の保育者と読みあう活動に取り組む236名の保育者における保育実践に関する質問紙調査から明らかになったということは，一般的な保育者の読みあう活動の保育実践の方法を実証できたと言える。

そして，読みあう活動の研修に対する保育者のニーズについて，絵本や読みあう活動の研修に対する保育者のニーズは20-29歳の保育者を中心として

第6章　絵本を通した相互作用を実現させるために

高いこと，ならびに絵本や読みあう時の保育技術の研修に対するニーズ高いことが明らかにされた。また，20-29歳および30-39歳の保育者については「保育の中の遊びの援助」「保育における環境構成」などの保育方法に関する研修のニーズの高さが表れていた。

　公益財団法人全日本私立幼稚園幼児教育研究機構の『研修ハンドブック』(2008) や研修に関する先行研究，さらには各種団体開催の研修においても，保育技術に関する研修については新任者の研修として位置づけられていることが多い。また，具体的な子どもの理解や関わり，援助方法，環境構成など直接的な子どもとの関わりを必要とする保育に関連する研修は，新任から中堅の保育者に位置づけられる傾向にある。

　現在，各種団体で開催されている研修においては絵本の紹介や選び方，読む方法というように，絵本の知識や読みあう時の保育技術に関する研修が大半である。しかし，本研究の結果から，実際に読みあう活動に取り組む保育者は子どもに関する理解と支援および読みあう活動に関するねらい・保育計画・環境設定に特に配慮しながら保育に取り組んでいる。このことを考えると，単に絵本や読みあう活動の知識や技術のみの研修では，最適な読みあう活動の保育の質の向上は得られないことが予想される。このことは，保育者の読みあう活動の保育実践の質の向上につながるための保育者研修プログラムの開発の必要であることを示唆するものである。

　実際に，小川 (2010) が言及するように，今後の保育専門領域の研究における研修プログラムは，未だ開発が少ない現状にある。それゆえに，やはり読みあう活動の保育者研修プログラムもまた，未開発である。プログラムが未開発どころか，実情の保育者にあった読みあう活動における保育者のねらいや保育方法を学ぶ研修にも至っていなかった。従って，本研究で実際の保育者の読みあう活動におけるねらいや保育方法から読み解き，研修プログラムを開発することが今こそ必要であったことは明確である。

　以上の研究から得られた知見と先行研究によって得られた見解を総合して

```
┌─────────────────────────────────────────────────────┐
│ ① 絵本や読みあう活動の知識・保育技術                    │
└─────────────────────────────────────────────────────┘
                         ＋
┌─────────────────────────────────────────────────────┐
│ ② 子どもの理解と支援                                  │
│    子どものかかわり方，子どもの発達への理解，絵本を楽しむ子ども，保育に │
│    対するねらいや子どもたちの育ちへの効果など            │
│ ③ 保育者のねらいと指導計画および日常生活とのつながり      │
│    保育における環境構成，日常の保育とのつなげ方，絵本を与える際の教育的 │
│    視点，日常の行事とのつなげ方など                     │
└─────────────────────────────────────────────────────┘
```

図6-1 保育者のニーズを捉えた絵本や読みあう活動の研修内容

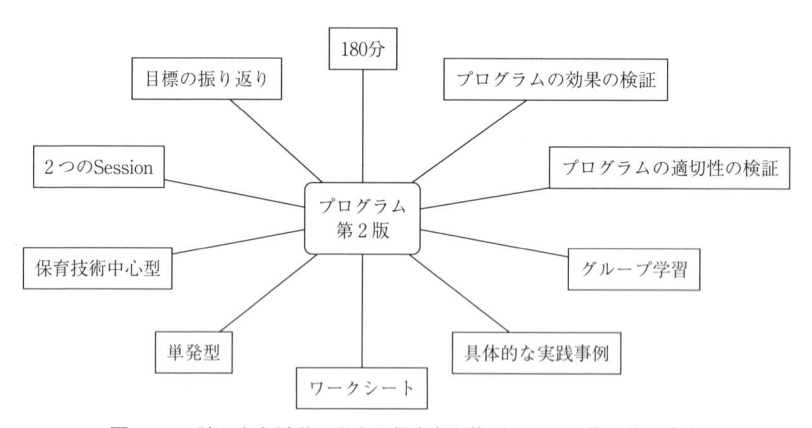

図6-2 読みあう活動に関する保育者研修プログラム第2版の内容

中心：プログラム第2版
周囲：180分／目標の振り返り／2つのSession／保育技術中心型／単発型／ワークシート／具体的な実践事例／グループ学習／プログラムの適切性の検証／プログラムの効果の検証

整理したことによる読みあう活動に関する保育者のニーズを捉えた研修は，図6-1のとおりであった。さらに，この読みあう活動に関する保育者のニーズを捉えた研修をもとに，先行研究によって保育者研修において必要とされていることに関する見解と統合して，本研究では最終的に読みあう活動における保育者研修プログラム第2版を作成した（図6-2）。

読みあう活動に関する保育者研修プログラム第2版の研修としては，図6-1の研修内容にふまえ，かつ以下3つのことに配慮してプログラムを開発

し，その効果を検証した。第1に，保育者にとってより最適な研修方法で実施することにあった。第2に，研修内容として保育者の読みあう活動の知識と保育技術だけでなく，具体的な実践事例を取り上げることによって読みあう活動における子どもに関する理解と支援および読みあう活動に関するねらい・保育計画・環境設定を理解させることにあった。第3に，グループ学習の設定によって，実践的な研修を実施するだけでなく，参加者が互いの意見や情報を交換しながら日常の読みあう活動の保育実践の見直しを促すことにあった。

　第1の保育者にとってより最適な研修方法で実施することについては，プログラム第1版の実施後，240分の研修時間の設定に対する改善が必要となり，検討した。この検討結果により，半日で実施可能な180分という時間設定が最適であることが明らかにされた。これは，岸井（2011）が現状で実施されている研修について指摘した「実効的な園内研修を積極的に行っている園もあれば，園によっては研修時間の確保や研修の進め方に悩んでいる実態もある」という問題に対して，研修時間の確保の仕方に関する一つの改善策になったと言える。

　第2の研修内容として保育者の読みあう活動の知識と保育技術だけでなく，具体的な実践事例を取り上げることによって読みあう活動における子どもに関する理解と支援および読みあう活動に関するねらい・保育計画・環境設定を理解させることについては，プログラム第2版の研修後に実施した評価から次のようなことを言及することができる。

　プログラム第2版の研修の適切性を検証するため，参加者に対して研修前と研修直後と研修1ヶ月における12カテゴリーの読みあう活動における保育のねらい保育方法に関する質問紙による評価を実施した。研修直後の参加者にとっては，読みあう活動の保育のねらいや保育方法に関する認識の向上に効果的なものであることを示していたことが明らかにされた。研修1ヶ月後の参加者にとっては，読みあう活動の保育のねらいや保育方法に関する認識

の向上に効果的なものであることを示していたことが明らかにされた。一部のカテゴリーに関しては，読みあう活動を実践できる力量の形成につながる研修内容の再検討が必要であるものの，全体的には読みあう活動の保育者研修プログラムとして適切性があったと言える。特に，研修直後の読みあう活動の保育のねらいや保育方法に対する認識の変化があったということは，読みあう活動の保育を実践していく上で，自らの課題を発見しようとする視点を持って日々の保育を振り返ることができたことが予想される。

　さらに，実践事例を通した学習を研修内容に含ませた点で言えば，ベネッセ次世代研究所は，2010（平成22）年に文部科学省委託事業「幼児教育の改善・充実調査研究」を実施した結果から，『保育者研修の進め方ガイド』(2011) を作成した。次のようなことが考えられる。本ガイドでは，都道府県や市区町村で，幼稚園や保育所等の園長・所長や保育者を対象に研修を行う職員のために，研修計画の立案・実施する上での考え方や工夫等をまとめている。研修の計画・実施方法だけでなく，研修を実施する上で研修の内容やねらいに応じた研修方法が必要であることを明示し，そのなかの有効な手法の一つとして「ビデオカンファレンス」「保育観察」等を提案している。

　これらの提案にもみられるように，保育者の研修には，具体的なモデルとなる映像資料によって自らの読みあう活動の保育実践や考えに対する情報交換・意見交換が必要不可欠であり，だからこそ，プログラム第2版の研修にて実践事例を取り上げたことやこの際にビデオや写真などの資料を使用したことは効果的な研修であったと考えられる。

　第3に，グループ学習の設定によって，実践的な研修を実施するだけでなく，参加者が互いの意見や情報を交換しながら日常の読みあう活動の保育実践の見直しを促した。研修後には，参加者から学習時間の増加の要望があった。このことから，必要な学習形態であったことは明確である。これは，読みあう活動の研修に限ったことではない。大豆生田 (2011) が，保育の質を高めることを検討する上で不可欠な視点の一部として，「語り合うこと」「育

ち合いが生まれる体制や風土の形成」を挙げている。研修という場におけるグループ学習を通して，そのような時間や風土を園内につくることが必要とされている。

さらに，グループ学習では自らの課題を見つけだす視点を持ち，今後に必要な知識や力量が何かについて省察する力となることも予想される。同じく，大豆生田（2011）は，先行研究などから保育の質を高めることを検討する上で不可欠な視点の一つとして，「保育を省察すること」を挙げている。実際に，本研究のプログラム第1版とプログラム第2版の研修参加者は，どちらにおいても研修後の振り返りシートにおいて多くの「自らの振り返り」の回答を寄せていた。自らの保育を省察することができる研修であったことは明確である。

以上の理由から，本研究にて開発した読みあう活動に関する保育者研修プログラム第2版は，読みあう活動における保育の質を向上させるためのプログラムとしては適切性なものであり，読みあう活動に取り組む保育者にとって有効な研修であると言える。

3　今後の研究展開

（1）質の高い保育者研修プログラム作成を目指すために
1）保育者の読みあう活動の質を高める研修プログラムについて

本研究では，保育者が実際に取り組んでいる読みあう活動の保育のねらいと保育方法と保育者の研修に対するニーズを明らかにして，保育現場の実情に応じた読みあう活動の保育者研修プログラムを作成した。この研究は保育者の実情に即した研修プログラムの構築を目指す上では効果的な研修であったと結論づけることができたものの，現状の保育現場で取り組まれている読みあう活動の質をより高めるための研修であったとは言い切れないものがある。なぜなら，子どもの育ちにより効果的な読みあう活動を展開していくた

めには，読みあう活動が子どもの成長・発達を支える上でどのような効果があるのか，さらに保育者のどのような読みあう活動の展開がより子どもの成長・発達により効果的であるのかということを明確にしなければ，保育者の質を高めるための読みあう活動の保育者研修を展開したとは明言できないからである。このためには，どのような保育者のねらいや保育方法が子どものどのような成長・発達を支えていくのかを明確にする研究が必要である。

　先行研究では読みあう活動が子どもたちの成長・発達に与える影響が横断的な研究によって明らかにされている部分があるものの，国内では縦断研究によって後の子どもたちにとってどのような効果があるのか，同様に縦断的な研究によって保育者の保育のねらいや方法を子どもの発達に応じてどのような保育を展開することが必要なのかについては明らかにされておらず，本研究においてもそのような研究に取り組むまでには至らなかった。保育者のねらいや保育方法は常に一定のものではなく，子どもの年齢，生活環境，さまざまな経験の度合いによって違いが現れるものであるとともに，保育者自身の保育経験年数によっても違いがあるであろう。そういう意味では，保育者の読みあう活動の研修もその違いによって細分化したプログラムが必要である。

　今後の研究課題としては，これらの縦断的かつ多面的な視点からの読みあう活動の研究に着手して保育としての質の高い読みあう活動を明らかにし，その結果から読みあう活動に関する保育者研修プログラムを構築していくことが必要である。

　2）　研修1ヶ月後の効果について

　研究7の結果から，研修前と研修1ヶ月後の平均値のうち，「子どもと保育者，子ども同士の共感・共有」「子どもに関する保育者の気づきや関わり」「読みあう活動中の雰囲気づくり」「読みあう活動を家庭へつなげる」の4カテゴリーについては有意な差がなく，参加者の保育のねらいや保育方法に変化がほとんどなかった。さらに，研修直後から研修1ヶ月後の平均値を比較

した結果,「読みあう活動後の雰囲気づくり」以外の11カテゴリーにおいて平均値が低くなっており,研修直後の認識は継続した形で研修直後から研修1ヶ月後の保育実践につながらなかったことが明らかになった。その一方,大半のカテゴリーにおいて,研修前よりも研修後の保育者のねらいや保育方法の平均値が高くなっていることから,学んだことに認識を深め,保育で実践している過程にあるという捉え方もあるが,そのような保育者ばかりではない可能性も高い。これらの結果は,研修1ヶ月後の研修効果としては,読みあう活動の保育者研修プログラムの適切性が実証できなかったところであり,その理由を再度検討しなければならない。研修1ヶ月後のみならず,研修3ヶ月後,半年後などのように継続した研修効果の検証が必要である。

(2) 保育者の保育実践とともに読みあう活動の保育者研修プログラムを構築する

今回の研究結果と上述した研究の限界をふまえ,読みあう活動に関する保育者研修プログラムの開発の研究を今後も継続すべきであると考える。

今後の課題として,研修を実施するなかで読みあう活動の意義の普及として,読みあう活動がどのように子どもの育ちに効果的な活動であるのかについて保育者の理解を深めていかなくてはならない。このためにも,読みあう活動が子どもの育ちに与える効果に関する研究に着手する必要がある。このことにより,どのような保育方針をもつ保育現場であっても,子どもの育ちにおいて重要な活動であるということが明確となり,研修を受けることの意義を見出し,研修を受けた後も実践する保育者が増える可能性がある。

また,保育者が勤めている保育所や幼稚園の実践につなげて,実践してみようと参加者が考えられる研修を提供していかなくてはならない。そのためには,まず,第2章にて明らかにした表2-4にあげた読みあう活動における保育者のねらいや方法の12カテゴリーそれぞれの実践事例を調査研究してさらにカテゴリーごとの質の高い保育のねらいと保育方法を明確にしていく

必要がある。その結果から12カテゴリーごとの研修プログラムを開発し、研修を必要としている保育現場で研修を実施する必要もある。本研究では、読みあう活動のねらいや保育方法の広範的な研修を実施したに過ぎない。読みあう活動の保育者のねらいや保育方法を細分化した研修プログラムを開発し、保育現場のニーズに合った研修を提供することは、保育者の保育実践につながる可能性がより高くなると考える。

　さらに、読みあう活動の知識や技術を習得する継続的及び段階的な研修プログラムの構築が必要である。継続的及び段階的な研修を提供することにより、保育者のニーズや経験年数によって読みあう活動に関する保育者研修を選択していくことが可能となる。しかも、それが段階的に知識や技術の高まる研修にしたならば、保育の質の向上にもつながる。実際に、研修によって保育の質の向上しているのかについて明らかにするためにも、研修実施後には必ずその研修の効果を検証いくことも必要である。

　第5章の研修の効果に関する検証において12カテゴリーの研修前、研修直後、研修1ヶ月後の平均値の比較における標準偏差の結果から、一部のカテゴリーにおいて研修効果のあった保育者と効果のなかった保育者が存在することが明らかになった。それぞれの保育者のどのような要因によって研修の効果があるのかもしくは効果がなかったのかについても今後検証し、保育者の背景に即した研修プログラムの開発も必要である。

　これらの研究によって、読みあう活動の保育者研修モデルを構築していきたい。

あ と が き

　本書は，2014（平成26）年3月に筑波大学より博士（学術）の学位を授与された「読みあう活動に関する保育者研修プログラムの開発」を基に刊行したものです。

　本書の研究をまとめるにあたり，多くの方々にご指導とご協力をいただきました。まず，博士課程への進学を考えはじめた時期から4年間にわたり丁寧にご指導いただき，私にエビデンスに基づいた研究の基礎を与え，研究を常に支援してくださった徳田克己先生，研究全般にわたるご指導のみならず暖かな励ましや助言を常に与え続けて下さった水野智美先生に深くお礼を申し上げます。お二人の先生のあたたかなお力添えなくしては，この3年間における研究の道は歩めておりませんでした。研究に行き詰まり足踏みする度にかけて下さる一つひとつのご助言は，研究を進めるための次の一歩を踏み出させてくださるものでありました。

　論文審査委員であった飯田浩之先生には論文に何度も目を通していただき，幅広い視点からご指導・ご助言をいただきました。また，ご多忙のなかで何度となくお時間をいただきご指導・ご助言をいただいただけでなく，子どもの育ちにおける絵本の読みあいの重要性について期待を寄せていると語って下さったことは，研究に向けての大きな励みとなりました。深い感謝とともに，先生からいただきましたことを心の糧として，研究を発展的に進めていきたいと思っております。同じく論文審査委員であった鈴木みゆき先生には論文を細やかに捉えていただき，医学および保育学分野の専門的知見をふまえた多くのご指導・ご助言をいただきました。特に，研究の質という点では，問題・課題として先行研究の捉え方から根拠に基づいた研究結果を導きだす

に至るまでいかに信頼性・妥当性のある研究に取り組むことが重要であるのかをご教示いただきました。

本書を完成させることができたのは徳田克己先生をはじめとして，水野智美先生，飯田浩之先生，鈴木みゆき先生のご指導のおかげです。心からお礼申し上げます。

学士および修士課程までは，北海道教育大学函館校の藤友雄暉先生のご指導を受け，研究の進め方や論文の書き方の基礎をご教示いただきました。何事にも真摯に取り組み，実証していく姿勢を意識できたのは藤友研究室で素晴らしい院生仲間とともに勉強することができたからだと心から感謝しております。

また，保育者研修プログラムを作成するにあたり，インタビュー調査や保育実践の観察調査に応じていただきました清心保育園の境目操先生，竹田智恵子先生，伊東生野先生。まどか保育園の樋口正春先生，宇野直樹先生。石神井町さくら保育園の有馬聡子先生。真生保育園の内山弘之先生。保育者である皆様が語る言葉や保育実践から，多くのことを学ばせていただきました。研修の調査に応じていただきました千葉市民間保育園協議会，千葉市幼稚園協会，東京児童協会，子ども支援研究所，八重瀬町法人園長会，社会福祉法人すずみ会，自治体労働組合千葉県保育部会の保育者の皆様。全国の読みあう活動にお取り組みの保育者の皆様など，多くの方々に本研究の調査にご協力をいただきました。深く感謝致します。

本書の研究の遂行にあたり常に私を支えてくださった生活支援学研究室の皆様には，多くの支援をしていただきました。富山大学の西館有紗先生，宝塚大学の石上智美先生，東京未来大学の西村美穂先生，目白大学の安心院朗子先生，名桜大学の金城やすこ先生，東海大学の吉岡尚美先生，四天王寺大学の小川圭子先生，貞静学園短期大学の小野聡子先生，さぬき福祉専門学校の阿部忍先生，新潟大学の真家年江先生，ふじおか動物病院院長の今坂修一先生，浜松医科大学の坪見利香先生，群馬医療福祉大学の八幡眞由美先生，東京学芸大学の吉田伊津美先生，和洋女子大学の島田由紀子先生，土浦市立

あとがき

斗利出小学校の白石晴香先生，荒川区立第二東日暮里保育園の吉田映理子先生，高槻市立第二中学校の小野綾花先生，子ども支援研究所の大越和美さん，枝野裕子さん，本当にありがとうございました。

　拙いながらもこれから少しでも皆様のお力添えになれるように精進していきたいと思います。今後ともどうぞよろしくお願いいたします。

　多くの方々にご支援いただきながら，完成させることができた本書であると感謝致しております。ご指導，ご協力いただいたすべての方々に心より感謝申し上げます。

　皆様にご協力いただいた本書の研究が今後，読みあう活動に取り組む保育者の支援に寄与し，発展することを願い，さらに気持ちを新たにして研鑽していきたいと思います。

　本書は，平成26年度淑徳大学総合福祉学部研究叢書出版助成金により刊行されたものです。このような機会を与えていただきました大乗淑徳学園理事長長谷川匡俊先生，執筆に励ましを下さった淑徳大学学長足立叡先生，総合福祉学部長佐藤俊一先生，教育福祉学科長加藤哲先生，元教育福祉学科長榎沢良彦先生をはじめ，淑徳大学教職員全ての皆様に心より感謝申し上げます。淑徳大学総合福祉学部の浅倉恵子先生には本書の草稿に細やかなお目通しとアドバイスをいただきました。そのお力添えに感謝しております。そして，常に私の研究生活を温かく支え，励まし続けてくれている夫・昌樹と父・薫，母・留美子，叔母・伊保子，義父・昌也，義母・瞳，義妹・弥生に深く感謝しています。

　最後に，本書の出版を快くお引き受けいただき，また，執筆内容の相談や校正などについてご尽力いただきましたミネルヴァ書房の音田潔氏に心からの感謝の意を捧げたいと思います。

2015年3月

仲本美央

引用文献

Aboud, F. E. (2006) Evaluation of an early childhood preschool in rural Bangladesh. *Early Childhood Research Quarterly*, 21, 46-60.
Achenbach, T. M. (1991) *Manual for Child Behavior Checklist/ 4-18 and 1991 Profile*. Burlington, VT: University of Vermont, Dept. of Psychiatry.
足立幸子(2007)PISA型読解力育成を目指す読書指導教員研修プログラムの開発,全国大学国語教育学会発表要旨集, 112, 141-144。
秋田喜代美(1998)『読書の発達心理学 子どもの発達と読書環境』,国土社。
秋田喜代美(2009)国際的に高まる「保育の質」への関心——長期的な縦断研究の成果を背景に〈http://berd.benesse.jp/berd/center/open/berd/backnumber/2008_16/fea_akita_01.html〉,最終閲覧日2013年5月。
秋田喜代美・増田時枝(2009)『絵本で子育て——子どもの育ちを見つめる心理学』,岩崎書店。
秋田喜代美・無藤隆(1996)幼児への読み聞かせに対する母親の考えと読書環境に関する行動の検討,教育心理学研究, 44(1), 109-120。
秋田喜代美・佐川早季子(2011)保育の質に関する縦断的研究の展望,東京大学大学院教育学研究科紀要, 51, 217-234。
秋田喜代美・箕輪潤子・高櫻綾子(2007)保育の質の展望と課題,東京大学大学院研究紀要, 47, 289-305。
秋田喜代美・横山真貴子・ブックスタート支援センター(2002)ブックスタートプロジェクトにおける絵本との出会いに関する親の意識(1)——4ヵ月時でのプロジェクトの効果,日本保育学会大会発表論文集, 55, 164-165。
秋田喜代美・横山真貴子・寺田清美・安見克夫・遠藤雅子(1998)読み聞かせを構成する保育者の思考と行動(3),日本保育学会大会論文集, 51, 546-547。
天野珠路(2013)地域の子育て支援・保護者支援の専門性——地域の未来をつくる,発達134,ミネルヴァ書房, 34-39。
網野武博(2008)新保育所保育指針に示されたこれからの保育所長像(特集 みんなで考える保育園長の役割),保育の友, 56(14),全国社会福祉協議会, 23-25。
安藤哲也・金柿秀幸・田中尚人(2005)『絵本で遊ぼ!——子どもにウケるお話大作戦』,小学館。

Aries, P. (1960) *L'enfant et la vie familiale sous l'ancien regime*, Paris, Plon. (アリエス・フィリップ／杉山光信・杉山恵美子訳［1980］『〈子供〉の誕生——アンシャン・レジーム期の子供と家族生活』, みすず書房。)

東基吉 (1905)『家庭童話——母のみやげ』, 同文館。

Beck, I. L. & McKeown, M. G. (2001) Text Talk: Capturing the Benefits of Read-Aloud Experiences for Young Children, *The Reading Teacher*, 55 (1), 10-20.

ベネッセ次世代育成研究所 (2010)『幼児の生活アンケート・東アジア5都市調査2010』, ベネッセコーポレーション。

ベネッセ次世代育成研究所 (2010) 幼児教育の質を高めるための教員等の研修について——認定こども園における研修（園内・園外）の実情と課題 (2009年度の文部科学省委託事業「幼児教育の改善・充実調査研究」), ベネッセコーポレーション。

ベネッセ次世代教育研究所 (2011)『保育者研修の進め方ガイド』〈http://berd.benesse.jp/jisedaiken/research/research_18.html#link3〉, 最終閲覧日2013年3月。

Blamey, K., Beauchat, D. & Sweetman, H. (2012) Vocabulary Instruction Through Storybook Reading, NHSA Dialog: *A Research-to-Practice Journal for the Early Childhood*, 15 (3), 233-245.

Blewitt, P., Rump, K. M., Shealy, S. E. & Cook, S. A. (2009) Shared book reading: When and how questions affect young children's word learning. *Journal of Educational Psychology*, 101 (2), 294-304.

Bloom, L. & Beckwith, R. (1989) Talking with Feeling: Integrating Affective and Linguistic Expression in Early Language Development. *Cognition & Emotion*, 3 (4), 313-342.

Booktrust (2012) Bookstart の歴史〈http://www.bookstart.org.uk〉最終閲覧日2013年3月。

Bredekamp, S. & Copple, C. (1997) *Developmentally Appropriate Practice in Early Childhood Programs. (Revised Edition)*. National Association for the Education of Young Children, 1509 16th Street, NW, Washington, DC. (ブレデキャップ, S.・コップル, C.／白川蓉子・小田豊訳［2000］『乳幼児の発達にふさわしい教育実践——21世紀の乳幼児教育プログラムへの挑戦 誕生から小学校低学年にかけて』, 東洋館出版社。)

Burchinal, M. R., Roberts, J., Zeisel, S. A., Neebe, E. & Bryant, D. (2000) Relating quality of center child care to early cognitive and language development longitudinally. *Child Development,* 71 (2), 339-357.

Bus, A. G. & VanIjzendoorn, M. H. (1992) Patterns of attachment in frequently and infrequently reading mother-child dyads. *The Journal of Genetic Psychology,* 153 (4), 395-403.

Bus, A. G. & Van Ijzendoorn, M. H. (1988) Mother-child interactions, attachment, and emergent literacy: A cross-sectional study. *Child Development,* 59, 1262-1273.

Bus, A. G., Van Ijzendoorn, M. H. & Pellegrini, A. D. (1995) Joint book reading makes for success in learning to read: A meta-analysis on intergenerational transmission of literacy. *Review of Educational Research,* 65, 1-21.

Büyüktaşkapu, S. (2012) Effect of Family Supported Pre-Reading Training Program Given to Children in Preschool Education Period on Reading Success in Primary School. *Educational Sciences : Theory & Practice,* 12 (1), 309-316.

Camilli, G., Vargas, S. Ryan, S. & Barnett, W. S. (2010) Meta-analysis of the effects of early education interventions on cognitive and social development. *Teachers College Record,* 112 (3), 579-620.

Canady. J. R. (1989) *Story Stretchers: Activities to Expand Children's Favorite Books* (Story S-T-R-E-T-C-H-E-R-S), Boston, Gryphon House.

Catts, H. W., Gillispie, M. Leonard, B. L., Kail, R. V. & Miller, C. A. (2002) The Role of Speed of Processing, Rapid Naming, and Phonological Awareness in Reading Achievement. *Journal of Learning Disabilites,* 35 (6), 510-525.

Chanko. P. (2005) *Teaching With Favorite Lois Ehlert Books: Engaging, Skill-Building Activities That Introduce Basic Concepts, Develop Vocabulary, and Explore Favorite Science Topics,* New York, Teaching Resources.

Charland, R. A., Saint-Aubin, J. & Evans, A. M. (2007) Eye movements in shared book reading with children from kindergarten to Grade 4. *Reading andWriting,* 20 (9), 909-931.

Chetty. R., Fiedman, J., Hilger, N., Seaz, E., Schanzenbach, D. &Yagan, D. (2011) How does your kindergarten classroom affect your earnings?: Evidence PROGECT STAR. *The Quarterly Journal of Economics,* 126, 1593-1660.

Choi, S. (2000) Caregiver input in English and Korean: use of nouns and verbs in book-reading and toy-play contexts. *Journal of Child Language,* 27 (1),

69-96.
Clarke-Stewart, K. A., Vandell, D. L., Burchinal, M., O'Brien, M. & McCartney, K. (2002) Do regulable features of child-care homes affect children's development?, *Early Childhood Research Quarterly*, 17, 52-86.
Comenius, J. A. (1658) *Orbis sensualium pictus*, Hoc est, omnium fundamentalium in mundo rerum & invita actionum pictura & nomenclatura. Nürnberg: Michael Endter Nachdruck: Dortmund: Harenberg Kommunikation 1978. (コメニウス／井ノ口淳三訳［1998］『世界図絵』, ミネルヴァ書房。)
Crane, W. (1877) *The Baby's Opera*, London, Frederic Warne and Co.
DeLoache, J. S. & Ganea, P. A. (2009) Symbol-based learning in infancy. *Infant behavior and development*, 2 (1), 77-89.
DeLoache, J. S., Pierroutsakos, S. L, & Troseth, G. L. (1996) The three R's of pictorial competence. In R. Vasta (Ed.) *Annals of child development*, 12, 1-48.
Dickson, D. K. & Porche, M. V. (2011) Relation Between Language Experiences in Preschool Classrooms and Children's Kindergarten and Fourth-Grade Language and Reading Abilities. *Child Development*, 82 (3), 870-886.
Dickson, D. K. & Smith, M. W. (1994) Long-Term Effects of Preschool Teachers' Book Readings on Low-Income Children's Vocabulary and Story Comprehension. *Reading Research Quarterly*, 29 (2), 104-122.
Dodge, T. H, Olker, L. J. & Heroman, C (2002) *The Creative Curriculum for Preschool*, 4th edition, Washington, D. C, Teaching Strategy.
土堤内昭雄（2004）『父親が子育てに出会うとき──「育児」と「育自」の楽しみ再発見』, 筒井書房。
堂野恵子（2008）絵本の読み聞かせが幼児の向社会性の発達に及ぼす効果, 安田女子大学紀要, 36, 81-91。
Evans, M. A. & Saint-Aubin, J. (2005) What children are looking at during shared storybook reading evidence from eye movement monitoring. *Psychological science*, 16 (11), 913-920.
Ezell, H. K., & Justice, L. M. (2005). *Shared storybook reading : Building young children's language and emergent literacy skills*. Baltimore, MD : Paul Brookes Publishing.
Fingerson, J. & Killeen, E. B. (2006) Picture books for young adults. *Teacher Librarian*, 33 (4), 32-34.

引用文献

Fletcher, K. L. & Sabo, J. (2006) Picture book reading experience and toddlers'behaviors with photographs and books. *Early Childhood Research & Practice*, 8 (1), Available at: http://ecrp.uiuc.edu/v8n1/fletcher.html Spring 2006; Accessed 21 September 2013.

藤井伊津子 (2010) 子育て支援としてのブックスタートの有効性──T市における母親の意識調査, 吉備国際大学短期大学部研究紀要, 39, 1-12。

藤崎春代・木原久美子 (2005) 統合保育を支援する研修型コンサルテーション──保育者と心理の専門家の協働による互恵的研修, 教育心理学研究, 53, 133-145。

藤重育子 (2012) 3言語表現に係る科目, 新實広記・藤重育子・西濱由有・矢藤誠慈, 保育者養成過程における表現関係科目の教育内容に関する科目 (1), 東邦学誌, 41 (3), 141-162。

古島実 (2006)「残暑お見舞い申し上げます」『にいがたの灯』, Vol. 48, 弁護士法人新潟第一法律事務所。

古屋喜美代・田代康子 (1987) 物語の登場人物と読み手とのかかわり (4) ──物語の視点を特定の登場人物に定めた場合, 日本教育心理学会総会発表論文集, 29, 40-41。

古屋喜美代・高野久美子・伊藤良子・市川奈緒子 (2000) 絵本場面における1歳児の情動の表出と理解, 発達心理学研究, 11 (1), 23-33。

Gardiner, S. (2006) Centre-stage in the Instructional Register: Partnership Talk in Primary EAL. *International Journal of Bilingual Education and Bilingualism*, 9 (4), 476-494.

Gest, S. D., Freeman, N. R., Domitrovich, C. E. & Welsh, J. A. (2004) Comprehension skills: the moderateing role of parental discipline practices. *Early Childhood Research Quarterly* 19 (2), 319-336.

Gormley, W. T., Phillips, D. & Gayer, T. (2008) Preschool programs can boost school readiness. *Science*, 320, 1723-1724.

Gresham, F. & Elliot, S. (1990) *Social skills rating system (SSRS)*, American Guidance Service.

Haden, C. A., Reese, E. & Fivush, R. (1996) Mothers' extratextual comments during storybook reading: Stylistic differences over time and across texts, *Discourse Processes*, 21, 135-169.

針生悦子・荻野美佐子・大村彰道・遠藤利彦・石川有紀子 (1989) 絵本読み場面における母子相互作用 (1) ──3歳児との絵本読みにおける言語的やりとり, 日

本教育心理学会総会発表論文集31, 65。
白書出版学会編（2004）『日本出版産業──データとチャートで読む日本の出版』, 文化通信社。
白書出版学会編（2010）『白書出版産業2010──データとチャートで読む出版の現在』, 文化通信社。
浜島代志子（1984）『えほん育児学のすすめ』, 偕成社。
Harmes. T. & Clifford. M. R.（1980）*Early Childhood Environment Rating Scale-Revised*. New York: Teachers College Press.
Harmes. T, Clifford. M. R. & Cryer. D.（1998）*Early Childhood Environment Rating Scale-Revised*. New York: Teachers College Press.
Harmes. T., Clifford. M. R. & Cryer. D.（2003）*Infant / Toddler Environment Rating Scale-Revised*. New York: Teachers College Press.
原崎聖子・篠原しのぶ（2005）母親の乳幼児養育に関する調査──ブックスタート事業との関わりから, 福岡女学院大学紀要人間関係学部編, 6, 59-68。
原崎聖子・篠原しのぶ（2006）母親の乳幼児養育に関する調査──ブックスタート事業18ヶ月児を中心に, 福岡女学院大学紀要人間関係学部編, 7, 23-28。
原崎聖子・篠原しのぶ・安永可奈子（2007）母親の乳幼児養育に関する調査──ブックスタート事業38ヶ月児を中心に, 福岡女学院大学紀要人間関係学部編, 8, 73-82。
長谷川摂子（1988）『子どもたちと絵本』, 福音館書店。
Heinrich Hoffmann（1997）*Der Struwwelpeter. Oder lustige Geschichten und drollige Bilder*, Frankfurt, Coppenrath F.
Helth, S. B.（1982）What no bedtime story means: Narative skills at home and school. *Language in society*, 11, 49-76.
平野仁美・小島千恵子・鈴木裕子（2008）保育の場における保育者の育ちあい2──遊び場面の実践記録検討を中心とした学び, 名古屋柳城短期大学研究紀要, 30, 125-138。
平澤紀子・藤原義博・山根正夫（2005）「気になる・困っている行動」を示す子どもに関する調査研究, 発達障害研究, 26（4）, 256-267。
Horst, J., Persons, K. & Bryan, N（2011）Get the Story Straight: Contextual Repetition Promotes Word Learning from Storybooks. *Frontiers in Psychology*, 2. Available at: http://www.ncbi.nlm.nih.gov/pmc/articles/PMC3111254/17 February 2011; Accessed 21 September 2013.

引用文献

Howes, C., Phillips, D. A. & Whitebook, M.（1992）Threshold of quality: Implications for the social development of children in center-based child care. *Child Development*, 63（2），449-460.

Hürlimann, B.（1967）*Three Centuries of Children's Books in Europ*, Oxford University Press; Second Edition edition.（ベッティーナ・ヒューリマン／野口ヒロシ訳［1969］『子どもの本の世界——300年の歩み』，福音館書店。）

今井靖親・坊井純子（1994）幼児の心情理解に及ぼす絵本の読み聞かせの効果，奈良教育大学紀要人文・社会科学，43（1），235-245。

今井靖親・金貞蘭（1996）幼児への読み聞かせに関する母親の考え，教育実践研究指導センター研究紀要，5，57-65。

今井靖親・中村年江（1989）幼児の文章理解に及ぼす読みの形式と絵の効果，奈良教育大学紀要人文・社会科学，38（1），193-205。

今井靖親・廖小慧・中村年江（1993）日本と台湾における絵本の望ましい読み聞かせ方法に関する比較，奈良教育大学紀要，42（1），211-223。

入江礼子・内藤和美・杉崎友紀・上田陽子・丸田愛子・沼野ちひろ・平野真純・塩原紀子・黒川愛（2004）園内研修と指導計画立案の関係性に関する一考察，鎌倉女子大学紀要 11, 83-91。

石井康香・宇野直樹・樋口正春・仲本美央（2012）家庭で読み合う活動を支える保育（1）——絵本ノートの分析から，日本保育学会第65回大会研究論文集，824。

石川有紀子・荻野美佐子・大村彰道・遠藤利彦・針生悦子（1989）絵本読み場面における母子相互作用（2）——母親による認知的打診と絵本読みルールに関する発話，日本教育心理学会総会発表論文集，31, 66。

磯部陽子・池田由紀江（2002）絵本の読み聞かせ場面における幼児の情動認知の発達，心身障害学研究 26，33-44。

磯部裕子（2011）拠点園から発信する研修の試み（保育者の資質向上と研修のあり方，2. 保育フォーラム第 3 部 保育の歩み［その 2 ］），保育学研究，49（3），323-325。

磯友輝子・坪井寿子・藤後悦子・坂元昂（2011）絵本の読み聞かせ中の幼児の視線行動——絵本の内容理解とターゲット部分への注視に注目して，電子情報通信学会技術研究。

岩崎次男（1995）『幼児保育制度の発展と保育者養成』，玉川大学出版部。

泉千勢（1999）スウェーデンの新「保育カリキュラム」（Lpfö 98），社會問題研究，48（2），169-184。

Jong, M. T. & Bus, A. G. (2002) Quality of book-reading matters for emergent readers: An experiment with the same book in a regular or electronic format, *Journal of Educational Psychology*, 94 (1), 145-155.

Justice, M. L., Skibbe, L., Canning, A. & Lankford, C. (2005) Pre-schoolers, print and storybooks: an observational study using eye movement analysis. *Journal of Research in Reading*, 28 (3), 229-243.

梶美保・豊田和子（2007）食援助のプログラム開発と実践改善――乳児保育の向上を目指して，高田短期大学紀要，25，49-62。

加治佐哲也・岡田美紀（2010）認定こども園に関する全国調査（２）先行事例の保育者・園長の力量と研修の実態，兵庫教育大学研究紀要，36，1-12。

梶浦真由美（2002）北海道恵庭市におけるブックスタート（その１）――日本保育学会大会発表論文集，55，162-163。

漢那憲治（1979）読み聞かせの効果１――読書力におよぼす読み聞かせの効果についての一考察，読書科学，22（4），95-103。

柏女霊峰（2010）『保護者支援スキルアップ講座――保育者の専門性を生かした保護者支援保育相談支援（保育指導）の実際』，ひかりのくに。

河合隼雄・松居直・柳田邦男（2004）『絵本の力』，岩波書店。

川井蔦栄・高橋道子・古453エツ子（2008）絵本の読み聞かせと親子のコミュニケーション，花園大学社会福祉学部研究紀要，16，83-96。

岸井慶子（2011）保育者の資質向上と研修のあり方，保育学研究，49（3），321。

厚生省児童家庭局（1965）保育所保育指針，全国社会福祉協議会「保育の友」編集部，『保育所保育指針全文とその見方』，全国社会福祉協議会。

厚生省児童家庭局（1990）『保育所保育指針』，フレーベル館。

厚生省児童局編（1952）『保育指針』，日本児童協会。

厚生労働省（1999）『保育所保育指針』，フレーベル館。

厚生労働省（2008）『保育所保育指針』，フレーベル館。

厚生労働省（2010）保育士養成課程等の改正について〈http://www.mhlw.go.jp/shingi/2010/05/dl/s0527-5q.pdf〉，最終閲覧日2013年8月。

是澤優子（1999）『幼稚園教育における〈お話〉の位置づけに関する研究』（その１）――明治期の「談話」にみる日本昔話を中心に，東京家政大学研究紀要１，人文社会科学，39，79-88。

是澤優子（2002）明治後期の家庭教育における〈お話〉観に関する一考察，東京家政大学研究紀要，42（1），93-99。

引用文献

久保山茂樹・齋藤由美子・西牧謙吾・富島茂登・藤井茂樹・滝川国芳（2009）「気になる子ども」「気になる保護者」についての保育者の意識と対応に関する調査——幼稚園・保育所への機関支援で踏まえるべき視点の提言，国立特別支援教育総合研究所研究紀要，36，55-75。

蔵元和子（1997）読み聞かせを指導方法の一つとして考えて各学年のねらいをもって行う，月刊国語教育研究，219，14-18。

桑名惠子（2010）ブックスタートと絵本——絵本は子どもにどのように影響するのか，千里金蘭大学紀要，7，43-56。

Leuenberger. J. C. (2007) *Teaching Reading With Bill Martin Books : Engaging Activities That Build Raeding Comprehension Skills and Explore the Themes in These Popular Books,* Massachusetts, Scholastic Teaching Resources.

Lonigan, C. J. (1994) Reading to Preschoolers Exposed : Is the Emperor Really Naked?, *Developmental Review,* 14, 303-323.

Lonigan, C. J., Burgess, S. R. & Anthony, J. L. (2000) Development of emergent literacy and early reading skills in preschool children : Evidence from a latent-variable longitudinal study. *Developmental Psychology,* 36 (5), 596-613.

Lonigan, C. J., Schatschneider, C. & Westberg, L., with the National Early Literacy Panel (2008). "Identification of children's skills and abilities linked to later outcomes in reading, writing, and spelling," *in Developing early literacy : Report of the National Early Literacy Panel, Louisville,* KY : National Center for Family Literacy, 55-106.

Luze, G., Tamis-LeMonda, C. S., Brooks-Gunn, J., Constantine, J., Tarullo, L. B., Raikes. H. A. & Rodriguez, E. T. (2006) Mother-Child Bookreading in Low-Income Families : Correlates and Outcomes During the First Three Years of Life. *Child Development,* 77 (4), 924-953.

前徳明子（2009）育児における絵本の意識と父親の役割——母親との比較を通して，小池学園研究紀要，2，41-52。

埋橋玲子（2007）言語能力育成についての就学前ナショナル・カリキュラム等の比較考察，四天王寺国際仏教大学紀要，44，237-260。

Marulis, L. M. & Neuman, S. B. (2010) The effects of vocabulary intervention on young children's word learning a meta-analysis. *Review of educational research,* 80 (3), 300-335.

松居直（1973）『絵本とは何か』，日本エディタースクール出版部。

松居直（1978）『絵本をみる眼』，日本エディタースクール出版部。
松居直（1983）『絵本を読む』，日本エディタースクール出版部。
松居直（1992）『絵本の現在子どもの未来』，日本エディタースクール出版部。
松居直（2000）『絵本の与えかた』，福音館書店。
松居直（2003）『絵本のよろこび』，NHK 出版。
松居直（2004）『絵本が育てる子どもの心』，日本キリスト教出版局。
松居直（2005）『絵本・言葉のよろこび』，日本基督教団出版局。
松居直（2012）『松居直自伝──軍国少年から児童文学の世界』，ミネルヴァ書房。
松山益代・秋田喜代美（2011）『参加型園内研修のすすめ──学び合いの「場づくり」』，ぎょうせい。
松山幸弘（2001）アメリカの教育改革から学ぶこと，*Economic Review*, 5（4），93-109。
Miles, B. S. & Stipek, D.（2006）Contemporaneous and longitudinal associations between social behavior and literacy achievement in a sample of low-income elementary school children. *Child Development*, 77（1），103-117.
三根慎二・汐崎順子・國本千裕・石田栄美・倉田敬子・上田修一（2007）眼球運動からみた子どもの絵本の読み方，三田図書館情報学会，58，69-90。
三宅興子（1994）『イギリス絵本論』，翰林書房，12-18。
三宅興子（1997）『日本における子ども絵本成立史──「こどものとも」がはたした役割』，ミネルヴァ書房。
水野智美・徳田克己（2008）就職後3ヶ月の時点における新任保育者の職場適応，近畿大学臨床心理センター紀要，1，75-84。
Moore, M., & Wade, B.（1997）Parents and children sharing books: an observational study. *SIGNAL-AMBERLEY THEN STROUD-*, 203-214.
森下裕（2009）家庭における絵本読み聞かせに関するアンケート調査，愛知大学文学部図書館情報学専攻卒業論文。
森俊之・谷出千代子・乙部貴幸・竹内惠子・高谷理恵子・中井照夫（2011）ブックスタートの経験の有無が子どもの生活習慣や読書環境等に及ぼす影響，仁愛大学研究紀要人間学部編，10，61-67。
文部科学省（1998）『幼稚園教育要領』。
文部科学省（1998）幼児期からの心の教育の在り方について〈http://www.mext.go.jp/b_menu/shingi/old_chukyo/old_chukyo_index/toushin/1309659.htm〉，最終閲覧日　2012年3月。

引用文献

文部科学省（2003）子どもの読書活動の推進に関する基本計画〈http://www.mext.go.jp/a_menu/sports/dokusyo/hourei/cont_001/004.htm〉，最終閲覧日2012年3月。

文部科学省（2008）『幼稚園教育要領』，フレーベル館。

文部科学省（2009）「幼児教育の改善・充実調査研究」〈http://www.mext.go.jp/a_menu/shotou/youchien/1295718.htm〉，最終閲覧日2012年3月。

文部科学省（2011）「生涯学習施策に関する調査研究」読書環境・読書活動に関する諸外国の実態調査〈http://www.mext.go.jp/component/a_menu/education/detail/_icsFiles/afieldfile/2012/10/22/1323725_12_1.pdf〉，最終閲覧日2012年3月。

文部省（1948）保育要領──幼児教育の手引き，民秋言『幼稚園教育要領・保育所保育指針の成立と変遷』，萌文書林，18-51。

文部省（1956）『幼稚園教育要領』，フレーベル館。

文部省（1964）『幼稚園教育要領』，フレーベル館。

文部省（1989）『幼稚園教育要領』，フレーベル館。

Morrow, L. M. & Smith, J. K. (1990) The Effects of Group Size on Interactive Storybook Reading, *Reading Research Quarterly*, 25 (3), 213-231.

村中李衣（1998）『読書療法から読みあいへ──［場］としての絵本』，教育出版。

村中李衣（2002a）『子どもと絵本を読みあう』，ぶどう社。

村中李衣（2002b）『お年寄りと絵本を読みあう』，ぶどう社。

村中李衣（2005）『絵本の読みあいからみえてくるもの』，ぶどう社。

村瀬俊樹（2004）乳児への絵本の読み聞かせについての信念に関する研究──公共図書館の養育者向けガイド文書の日米比較，島根大学法文学部紀要社会文化学科編，1，53-60。

村山鮎子（2012）巌谷小波の「お伽噺」論にみる明治後期の家庭教育と〈お話〉，早稲田教育評論，26 (1)，195-209。

諸井泰子（2009）子どもと絵本のかかわりに対する母親の意識の検討，有明芸術教育短期大学紀要，1，33-34。

諸井泰子（2011）子どもへの絵本の読み聞かせに対する母親の意識と育児観の関連，有明芸術教育短期大学紀要，2，43-53。

無藤隆（2009）『幼児教育の原則』，ミネルヴァ書房。

永瀬美帆・若杉千春（2008）保育者養成課程新任教員のための効果的研修プログラム策定に関する基礎的研究（1）──プログラムの方向性を探るための意識調査

についての報告,長崎短期大学研究紀要, 20, 47-54。
内藤知美・入江礼子・杉崎友紀・上田陽子・沼野ちひろ・丸田愛子・平野真澄・塩原紀子（2005）園内研修を通した保育者の成長プロセスの検討,鎌倉女子大学紀要, 12, 35-44。
中泉淳（2007）この本読んで！ 2007年夏, 23, 出版文化産業振興財団。
中島寿子（2010）保育者の成長における保育実践の振り返りの意味について――保育体制が移行したある幼稚園の事例をもとに,西南女学院大学紀要, 14, 223-232。
仲本美央（1996）『赤い鳥』の児童出版美術に関する研究,読書科学, 40（2）, 65-71。
仲本美央（1997）『赤い鳥』のグラビア版画報に関する研究,読書科学, 41（2）, 41-53。
仲本美央（1998）大正から昭和初期における子ども像の心理学的考察――『赤い鳥』『コドモノクニ』を資料にして,北海道教育大学大学院修士論文。
仲本美央（2003）『赤い鳥』の読者投稿欄に関する研究,日本保育学会第56回大会発表論文集, 272-273。
仲本美央（2004）絵本理解の発達,糸井尚子・渡辺千歳編著『発達心理学エチュード』,川島書店, 97-112。
仲本美央（2012）研修に対する保育者のニーズに関する研究,アジア子ども支援学会第4回研究大会発表論文集, 24-27。
仲本美央（2012a）保育現場における読む活動に関する研究（1）,日本保育学会第65回大会研究論文集, 685。
仲本美央（2012b）読むことの教育,糸井尚子編著『教育心理学エチュード』,川島書店, 21-44。
仲本美央・鈴木香奈恵・望月道浩（2006）ブックスタートに関する研究,日本保育学会第59回大会研究論文集, 104-105。
仲本美央・宇野直樹・石井康香・樋口正春（2011）家庭で絵本を読み合う活動が子どもの育ちに与える効果（1）――「絵本ノート」の記録から2歳児親子の読み合う姿を捉える,アジア子ども支援学会第3回研究大会発表論文集, 17-20。
Nakamoto, M., Uno, N., Ishii, Y. & Higuchi, M. (2011) Benefits of the activity of jointly reading picture books at home on upbringing of children (1)： Understanding the aspects of jointly reading for 2 years old children from the notes recorded in "picture notebooks", *The Asian Journal of Child Care*, 3,

63-72.
仲本美央・栗原めぐみ・白石和也・樋口正春・宇野直樹（2011）読み合う活動をつなぎ，つながる保育――子どもの主体的・意欲的な姿から捉える，日本保育学会第64回大会研究論文集，796。
中村仁美・南部志緒（2007）ブックスタートの実態調査と効果的な実施方法についての検討，日本図書館情報学学会誌，53 (2), 75-89。
中村柾子（1997）『絵本はともだち』，福音館書店。
中村年江・今井靖親（1993）絵本の読み聞かせに関する心理学的研究（Ⅳ）――幼児の物語理解に及ぼす視点と絵本提示の効果，日本教育心理学会第35回大会発表論文集，292。
中村悦子・佐々木宏子（1975）集団保育と児童文化についての実態調査（その2），日本保育学会第28回大会研究論文集，15-16。
仲野悦子・金武宏泰（2011）新任保育者における1年間の園内研修を終えて，岐阜聖徳学園大学短期大学部紀要，43, 103-116。
仲野悦子・金武宏泰・田中まさ子（2010）新任保育者に対する初期の園内研修の取り組み，岐阜聖徳学園大学短期大学部紀要，42, 29-41。
中野圭祐（2009）「どんぐりと山猫」の表現に見る子どもの体験　河邉貴子・赤石元子監修／東京学芸大学附属幼稚園小金井園舎編集『今日から明日へつながる保育――体験の多様性・関連性をめざした保育の実践と理論』，萌文書林，91-112。
成田朋子（2008）保育所保育指針の改定と保育士の園内研修へのとりくみについて，名古屋柳城短期大学研究紀要，30, 73-89。
波木井やよい（1994）『読み聞かせのすすめ――子どもと本の出会いのために』，国土社。
NICHD Early Child Care Research Network (2000) The relation of child care to cognitive and language development. *Child Development*, 71, 960-980.
NICHD Early Child Care Research Network (2002) Early child care and children's development prior to school entry. *American Educational Research Journal*, 39, 133-164.
日本子ども学会編（2009）『保育の質と子どもの発達――アメリカ国立小児保健・人間発達研究所の長期追跡研究から』，赤ちゃんとママ社。
日本公文教育研究会（2012）『読み聞かせレポート2012-2013 2110組の親子の絵本子育て事情』，ミーテ事務局。
Ninio, A. (1983) Joint book reading as a multiple vocabulary acquisition device,

Developmental Psychology, 19 (3), 445-451.

Ninio, A. & Bruner, J. (1978) The achievement and antecedents of labeling. *Journal of Child Labguage*, 5, 1-15.

西館有沙・小野聡子・徳田克己 (2004) 保育及び心理関係の学会で発表された読みに関する研究の分析――1998～2002年の発表論文集を対象にして,読書科学,48 (2),70-78。

西島徹 (2005) ヘルシンキとエスポーの教室で見えたもの（フィンランドの教育から何を学ぶか――科学教育を中心に）,日本科学教育学会第29回大会論文集,281。

西尾雅美 (2005) 大正文学作品における子どもへのまなざし――我が国における近代的子ども観の黎明,兵庫教育大学修士論文。

野口隆子 (2013) 保育者の専門性とライフコース――語りの中の"保育者としての私",発達,134,ミネルヴァ書房,59-64。

NPOブックスタート (2013) 実施自治体一覧〈http://www.bookstart.or.jp/about/ichiran.php〉,最終閲覧日2013年4月。

小川圭子 (2004) 保育者の資質の向上をめざしての一考察――M保育園の園内研修をてがかりに,大阪信愛女学院短期大学紀要,38,33-41。

小川博久 (2010) 保育の専門性,保育学研究49 (1),101-110。

小椋たみ子・清水益治・鶴宏史・南憲治 (2011) 3歳児未満児の「言葉の領域」と保育活動についての保育士の信念 帝塚山大学現代生活学部紀要7,95-116。

大橋伸次・中平浩介・松本学 (2005)「絵本」の選び方について,国際学院埼玉短期大学研究紀要,26,73-76。

大豆生田啓友 (2011) 保育所において「保育の質を高める」ための工夫（保育者の資質向上と研修のあり方,2. 保育フォーラム,第3部 保育の歩み（その2））,保育学研究,49 (3),325-327。

Pascal, C., Bertram, T., Mould, C. & Hall, R. (1998) Exploring the relationship between process and outcome in young children's learning: stage one of a longitudinal study. *International Journal of Educational Research*, 29, 51-67.

Pellegrini, A. D., Brody, G. H. & Sigel, I. E. (1985) Parents' book-reading habits with their children, *Journal of Educational Psychology*, 77,332-340.

ポーター倫子 (1994) 園内研修と保育者の変容に関する一考察（試案）――保育記録の読み取りよに表れる保育観の違いをめぐって,北陸学院短期大学紀要,26,75-96。

Raikes, H., Alexander Pan, B., Luze, G., Tamis LeMonda, C. S., Brooks Gunn, J.,

引用文献

Constantine, J., Banks Tarullo, L., Abigail Raikes, H. & Rodriguez, E. T. (2006) Mother-child bookreading in low income families: Correlates and outcomes during the first three years of life. *Child development*, 77 (4), 924-953.

Rains. C. S. & Canady. J. R. (1989) *Story Stretchers : Activities to Expand Children's Favorite Books* (*Story S-T-R-E-T-C-H-E-R-S*), Gryphon House.

Reese, E. & Cox, A. (1999) Quality of adult book reading affects children's emergent literacy. *Developmental Psychology*, 35 (1), 20-28.

Robbins, C. & Ehri, L. (1994) Reading storybooks to kindergartners helps them learn new vocabulary words. *Journal of Educational Psychology*, 86 (1), 54-64.

斉藤康子(2007)児童のストーリー理解に及ぼす読み聞かせの効果,創価大学大学院紀要,29,187-206。

Sammons, P., Sylva, K., Melhuish, E., Siraj-Blatchford, I., Taggart, B., & Elliot, K. (2002) *Measuring the impact of pre-school on children's cognitive progress over the preschool period. Technical paper 8a*, Institute of Education, University of London.

佐野美奈(2010)音楽経験促進プログラムの2年目の実践過程における保育者の創意工夫——4,5歳児のストーリーの劇化へのかかわりを中心に,日本教育方法学会第35回大会紀要,25-34。

佐々木宏子(1975)おはなしづくりを通してみた想像性(その5),日本教育心理学会総会第17回発表論文集,162-163。

佐々木宏子(2006)『絵本は赤ちゃんから——母子の読み合いがひらく世界』,新曜社。

佐々木宏子と岡山・プー横丁の仲間たち編著(2012)『すてきな絵本タイム』,吉備人選書。

笹倉剛(1999)『感性を磨く「読み聞かせ」——子どもが変わり学級が変わる』,北大路書房。

佐藤公治・西山希(2007)絵本の読み聞かせにおける楽しさの共有過程の微視発生的分析,北海道大学大学院教育学研究科紀要,100,29-49。

Senechal, M. (1997) The differential effect of storybook reading on preschooler's acquisition of expressive and receptive vocabulary. *Journal of Child Language*, 24,123-138.

Senechal, M. & Cornell, E. H. (1993). Vocabulary acquisition through shared reading experiences. *Reading Research Quarterly*, 360-374.

瀬田貞二 (1985)『絵本論――瀬田貞二子どもの本の評論集』, 福音館書店, 86-87。
Scarborough, H. S., & Dobrich, W. (1994) On the efficacy of reading to preschoolers. *Developmental Review*, 14, 245-302.
Schonokoff, J. P. & Phillips, A. D. (2000) *From Neurons to Neighbourhoods*, National Academy Press.
椎名誠 (2003)『絵本たんけん隊』, クレヨンハウス。
汐崎順子 (2009) 戦後日本における児童書出版の特徴――国立国会図書館所蔵児童書データの分析を中心に, 三田図書館・情報学会研究大会発表論文集 2009年度, 45-48。
白石和也・栗原めぐみ・樋口正春・宇野直樹・仲本美央 (2011) 読み合う活動をつなぎ, つながる保育 II――保育者の保育行為の視点から捉える, 日本保育学会第64回大会研究論文集, 797。
出版科学研究所 (2005)『2005出版指標年報』, 全国出版協会。
Simcock, G. & DeLoache, J. (2006) Get the picture? The effects of iconicity on toddlers'reenactment from picture books. *Developmental Psychology*, 42 (6), 1352-1357.
Snow, C. E., Burns, M. S. & Griffin, P. (1998) *Preventing Reading Difficulties in Young Children*. National Academy Press.
Snow, C. E. & Goldfield, B. A. (1983) Turn the page please: situation-specific language Acquisition. *Journal of Child Language*, 10 (3), 551-569.
蘇珍伊 (2009) 保育者の仕事の満足度に関する要因, 中部大学現代教育学部紀要, 1, 173-178。
蘇珍伊・香曽我部琢・三浦正子 (2009) 保育・幼児教育現場における保育者の子ども理解の視点と研修ニーズ――園長・主任と一般保育士・教諭の比較を中心に, 中部大学現代教育学研究紀要, 2, 105-111。
Spira, E. G. & Fischel, J. E. (2005) The impact of preschool inattention, hyperactivity, and impulsivity on social and academic development: a review. *Journal of Child Psychology and Psychiatry*, 46 (7), 755-773.
Storch, A. S. & Whitehurst, J. G. (2002) Oral language and code-related precursors to reading: Evidence from a longitudinal structural model. *Developmental Psychology*, 38 (6), 934-947.
菅原ますみ・中村啓子・一色伸夫 (2010) 保育の質と子どもの発達, 甲南女子学園子ども学, 12, 99-128。

引用文献

菅井洋子 (2007) 絵本の挿絵から展開する母子相互作用――同一ストーリーで異なる挿絵の絵本の分析から,日本発達心理学会第18回大会発表論文集,769。
菅井洋子 (2008) 絵本の読み聞かせにおける母子相互作用――迷路的な挿絵と指でたどれる行動への着目,日本女子大学紀要家政学部,55,47-55。
菅井洋子・秋田喜代美・横山真貴子 (2009) 乳児期の絵本場面における母子の実物への指さしをめぐる研究,読書科学,52 (3),148-160。
菅井洋子・秋田喜代美・横山真貴子・野澤祥子 (2010) 乳児期の絵本場面における母子の共同注意の指さしをめぐる発達的変化――積木場面との比較による縦断研究,発達心理学研究,21 (1),46-57。
Sulzby, E. & Teale, W. H. (1987) Young Children's Storybook Reading: Longitudinal Study of Parent-Child Interaction and Children's Independent Functioning. Final Report, 119.
Super, C. & Harkness, S. (1986) The developmental niche: A conceptualization at the interface of child and culture. *International journal of Behaivioral Development*, 9, 645-569.
鈴木こずえ (2004) 語り聞かせに関する実証的研究,聖徳大学大学院修士論文。
Sylva, K., Melhuish, E., Sammons, P., Siraj-Blatchford, I. & Taggart, B. (2010) "Early Childhood Matters: Evidence from the Effective Preschool and Primary Education Project", Routledge.
高木和子・丸野俊一 (1980) 絵画ストーリィにおける理解と構成 その2――物語構成レベルと物語理解との関係,日本教育心理学会総会第22回発表論文集,350-351。
田島啓子 (1994) 絵本読みをめぐる母と子のやりとりについての分析,日本保育学会第47回大会研究論文集,144-145。
田島康子 (2007)『もっかい読んで！――絵本をおもしろがる子どもの心理』,ひとなる書房。
高橋順子・首藤敏元 (2005) 幼児教育における集団での絵本の読み聞かせ,埼玉大学教育学部附属教育実践総合センター紀要4,165-176。
高橋順子・首藤敏元 (2007) 絵本の読み聞かせを用いた保育の展開,埼玉大学教育学部附属教育実践総合センター紀要6,201-208。
高山智津子・徳永満理 (2004)『絵本で広がる子どもの笑顔――発達にそった年齢別読み聞かせ』,チャイルド本社。
武田京子・大村佳奈 (2009) 岩手県におけるブックスタート運動について,岩手大

学教育学部附属教育実践総合センター研究紀要，8，99-105。
瀧薫（2010）『保育と絵本――発達の道すじにそった絵本の選び方』，エイデル研究所，10。
玉瀬友美（2008）幼児における絵本への情緒的反応に及ぼす読み聞かせ速度の効果，読書科学，51（2），58-65。
民秋言（2008）『幼稚園教育要領・保育所保育指針の成立と変遷』，萌文書林。
立元真・古川望子・福島裕子・永友絵理（2011）保育者の養成スキル研修が幼児の行動に及ぼした効果，宮崎大学教育文化学部紀要，24，1-10。
棚橋美代子・阿部紀子・林美千代（2005）『絵本論――この豊かな世界』，創元社。
田中まさ子・仲野悦子（2007）『保育者を支援するより良い研修をめざして――岐阜レポート〈2007〉』，みらい。
谷出千代子（1988）幼児に対する読書環境について――絵本利用に関する一試論，日本保育学会大会論文集，44，174-175。
谷映子（1983）子どもの文化と保育についての研究（1）――幼稚園における園文庫活動についての考察，日本保育！―絵本学会大会研究論文集，36，560-561。
田代康子（2001）『もっかい読んでをおもしろがる子どもの心理』，ひとなる書房。
田代幸代（2001）協同的な学びの視点から，河邊貴子編，『今日から明日へつながる保育』，萌文書林，168-176。
Teale, W. & Sulzby, E. (1986) *Emergent Literacy : Writing and Reading.* NJ: Ablex Publishing.
寺田清美（2003）絵本の読み聞かせ場面における子どもの変化，日本保育学会第56回大会発表論文集，228-229。
寺田清美・無藤隆（2000）2歳児の絵本の読み聞かせ場面における保育者の思考と行動，日本保育学会第53回大会研究論文集，304-305。
徳渕美紀・高橋登（1996）集団での絵本の読み聞かせ場面における子ども達の相互作用について，読書科学，40（2），41-50。
Torgesen, J. K., Morgen, S. T. & Davis, C. (1992) Effects of two types of phonological awareness training on word learning in kindergarten children. *Journal of Educational Psychology*, 84（3），364-370.
鳥越信（2001）『はじめて学ぶ日本の絵本史』，ミネルヴァ書房。
外山紀子（1989）絵本場面における母親の発話，教育心理学研究，37（2），151-157。
Trelease, J. (1985) *The Read-Aloud handbook,* New York : Penguin.

引用文献

内田老鶴圃（1920）『幼児に聞かせるお話』，日本幼稚園協会。
植田佳菜・濱野恵一（2004）読み聞かせ経験および読書量が子どもの性格特性に及ぼす影響，児童臨床研究所年報，17，50-57。
梅本妙子（1989）『ほんとの読み聞かせをしていますか――えほんとほいく』，エイデル研究所。
梅本妙子（1995）『絵本と保育――読み聞かせの実践から』，エイデル研究所。
Urban, M., Vandenbroeck, M., Laere, V. K., Lazzari, A. & Peeters, J. (2011) CoRe: Competence requirements in early childhood education and care: Final report, *European Commission. Directorate-General for Education and Culture*. Available at: http://www.vbjk.be/en/node/3559 2011; Accessed 21 September 2013.
藪中征代・吉田佐治子・村田光子（2008）絵本をめぐる親子のやりとりの継時的変化（1），日本教育心理学会第50回総会発表論文集，409。
藪中征代・吉田佐治子・村田光子（2009）絵本をめぐる親子のやりとりの継時的変化（2），日本教育心理学会第51回総会発表論文集，231。
藪中征代・吉田佐治子・村田光子（2010）絵本をめぐる親子のやりとりの継時的変化（3），日本教育心理学会第52回総会発表論文集，699。
山田千都留・棚橋美代子（2009）椋鳩十の「母と子の二十分間読書」運動に関する一考察，京都女子大学発達教育学部研究紀要，5，61-68。
山本道子（1984）貸し出し文庫についての一考察――姫路市立の一幼稚園の場合，日本保育学会第37回大会研究論文集，576-577。
柳田国男（1968）『定本柳田国男集第6巻』，筑摩書房。
安見克夫・増田時枝・秋田喜代美・箕輪潤子・中坪史典・砂上史子（2009）片付け尺度の開発と保育者の片づけに対する認識の検討――「片付けの実態」と「片付けの目標に関する意識」について，日本教育心理学会総会発表論文集，51，266。
余郷裕次（2010）『絵本のひみつ』，京都新聞出版センター。
横山真貴子（1997）就学前の絵本の読み聞かせ場面における母子の会話の内容，読書科学41（3），91-104。
横山真貴子（2005）『ことばの力が育つ保育』，保育出版社。
横山真貴子（2006）3歳児の幼稚園における絵本のかかわりと家庭での絵本体験との関連――入園直後の1学期間の絵本とのかかわりの分析から，奈良教育大学教育実践総合センター紀要，15，91-100。
横山真貴子・秋田喜代美（1998）読み聞かせを構成する保育者の思考と行動（4）

読み聞かせはどのように熟達するのか？　保育者養成専門学校の学生の視点，日本保育学会第40回大会研究論文集，548-549。

横山真貴子・秋田喜代美（1999）読み聞かせを構成する保育者の思考と行動（4）読み聞かせはどのように熟達するのか？　読み聞かせ経験のある母親の視点からの検討，日本教育心理学会第41回総会発表論文集，334。

横山真貴子・水野千具沙（2008）保育における集団に対する絵本の読み聞かせの意義──5歳児クラスの読み聞かせ場面の観察から，奈良教育大学教育実践総合センター研究紀要，17, 41-51。

横山真貴子・秋田喜代美・ブックスタート支援センター（2002）ブックスタートプロジェクトにおける絵本との出会いに関する親の意識（2）──4ヵ月時での親の読み聞かせに対する考えと行動，日本保育学会第55回大会発表論文集，166-167。

横山真貴子・無藤隆・秋田喜代美（1997）同一絵本の繰り返し読み聞かせの分析（2）──繰り返し読まれている時期と絵本の特徴，日本教育心理学会第39回総会発表論文集，136。

横谷輝（1974）『横谷輝児童文学論集第1巻 児童文学の思想と方法』，日本こどもの本研究会編，偕成社。

吉田佐治子（2011）絵本を介した親子のコミュニケーションの発達，摂南大学教育学研究，7, 11-22。

Wade B. & Moore, M. (1998) An early start with books: literacy and mathematical evidence from a longitudinal study. *Educational Review*, 50 (2), 135-145.

Wade B. & Moore, M. (2000) A Sure Start with Books. *Early Years 20, Spring*, 39-46.

脇明子（2005）『読む力は生きる力』，岩波書店。

脇明子（2011）『子どもの育ちを支える絵本』，岩波書店。

Wasik, B. A. & Bond, M. A. (2001) Beyond the pages of a book: Interactive book reading and language development in preschool classrooms. *Journal of Educational Psychology*, 93 (2), 243-250.

Wheeler, M. P. (1983) Context-related age changes in mothers' speech: joint book reading, *Journal of Child Language*, 10 (1), 259-263.

Wells, G. (1985) Preschool literacy-related activities and success in school. In D. Olson, N. Torrance, & Hildyard (Eds.) *Literacy, Language, and learning : The nature andconcequences of reading and writing.* New York: Cambridge

University Press, 229-255.
Whitehurst, G. J. & Lonigan, C. J.（1998）Child Development and Emergent Literacy. *Child Development*, 69（3）, 848-872.
全国保育士会・柏女霊峰（2009）『全国保育士会倫理綱領ガイドブック』全国社会福祉協議会。
全日本私立幼稚園幼児教育研究機構監修（2008）『研修ハンドブック』世界文化社。

巻末資料

1　読みあう活動の保育者研修プログラムワークシートA

研修参加日　　年　　月　　日	○好きな果物：（　　　　　　）（　　　　　　） ○好きな動物：（　　　　　　）（　　　　　　）
メンバーの名前：	

ワークシートA1：あなたは，日常の保育でどのような読みあう活動に取り組んでいますか？

ワークシートA2：読みあう活動時における子どもたちの感情や行動を振り返ってみましょう

巻末資料

ワークシートA3：読みあう活動の保育計画を立てる「　月の読みあう活動を計画しよう」

1. 日常における子どもたちの様子
   ○（　　　　　　）歳児クラス
   ○子どもたちの成長・発達と生活経験：

2. 子どもたちに対する保育者のねらいや願い

3. 絵本の選択をしよう
   ○絵本の題目：

   ○絵本のストーリー：

4. 子ども同士の関わりと保育者としての子どもへの関わりへの配慮

ワークシートA4：お互いの意見や感想をまとめよう	
工夫したこと	
難しかったこと	
気づいたこと	
学びが深まったこと	
その他	

プログラムA Session1 振り返りシート

1. 次の質問にお答えください（あてはまる数字を〇で囲んでください）

(1) Session1の満足度は何％ですか？

  0 10 20 30 40 50 60 70 80 90 100％

(2) Session1の内容はいかがでしたか？

  1   2   3   4   5
  よくなかった　あまりよくなかった　どちらでもない　よかった　とてもよかった

(3) Session1の研修では，新しい発見や気づきはありましたか？

  1   2   3   4   5
  まったくなかった　あまりなかった　どちらでもない　まあまああった　けっこうあった

(4) Session1の研修で，今後のあなたの仕事に生かせることはありましたか？

  1   2   3   4   5
  まったくなかった　あまりなかった　どちらでもない　まあまああった　けっこうあった

2. Session1の研修内容で理解が深まった点を具体的に教えてください

3. Session1の研修内容で改善が必要な点を具体的に教えてください

           ご協力をいただきまして，ありがとうございました。

ワークシートA5：絵本を紹介しよう	
紹介してくれた絵本	好きな理由

ワークシートA6：読みあう活動の保育技術に関する自己計画シート						
No.	項　　目 （～を練習するなど）	習得の手段 （どうやって）	\multicolumn{4}{c}{チェック覧}
^	^	^	月　日	月　日	月　日

チェック欄の記入方法
○「取り組んだ日」には，斜線部分から下を三角の形に塗りつぶしましょう
○「達成できた日」には，一マス全体を塗りつぶしましょう

プログラム A Session 2 振り返りシート

1. 次の質問にお答えください（あてはまる数字を○で囲んでください）

(1) Session 2 の満足度は何％ですか？

  0 10 20 30 40 50 60 70 80 90 100％

(2) Session 2 の内容はいかがでしたか？

  1   2   3   4   5

  よくなかった あまりよくなかった どちらでもない よかった とてもよかった

(3) Session 2 の研修では，新しい発見や気づきはありましたか？

  1   2   3   4   5

  まったくなかった あまりなかった どちらでもない まあまああった けっこうあった

(4) Session 2 の研修で，今後のあなたの仕事に生かせることはありましたか？

  1   2   3   4   5

  まったくなかった あまりなかった どちらでもない まあまああった けっこうあった

2. Session 2 の研修内容で理解が深まった点を具体的に教えてください

3. Session 2 の研修内容で改善が必要な点を具体的に教えてください

ご協力をいただきまして，ありがとうございました。

ワークシートA7：読みあっている時や読みあった後の子どもたちのエピソードを書いてみよう

ワークシートA8：事例を読んでどのように感じましたか？

ワークシートA9：年間計画と絵本年間計画のつながりをみつけよう
① ②   ③ ④   ⑤ ⑥   ⑦ ⑧   ⑨ ⑩

ワークシートA10：読みあう活動と日常の保育のつながりを考えよう

ワークシートA11：読みあう活動を家庭へつなげる計画を立てよう

巻末資料

ワークシートA12：お互いの意見や感想をまとめよう	
工夫したこと	
難しかったこと	
気づいたこと	
学びが深まったこと	

その他

プログラムA Session3 振り返りシート

1. 次の質問にお答えください（あてはまる数字を○で囲んでください）
(1) Session3の満足度は何%ですか？
　　　　0　10　20　30　40　50　60　70　80　90　100%

(2) Session3の内容はいかがでしたか？
　　　　　1　　　　　2　　　　　　3　　　　　4　　　　　5
　　　よくなかった　あまりよくなかった　どちらでもない　よかった　とてもよかった

(3) Session3の研修では，新しい発見や気づきはありましたか？
　　　　　1　　　　　2　　　　　3　　　　　4　　　　　5
　　　まったくなかった　あまりなかった　どちらでもない　まあまああった　けっこうあった

(4) Session3の研修で，今後のあなたの仕事に生かせることはありましたか？
　　　　　1　　　　　2　　　　　3　　　　　4　　　　　5
　　　まったくなかった　あまりなかった　どちらでもない　まあまああった　けっこうあった

2. Session3の研修内容で理解が深まった点を具体的に教えてください

3. Session3の研修内容で改善が必要な点を具体的に教えてください

ご協力をいただきまして，ありがとうございました。

2　読みあう活動の保育者研修プログラムワークシートB

研修参加日　　年　　月　　日	○好きな果物：（　　　　　　　）（　　　　　　　） ○好きな動物：（　　　　　　　）（　　　　　　　）
メンバーの名前：	

ワークシートB1：あなたは，日常の保育でどのような読みあう活動に取り組んでいますか？

ワークシートB2：読みあう活動時における子どもたちの感情や行動を振り返ってみましょう

ワークシートB3：読みあう活動の保育計画を立てる「　　月の読みあう活動を計画しよう」
1. 日常における子どもたちの様子 ○(　　　　　　　　)歳児クラス ○子どもたちの成長・発達と生活経験：
2. 子どもたちに対する保育者のねらいや願い
3. 絵本の選択をしよう ○絵本の題目： ○絵本のストーリー：
4. 子ども同士の関わりと保育者としての子どもへの関わりへの配慮

ワークシートB4：お互いの意見や感想をまとめよう	
工夫したこと	
難しかったこと	
気づいたこと	
学びが深まったこと	
その他	

プログラムB Session1 振り返りシート

1. 次の質問にお答えください（あてはまる数字を○で囲んでください）
(1) Session1 の満足度は何％ですか？
　　　　0　　10　　20　　30　　40　　50　　60　　70　　80　　90　　100％

(2) Session1 の内容はいかがでしたか？
　　　　　1　　　　　　2　　　　　　3　　　　　　4　　　　　　5
　　　よくなかった　あまりよくなかった　どちらでもない　よかった　とてもよかった

(3) Session1 の研修では，新しい発見や気づきはありましたか？
　　　　　1　　　　　　2　　　　　　3　　　　　　4　　　　　　5
　　　まったくなかった　あまりなかった　どちらでもない　まあまああった　けっこうあった

(4) Session1 の研修で，今後のあなたの仕事に生かせることはありましたか？
　　　　　1　　　　　　2　　　　　　3　　　　　　4　　　　　　5
　　　まったくなかった　あまりなかった　どちらでもない　まあまああった　けっこうあった

2. Session1 の研修内容で理解が深まった点を具体的に教えてください

3. Session1 の研修内容で改善が必要な点を具体的に教えてください

　　　　　　　　　　　　　　　ご協力をいただきまして，ありがとうございました。

巻末資料

ワークシートB5：絵本を紹介しよう	
紹介してくれた絵本	好きな理由

ワークシートB6：素敵な読み方を伝えあおう	
自分の素敵な読み方メモ	メンバーの素敵な読み方メモ

ワークシートB7：みんなからのアドバイス

No.	項　　目 (〜を練習するなど)	習得の手段 (どうやって)	チェック覧					
			月	日	月	日	月	日

ワークシートB8：読みあう活動の保育技術に関する自己計画シート

チェック欄の記入方法
　○「取り組んだ日」には，斜線部分から下を三角の形に塗りつぶしましょう
　○「達成できた日」には，一マス全体を塗りつぶしましょう

プログラムB Session 2 振り返りシート

1. 次の質問にお答えください（あてはまる数字を○で囲んでください）

(1) Session 2 の満足度は何％ですか？

    0 10 20 30 40 50 60 70 80 90 100％

(2) Session 2 の内容はいかがでしたか？

    1   2   3   4   5

  よくなかった　あまりよくなかった　どちらでもない　よかった　とてもよかった

(3) Session 2 の研修では，新しい発見や気づきはありましたか？

    1   2   3   4   5

  まったくなかった　あまりなかった　どちらでもない　まあまああった　けっこうあった

(4) Session 2 の研修で，今後のあなたの仕事に生かせることはありましたか？

    1   2   3   4   5

  まったくなかった　あまりなかった　どちらでもない　まあまああった　けっこうあった

2. Session 2 の研修内容で理解が深まった点を具体的に教えてください

3. Session 2 の研修内容で改善が必要な点を具体的に教えてください

ご協力をいただきまして，ありがとうございました。

ワークシートB9：年間計画と絵本年間計画のつながりをみつけよう	
①	②
③	④
⑤	⑥
⑦	⑧
⑨	⑩

ワークシートB10：お互いの意見や感想をまとめよう	
工夫したこと	
難しかったこと	
気づいたこと	
学びが深まったこと	
その他	

プログラムB Session 3 振り返りシート

1. 次の質問にお答えください（あてはまる数字を○で囲んでください）

(1) Session 3 の満足度は何％ですか？

　　　　0　10　20　30　40　50　60　70　80　90　100%

(2) Session 3 の内容はいかがでしたか？

　　　　　1　　　　　2　　　　　3　　　　　4　　　　　5
　　　よくなかった　あまりよくなかった　どちらでもない　よかった　とてもよかった

(3) Session 3 の研修では，新しい発見や気づきはありましたか？

　　　　　1　　　　　2　　　　　3　　　　　4　　　　　5
　　　まったくなかった　あまりなかった　どちらでもない　まあまああった　けっこうあった

(4) Session 3 の研修で，今後のあなたの仕事に生かせることはありましたか？

　　　　　1　　　　　2　　　　　3　　　　　4　　　　　5
　　　まったくなかった　あまりなかった　どちらでもない　まあまああった　けっこうあった

2. Session 3 の研修内容で理解が深まった点を具体的に教えてください

3. Session 3 の研修内容で改善が必要な点を具体的に教えてください

ご協力をいただきまして，ありがとうございました。

3 保育計画シート

平成　年度　　　ぐみ

	4月	5月	6月	7月	8月	9月	10月	11月	12月	1月	2月	3月
										園長	主任	担任
ねらい												
科学												
ものがたり(四季)												
昔話												
ものがたり												
ことば・詩												
個別												
長いおはなし												

巻末資料

4 読みあう活動の研修プログラム第1版 A「子どもの理解と支援、保育計画中心型」

★ Session 1 読みあう活動中の子どもの理解と保育のねらい (90分)

ワークの流れ	オリエンテーション	日常の保育の振り返り	課題への取り組み		まとめ
			講習及び自己学習	学習の共有（意見交換）	振り返り
時間	20分	15分	35分	10分	10分
目的	・課題に興味を持ち、研修への参加意欲を導き出す。	・日常の保育を振り返り、これまでの取り組みと今後の取り組みの違いを認識する。日常の子どもの様子を理解する。	・日常の子どもの様子と生活につながりを持った読みあう活動を計画する。	・互いの計画内容を共有し、自らの読みあう活動の保育計画を振り返る。	・ワークで学んだことや気づいたことを共有する。
内容	1. 研修担当者の挨拶 2. 保育における読みあう活動の意義と本日の活動内容の説明 3. 本日の流れの説明 4. 研修ルールの説明 5. グループ分け（グループ A にグループ内の参加者氏名を記入する） 6. 参加者同士の自己紹介 7. 絵本を読みあって楽しむ	1. 日常の読みあう活動を振り返り、ワークシート A1 に記入する。 2. 日常の子どもの様子を振り返り、ワークシート A2 に記入する。 3. 内容をグループ内で発表しあう。	1. 読みあう活動の説明。 2. 日常の子どもの様子から読みあう活動にねらいを立てる（ワークシート A3 に記入）。 3. 読みあう活動の内容を考える（ワークシート A3 に記入）。 4. 絵本を選択する（ワークシート A3 に記入）。 5. 保育における読みあう活動の流れ（保育計画）を立てる（ワークシート A3 に記入）。	1. グループ内で互いの保育計画案（ワークシート A3）を発表し合う。 2. 互いの内容に対して、意見交換する。	1. 今回のワークを振り返り、学んだことや気づいたことを共有しあう。 2. ワークで全体を振り返り、「振り返りシート A1」に意見等を記入する。 3. 研修を全体で振り返り、グループで順に発表する。
用意するもの	・ワークシート A ・筆記用具	・ワークシート A ・筆記用具	・ワークシート A ・筆記用具	・ワークシート A ・筆記用具	・ワークシート A ・振り返りシート A1 ・筆記用具
進行役の留意点	1. 研修の意義と目的を明確に説明する。 2. 参加者が互いに参加しやすい場を作る。 3. グループ分けには経験年数にばらつきがあるように配慮する。	1. 日常の子どもの様子や保育を振り返る方法を具体的に説明する。	1. 保育計画の説明の際には、具体的な実践事例を提示して説明する。 2. ワークシート A3 の記入方法に説明する。	1. 発表中のよい内容やワークシート A4 に記入するように伝える。	1. 学習成果を明確にしていくように、振り返りシート A1 には学習成果のアウトプット項目を入れる。 2. 次回の振り返りを行いながら振り返りをさせるようなまとめを行う。

259

★ Session 2　絵本・読みあう活動の知識と保育技術（60分）

ワークの流れ	オリエンテーション 課題の説明と共有	絵本の知識を得る 知識を深める	課題への取り組み		まとめ 振り返り
			講習及び自己学習	学習の共有（意見交換）	
時　間	5分	20分	15分	10分	10分
目　的	・研修の目的を理解し、参加者の参加意欲を導き出す。	・研修者からの講習によって絵本の知識を得る。	・読みあう活動中に必要な保育技術を理解する。	・互いで絵本を読みあいながら、読みあう活動に必要な保育技術を振り返る。	・ワークで学んだことや気づいたことを共有する。
内　容	1. 本日の研修内容の説明をする。 2. 本日の流れの説明をする。 3. 研修ルールの説明をする。 4. グループ分け（前回のワークと同様のグループ）をする。	1. 研修者からの読みあう活動に必要な絵本の知識を得る。 2. 参加者同士の好きな絵本紹介を通して、絵本の知識を得る（ワークシートA5）。	1. 読みあう活動に必要な保育技術を説明する。	1. グループ内で互いの読みあう保育技術をアドバイスしあう。	1. 今回のワークを振り返り、学んだことや気づいたことを共有しあう。グループを全体を振り返りシートA」に意見等を記入する。
用意するもの		・ワークシートA ・筆記用具	・ワークシートA ・筆記用具	・ワークシートA ・筆記用具	・ワークシートA ・振り返りシート ・筆記用具
進行役の留意点	1. 前回の研修を振り返り、ワークの内容をつなげる。 2. 研修の意義と目的を明確に説明する。	1. 実際の絵本を使用しながら説明する。	1. 読みあう活動の説明の際には、具体的なアンケート結果を提示して説明する。		1. 学習成果を明確にしていけるように、振り返りシートA2には学習成果のアンケート項目を入れる。 2. 次回のワークにつながる振り返りを行い、意欲を持たせるようにまとめを行う。

260

巻末資料

★ Session 3 読みあう活動と日常の保育がつながる保育計画（90分）

ワークの流れ	オリエンテーション	日常の保育の振り返り	課題への取り組み		まとめ
	課題の説明と共有	課題を見つける	講習及び自己学習	学習の共有（意見交換）	振り返り
時間	5分	15分	50分	10分	10分
目的	研修の目的を理解し、参加者の参加意欲を導き出す。	日常の保育を振り返り、これまでの取り組みと今後の取り組みの違いを認識する。日常の子どもの様子を理解する。	日常の子どもの様子と生活につながりを持った読みあう活動後の保育計画を理解する。	互いの計画内容を共有し、自らの読みあう活動後の保育計画を振り返る。	ワークで学んだことや気づいたことを共有する。
内容	1. 本日の研修内容の説明をする。 2. 本日の流れの説明をする。 3. 研修ルールの説明をする。 4. グループ分け（前回のワークと同様のグループ）をする。	1. 日常の読みあう活動後の子どもの様子を振り返り、ワークシートA7に記入する。 2. 実践事例を読み、保育者と子どもの様子から考えたことをワークシートA8に記入する。 3. 内容をグループ内で発表し合う。	1. 清心保育園の読みあうとの実践に必要な保育計画の説明をする。 2. 「保育の年間計画」と「絵本と遊びの年間計画」から、つながりを見つけ読みあう活動に取り組む（ワークシートA9に記入）。 3. 参加者各自が自らの読みあうがある活動の年間計画のつながりを考える（ワークシートA10に記入）。 4. 読みあう活動を家庭へつなげる方法を考える（ワークシートA11）。	1. グループ内でお互いの保育計画案（ワークシートA12）を発表し合う。 2. 互いの内容に対して、意見交換する。	1. 今回のワークを振り返り学んだことや気づいたことを書き出す（ワークシートA12）。 2. グループ内で順に発表する。 3. 研修全体を振り返り、「振り返りシートA3」に意見等を記入する。
用意するもの		・ワークシートA ・筆記用具	・ワークシートA ・筆記用具	・ワークシートA ・筆記用具	・ワークシートA ・振り返りシートA3 ・筆記用具
進行役の留意点	1. 前回の研修を振り返りワークの内容をつなげる。 2. 研修の意義と目的を明確に説明する。 3. 参加者が互いに参加しやすい場をつくる。	1. 日常の子どもの様子や保育を振り返る方法を具体的に説明する。	1. 保育計画の説明の際には、具体的な実践事例を提示して説明する。 2. ワークシートAの記入方法に説明する。	1. 発表中のよい内容を発見したことは、ワークシートA12に記入するように伝える。	1. 学習成果を明確にしていけるように、振り返りシートA3には学習成果のアンケート項目を入れる。 2. 保育実践に向けての意欲を高める。

261

5 読みあう活動の研修プログラム第1版B「絵本・読みあう活動の知識と保育技術中心型」

★Session 1　読みあう活動中の子どもの理解と保育のねらい（60分）

ワークの流れ	オリエンテーション	日常の保育の振り返り	課題への取り組み		まとめ
	課題の説明と共有	課題を見つける	講習	学習の共有（意見交換）	振り返り
時間	15分	10分	20分	10分	5分
目的	・研修の目的を理解し、参加者の参加意欲を導き出す。	・日常の保育を振り返り、これまでの取り組みと今後の取り組みの違いを認識する。・日常の子どもの横子を理解する。	・日常の読みあうこととのつながりを持った読みあう活動を展開することの重要性を理解する。	・ワークで学んだことや気づいたことを共有する。	・ワークで学んだことや気づいたことを振り返す。
内容	1. 研修担当者の挨拶をする。2. 保育における読みあう活動の意義と研修内容の説明をする。3. 本日の流れの説明をする。4. 研修ルールの説明をする。5. グループ分けをする（ワークシートBにグループ内の参加者氏名を記入する）。6. 参加者同士が自己紹介する。	1. 日常の読みあう活動を振り返り、ワークシートB1に記入する。2. 日常の子どもの横子を振り返り、ワークシートB2に記入する。3. 内容をグループ内で発表し合う。	1. 読みあう活動前の子どもの横子と生活とのつながりを持った保育を展開することの重要性を説明する。	1. グループ内でお互いの学んだことや気づいたことを発表しあう。（ワークシートB4）2. お互いの内容に対して、意見交換をする。	1. 研修を全体を振り返り、「振り返りシートB」に意見等を記入する。
用意するもの	・ワークシートB・筆記用具	・ワークシートB・筆記用具	・ワークシートB・筆記用具	・ワークシートB・筆記用具	・ワークシートB・振り返りシートB1・筆記用具
進行役の留意点	1. 研修の意義と目的を明確に説明する。2. グループ分けには経験年数とつきがあるように配慮する。	1. 日常の子どもの横子や保育を振り返る方法を具体的に説明する。	1. 読みあう活動前の子どもの横子と生活とのつながりを持った保育を展開する事の重要性の説明の際には、具体的な実践事例を提示して説明する。	1. 発表中のよい内容にしていけるように、ワークシートB4に記入するように伝える。	1. 学習成果を明確にしていけるように、振り返りシートB1には学習成果のアンケート項目を入れる。2. 次回のワークにつながる振り返りを行い、意欲を持たせるようにまとめを行う。

262

巻末資料

★ Session 2 絵本・読みあう活動の知識と保育技術 (120分)

ワークの流れ	オリエンテーション	日常の保育の振り返り	課題への取り組み		まとめ
			講義及び自己学習	学習の共有（意見交換）	振り返り
時間	10分	20分	70分	10分	10分
目的	課題の説明と共有	知識を深める		互いの読みあう活動の計画内容を共有し、自らの学習計画を振り返る。	・ワークで学んだことや気づいたことを共有する。
	研修の目的と参加意欲を導き出す。	研修者からの講義によって絵本の知識を得る。	読みあう活動に必要な保育技術を学ぶ。		
内容	1. 本日の研修内容の説明をする。 2. 本日の流れの説明をする。 3. 研修ルールの説明をする。 4. グループ分けをする（前回のワークと同様のグループ）。 5. 絵本を読みあう。	1. 研修者からの講義によって読みあう活動に必要な絵本の知識を得る。 2. 参加者同士で好きな絵本紹介を通して、必要な絵本の知識を得る（ワークシート B5）	1. 読みあう活動に必要な保育技術を説明する。 2. 参加者同士で読みあい、読みあう方法について良いところを伝えあう（ワークシート6）。 3. 読みあう習得のための学習計画を立てる（ワークシート B8に記入）。 4. 技術に関するアドバイスをあう（ワークシート B7に記入）。	1. グループ内でお互いの保育計画案（ワークシート B8）を発表し合う。 2. 互いの内容に対して、意見交換する。	1. 今回のワークを振り返り、学んだことや気づいたことを共有する。 2. グループで順に発表しあう。 3. 研修を全体を振り返り「振り返りシートB2」に意見等を記入する。
用意するもの	・ワークシート B ・筆記用具	・ワークシート B ・筆記用具	・ワークシート B ・筆記用具	・ワークシート B ・筆記用具	・ワークシート B ・振り返りシート B2 ・筆記用具
進行役の留意点	1. 前回の研修を振り返り、ワークの内容をつなげる。 2. 研修の意義と目的を明確に説明する。	1. 実際の絵本を使用しながら説明する。	1. 読みあう活動に必要な保育技術の説明の際には、具体的に示して説明する。 2. ワークシート B の記入方法を具体的に伝える。	1. 発表中のよい内容や発見したことは、ワークシート B8に記入するように伝える。	1. 学習成果を明確にしていけるように、振り返りシート B には学習成果のアンケート項目を入れる。 2. 次回の振り返りにつながる意欲を持たせるようなまとめを行う。

263

★Session 3　読みあう活動と日常の保育がつながる保育計画（60分）

ワークの流れ	オリエンテーション		日常の保育の振り返り	課題への取り組み		まとめ
	課題の説明と共有	課題を見つける	課題及び自己学習	学習の共有（意見交換）	振り返り
時間	5分	10分	25分	10分	10分
目的	・研修の目的を理解し、参加者の参加意欲を導き出す。	・日常の保育を振り返り、これまでの取り組みと今後の取り組みの違いを認識し、日常の子どもの様子を理解する。	・日常の子ども生活の様子と持った読みあう活動後の保育計画への理解をする。	・互いのワークの学習結果を共有し、読みあう活動と日常の保育計画への理解を深める。	・ワークで学んだことや気づいたことを共有する。
内容	1. 本日の研修内容の説明をする。 2. 本日の流れの説明をする。 3. 研修ルールの説明をする。 4. グループ分けをする（前回のワークと同様のグループ）。	1. 日常の読みあう活動後の子どもの様子を振り返る。 2. 内容をグループ内で発表し合う。	1. 清心保育園の読みあう活動の実践紹介とその実践に必要な保育計画の説明をする。 2. 年間計画と絵本と遊びの年間ワークのつながりを発見するワークに取り組む（ワークシートB9に記入）。	1. グループ内で互いのワークの学習結果（ワークシートB10）を共有しよう。 2. 互いに発表する内容に対して、意見交換する。	1. 今回のワークを振り返り、学んだことや気づいたことを共有しよう（ワークシートB10）。 2. 研修全体を振り返り、「振り返りシートB3」に意見等を記入する。
用意するもの	・ワークシートB ・筆記用具	・ワークシートB ・筆記用具	・ワークシートB ・筆記用具	・ワークシートB ・筆記用具	・ワークシートB ・振り返りシートB3 ・筆記用具
進行役の留意点	1. 前回の研修を振り返りながら、ワークの内容をつなげる。 2. 研修の意義と目的を明確に説明する。	1. 日常の子どもの様子や保育を振り返り方法を具体的に説明する。	1. 保育計画の説明の際には、具体的な実践事例を提示して説明する。 2. ワークシートBの記入方法に説明する。	1. 発表中のよい内容を発表したとして、ワークシートBに記入するように伝える。	1. 学習成果を明確にしていけるように、振り返りシートBには学習成果のアンケート項目を入れる。 2. 保育実践に向けての意欲を高める。

264

巻末資料

6　保育者と子どもの読みあい

〈解　説〉
　清心保育園5歳児クラスの保育者と子どもが『スプーンおばさん』を読みあっている様子。保育者が「スプーンおばさん，バザーへ行く」の章を読む前，「スプーンおばさんってどんな大きさなの?」「バザーって何?」という子どもの質問からみんなで考えあったり，保育者が応答したりしている。どんなお話しがはじまるのだろうという子どもたちの読む意欲が高まったところで，保育者が読みはじめる。

7　読みあいから室内遊びへの発展

〈解　説〉
　清心保育園5歳児クラスの保育者と子どもが『ピッピ南の島へ』を読みあった後，子どもたちが保育室内で積み木やLaQ，ロンディなどの玩具を使ってお話の世界を創造している様子。子どもたちは，つくったもので，ごっこ遊びを展開している。

巻末資料

8　子ども同士の読みあい

〈解　説〉
　清心保育園5歳児クラスの子どもが絵本を読みあっている様子。クラスで繰り返し読み親しんだ絵本を，2人で一緒に復唱している。ページ毎の内容について感想を言いながら，お互いの気持ちを語りあい，共感しあっている。

9　読みあいからごっこ遊びへ

〈解　説〉
　清心保育園5歳児クラスで『長くつしたのピッピ』のお話しを読みあった後,子どもがピッピと同じように馬に乗りたいと木の枝を馬に見立てて遊びはじめる様子。毎日のように,公園へ散歩に行き,この馬に乗り,えさを与えて世話をし,ピッピの世界にいるかのようなごっこ遊びをしている。

巻末資料

10 清心保育園 5歳児さくら組年間指導計画

園長		主任		担任	

保育目標	集団生活の中で意欲的に活動し新しい知識や能力を獲得する				
年間区分		1期（4月〜6月）	2期（7月〜9月）	3期（10月〜12月）	4期（1月〜3月）
ねらい		＊年長児としての意欲や自信を持って、様々な活動に取り組もうとする ＊社会生活に必要な基本的生活習慣が身につく	＊様々な活動を通して運動機能を高め、喜んで活発に遊ぶ	＊仲間の必要性を実感し仲間の一人としての自覚や自信を持ち、友だちへの親しみや信頼感を高める	＊様々な経験を対人関係の広がりを通し、自立心を高め、就学への意欲を持つ
養護	生命	＊生活習慣を再確認し、健康な生活を送るために必要な習慣を身につけられるようにする	＊適度な運動と休息をとることの必要性を知らせ、健康に過ごせるようにする	＊健康診断などを通して、病気や事故防止などの認識を深められるようにする	＊基本的生活習慣が身につき、自分でできたことの自信や満足感を持てるようにする
	情緒	＊保育士との関わりの中で信頼関係を築き、自分の気持ちを伝え、安心して過ごせるようにする	＊生活リズムを整えることの大切さを理解できるようにする	＊保育士に認められたり褒められたりする中で、自分に自信を持って生活ができるようにする	＊安定した生活リズムの中でゆったりと安心して過ごせるようにする
	健康	＊保育士等との関わりでの遊びを楽しみながら、戸外でのびのびと遊ぶ	＊自分の体に関心を持ち、健康な生活を送るために必要なことを身につける	＊病気の予防に関心を持ち、手洗いうがいをすることで健康な生活習慣を身につける ＊寒暖を感じ衣服の調整を行う	＊寒さに負けず全身を動かし、いろいろな運動遊びに取り組む ＊就学することに期待を持ち、早寝早起きの生活リズムを身につける
教育	人間関係	＊グループ活動を行う中で、遊びを工夫したり計画を立てたりして友だちとのつながりを深める	＊遊びを通し意見や感情の行き違いなどを経験し、相手の気持ちを考えることの大切さがわかるようにする	＊みんなで協力し一つの目標に向かって頑張る大切さや素晴らしさを知る	＊集団生活の中で自己主張をしながら、相手の意見を取り入れたりしあう ＊自分たちの生活の場をみんなで協力しあって使いやすく整えたり、飾ったりする
	環境	＊小動物を飼育したり、野菜を栽培していく中で生命、命の尊さを認識する	＊身の回りの事象や季節の変化に気づき、感性を豊かにする	＊身近な自然の美しさを感じたり、自然物を使って様々な遊びを楽しむ	＊文字に興味を持ち、言葉遊びを楽しみあったり文章を書くことを楽しむ
	言葉	＊保育士等や友だちの話をよく聞いて、内容を理解したり自分の気持ちを伝えようとする	＊自分の経験や思い、考えを自分の言葉で話し、伝えていく	＊言葉や文字、記号などに関心を持ち、自分の思いを伝える手段として取り入れていく	＊自分たちで感じたことを言葉にしたりして、言葉遊びを楽しむこと、言葉の変化を知る
	表現	＊友だちと一緒に歌ったり、身体表現をしたりすることを楽しむ	＊水、砂、泥など様々な素材に触れて遊びを展開していく	＊歌を歌ったり楽器を使ったりしあっての思いを伝える手段として取り入れていく ＊絵本、物語に親しみ想像力を豊かにする	＊生活の中で感じたことを、自由に表現する

269

	（一期）	（二期）	（三期）
食育	＊友だち同士で話し合い、一緒に食べる喜びを味わう ＊収穫した野菜を食べることで、生長、変化に気づく	＊挨拶、姿勢、食器の持ち方に気をつけて食事をする ＊食べ慣れないものや苦手なものにも挑戦してみる	＊調理員との関わりを持ち、食材や調理する人への感謝の気持ちを育てる
健康・安全	＊交通安全教室を通して、交通ルールやきまりがわかり、守ろうとする	＊火災、地震等それぞれの災害から身を守る方法をしる ＊消火訓練を見て、火の怖ろしさを実感する	＊防犯訓練を実施し通園時の安全に気をつける ＊不審者という言葉、その対応について理解する
環境設定	＊子どもたちの興味関心に応じて、戸外、室内で遊びが行えるようにしていく ＊天気の状態などでも基本的な活動ができるようにする	＊自分たちで目標に向かって考えたり、工夫したりして進めていけるような環境をつくっていく	＊卒園までの日々を異年齢児と交流を持ったり友だちと遊んだりしながら、ゆったりと楽しく過ごせるようにする
配慮事項	＊年長組になった不安な状態などを十分経験することで、自分たちで遊びへと行えるようにする ＊子ども同士のトラブルには十分に受け止め、自分たちで切り替えができるように援助する	＊遊びの中で仲間同士で認め合うようにする ＊友だち同士のイメージを大切にしながら取り組み、自信や充実感が味わえるようにする	＊園生活を振り返り、仲間といえるクラスのつながり、まとまりをみんなで感じられるようにする
保護者への支援	＊家庭と園の様子を開いたり伝えたりしながら、生活のリズムを整えていく ＊すべて手助けするのではなく、自分でやろうとする気持ちを支えてもらうようにする	＊クラス便り等で子どもの様子や成長を伝え喜んでもらう ＊悩む親の気持ちを十分に受け止め、困った時は相談できるような関係を築けるようにする	＊卒園に向けての生活や就学までに身につけておきたいこと、準備しておくことなどを知らせていく
行事	個別懇談会・親子遠足・たけのこ狩り・ハイキング・シルエット劇鑑賞	夕涼み会・プラネタリウム・おとまり保育会・車椅子バスケット観戦	鏡開き・豆まき・お別れ遠足・異年齢交流 お別れ会・卒園式
保育士の自己評価	今期は、年長児として活き活きと安心して見通しを持って過ごせる様、一人ひとりとの時間を大切に過ごしたい。今期の春の自然へとつなげる関わり合う。また、身の回りの丁寧さや意欲も引き続き課題として関わりたい。	今期は秋の自然に向けて体をしっかりと動かし、いろいろなことに意欲的に取り組めるよう一人ひとりの目標を身近に目立させるなど、成長を促す関わり、運動会に向けて、心の成長を大切にしていきたい。	今期は秋としいの世界はなさや深みを大切にしながら遊びの深まりを大切にしながら、運動会の目標を無理なく進め、一人ひとりの育ちに見合った成長を促すことが出来た。引き続き、クラスのまとまりを大切にし、今期にもつながっていくまま、卒園、就学につなげていく。

270

巻末資料

11 あそびと絵本の年間計画(清心保育園5歳児さくら組・平成24年度)

	4月	5月	6月	7月	8月	9月	10月	11月	12月	1月	2月	3月
ねらい	・絵本やおはなしの世界のすばらしさを知り、気づきの目を持つ。	・絵本やおはなしの世界のすばらしさが分かり、気づきを楽しむ。	・日々の気づきで審えた材料を使って、保育士と遊びしさを心で感じる。	・日々の気づきで審えた材料を使って、保育士と遊びしさを心で感じる。	・絵本やおはなしの世界のすばらしさを遊びで楽しむ。子ども同士の関係を作る。	・絵本やおはなしの世界のすばらしさを遊びで楽しむ。思いやりの心を育てる。	・子ども同士の関わりを深め、室内と戸外の遊びを広げる。	・子ども同士の関わりを深め、室内と戸外の遊びを広げる。	・日々の気づきを楽しみ、おはなしの世界とつなげ、遊びを深める。	・日々の気づきを楽しみ、自分自身でおはなしの世界とつなげ、遊びを深める。	・友だちと保育士とおはなしや遊びの世界を共有し、自由に出入りして楽しむ。	・おはなしの世界を自由に行き来して遊び親子で世界をつなげ、友だちとのつながりや心の育ちを大切にする。
科学	・さくら ・たんぽぽ ・たけのこは どこやまに はながきた	・さわったよ みつけたよ にわのこ やさいツアー ・もうぎさん うめのみと	・はははなし ・みずとまじ ・あしたの でもりあ め? ・はがぬけた らどうする	・ヤリガニ ・せんたくと おもく	・はるびのは なし かぶとむし はまどこ? ・かわあそび	・とんぼ ・ぼくはす ・はおすきが いっぱい ・どうぶつえ ん	・どんぐり ・きのこの絵 ・どんどんが いる ・からすうり	・たねのすか ・木の実とこ ・しぼしわか ばんしのパン ・じめんのえ とのした	・ふみはぱあ しのほし ・しげもばの がき ・しめしわか きのふるゆき ・あなたの まるまるまる ・ゆうのまる はのあや ・にち	・ふゆのかぜ ・しもばしら ・ぺんぺん さむいさのゆき ・ほっぺと よっちゃん ・ゆかんのしほ ・はのかなの ほん	・雪の上のな ぞのあしあ と ・しょぐくり でやっぱり ようかな ・らかわなの はん	・つくし ・さくら ・おしいぬの どうぶつと んガイド
ものがたり（四季）	・はるかぜ ぶぶう ・おふべろ れんれる シューズ ・おへろはる ってはばん くるのおほ んだりよう	・バーニヤか にわでい ・しげやむら おいちい ・バレンタン ちゃっこう ・そらまめ くんのベッド ・はなるるみ はるのとどけ	・かさもって おむかえ ・あまがえ りんこうち ・どうんどんこ ぶた ・しずくんの はなるるみ	・おすすみま しゃのキチィ うちん ・ゆうさくん ・ちょうちゃ んびくく ・がもずれと やらのほほく ものずはうね うららび くつまるはた んぶんだい	・はじめての キャンプ ・がつうおか たろちゃん のおおおく のおおく ・ヒヨコはじ めきんち ・14ひきのへ りーみんなの くろうめおりし	・つきのぼう ・おほけけない でくだだい ・とっぴちカ ブナー ・まめのひかる うみつぎ ・14ひきのへ んぷぽう	・おきさんお がきなあおい もちちきと ・ぱらはかく ・ピコラピカ うみのびかう ・とけばばく けうおぽう ・14ひきのあ きまつり	・たのしいの でゆしまえ ・ちょろり せーたすろう ・もりのくり すまなのびの とどけ ・いろいろ ・ねこととん ぼのゆうひ きさいち	・あのねサ ンタのくに ではね ・ベッテルと リスマスか ・うつくに トラックの リスマス ・馬小屋のク リスマス ・14ひきのも ちつき ・おきぞむら	・じごくのそ うべえ ・ゆきまんと いけん ・すのお ・まめのはに でぶこ	・ぼうし ・かもめと しあわせ ・はたちゃとおば あちゃんの のでいた ・てぶくろ ・もうひとつ まめのだや ・ふかふかふとん	・ぐんちゃん はじめての お が う こ もりのうた ・せんをたど ってうにいこう ・もうぎをで まめのひひ ・フレデリック

園長　主任　担任

分類											
昔話	・ふしぎなたけのこ ・花さき山	・くわずにょうぼう ・さんまいのおふだ	・ふるやのもり ・さんまいのおふだ	・たなばた ・はしのうえのおおかみ	・つぶむら ・ブレーメンのおんがくたい	・ことらのば ・ごんぎつね	・さるかにむかし ・おおかみとてびきのこやぎ	・ねずみじょうどう ・くじらととグレーテル	・かさじぞう ・十二支のはじまり	・かえるのおんがえし ・だいふくもち	・にぎりめし ・ごろうとずんべらぼう	・ももたろう ・ラプンツェル
ものがたり	・とべとべ ・はらぺこあおむし ・クレヨンのくろくん ・14ひきのもち ・サラダでげんき ・アニメク	・11ぴきのねこ ・はじめての ・あつかい ・はるさんとんとき ・からすのおはん	・いまがたのしいんだ ・いろいろの ・にゅうぴゅう ・にげるとき ・かくすすめの ・せんとん ・アールーズ・マートで ・からんでの ・ぼうけん	・かきまちえ ・だるまさんと ・すいかのたね	・かえるくんとかえるシリーズ ・やまのおんがく ・ぼくはほうこう ・おばけはどこ ・11ぴきのねこのふくろ	・のっえもやま ・こえかえる ・おちこして ・はしえん ・そんなせかい ・どかすん ・かぜはピューヘーへ	・いつうばき ・おおきなかがはのした ・でびものの ・せんぜんだ ・こんなんせかい ・そんなにねたら ・おしゃべりたまご	・サーカス ・カレーライ ・スのみみ ・とびはねた ・おちゃんとのびでかけび ・おっちゃんの ・うーやになりた	・くんちゃんとトゴーベーリー ・セーター ・びびのあびあ ・わみかごえ ・トンガリのプレゼント ・そりねすせんの大そうせん	・たつのことのねがい ・つのねかけ ・ガブルーもち ・ところしが ・うんがしゃだ ・でんでんむい ・まいごです ・でもちっていない	・エルシービ ・ドッグしんゆうもの ・ちーめとおんぶせい ・そおくっきい ・かえせーへん ・いたちゆう ・ゆっちょこち ・あるとたも ・そのねこだね ・このほのまや ・あらしのよるに	・100万回生きたねこ ・ちょっとだけ ・キャベツくん ・そのうの ・かんしゃん ・いだちゆう ・かんんとや ・もろ ・ロバのシルベスターと ・まほうの小石
ことば・詩・絵本	・ままですすすきですすすて ・ものはもとしてあそ ・（年間）	・きょうだいなきょうだい ・雨、あめ ・めのまとめける	・ことばあそびうた（年間）	・ものえはん	・旅の絵本	・ヨッケリなしをとっていで	・あいうえおみせ				
個別	・もぐらのおとしあな	・ねえ、どれがいい？	・てのひらおんどけい	・スイミー	・くんくんいにおい	・もりのなか	・すてきなくんとくん	・ことりのゆうびんやさん	・おおきくなっていくことば		
長いおはなし	・ロフタちらへンリーズ ・エルマー① ②③	・エルマー① ②③	・ケープ①② ③	・ケープ①② ③	・ホッフマンプロップ① ②③	・ホッフマンプロップ① ②③	・ピッピ①② ③	・ピッピ①② ③	・タンタくん	・小さい魔女 スターほうさん①② ③	・スプーンおばさん①② ③	・やかましむら①②③

12 まどか保育園 0歳児のあそびと絵本の年間計画

（平成24年度）

園長	主任	担当

	3ヶ月	4～6ヶ月	7～9ヶ月	10ヶ月～1歳	1歳1ヶ月～1歳3ヶ月	1歳4ヶ月～1歳6ヶ月	1歳6ヶ月～1歳11ヶ月
ねらい	●視覚や聴覚の刺激に動きかけその刺激が運動を引き起こすようにあるぶ ・音の出るもの、色鮮やかなものを凝視、追視を促す	●見たものに触り、つかむ、なめるなどして物の性質を感じる	●移動運動を促し取ろう、触るう、近づこうとする意欲を持ってあそぶ	●つまむ、引っ張る、出すなどの探索行動をたくさんする	●手先、指先を使う遊びにも挑戦してみる ●生活の中の物事を模倣してあそぶ	●自分で好きな遊びを選んで少しの時間集中してあそぶ	●ひとつのあそびにじっくりと取り組む
おもちゃ	・チューリンリング ・モビール ・ベビーボール ・リンリンリング ・布 ・ベビーマット	・ピラミッド ・ムジーナ ・ドリオ ・起き上がりこぼし ・丸メス ・布ボール ・オーボール ・マッサージボール ・歯がため	・ベビーキューブ ・大きいお手玉 ・ベビーボンゴ ・ペットボトル ・サーカス ・リンクタワー ・タワー ・ボウル ・NICスロープ ・カラームカデ	・ディスクキューブ ・布ティッシュ ・筒 ・ミルク缶 ・ポットン落とし（木の棒） ・ノックアウトボール ・トレインカースロープ ・クラシックカー ・マジックテープ、ファスナー ・箱 ・長いお手玉 ・ハンベルマンのくま	・ポットン落とし（ビーズ） ・ビルディングビーカー ・長いお手玉（スナップ付き） ・フォーメス ・メタルボックス ・メタルフォン ・木琴 ・ミラクルパウン ・ティング ・壁掛けおもちゃ（ポットン落とし、スイッチ）	・ままごと（コップ・スプーン・皿） ・マジックテープ付きフェルト ・マジックテープ付きお手玉 ・ポットン落とし（ロンブン） ・マグネット遊び ・パッグ ・スカート ・木の絵本	・ままごと（キッチン、食材、鍋、包丁） ・シルケうさぎ くま ・スナップ付お手玉 ・ジオビース ・ゲーゲルタワー ・プラステン ・リグノ ・ネフスピール ・つみき（5cm） ・ペグ付きパズル ・ハンマートーイ ・ねじのおもちゃ
絵本	4～6月（5月配布） ●もこもこもこ	7～9月（8月配布） ●くだもの ごろごろごろ	10～12月（11月配布） ●おつきさまこんばんは もうおきるかな くっついてあるけ	1～3月（2月配布） ●がたんごとんがたんごとん おにぎり どうぶつのおかあさん			

273

13 まどか保育園1歳児のあそびと絵本の年間計画

(平成24年度)

	4・5月	6・7月	8・9月	10・11月	12・1月	2・3月
ねらい	●色々なあそびを楽しみながら好きなあそびを探していく	●自分で好きなものを選んであそぶ	●ひとつのあそびにじっくり取り組む	●大人や友だちのあそびを真似てあそぶ	●しっかりとイメージを持ってあそぶ ●生活を再現したごっこあそびやごっこあそびを楽しむ	●より細かく手先、指先を使うあそびにも挑戦してみる
おもちゃ	・ままごと ・スリーピングベビー2体 ・ゼンガーひつじ(小) ・つみき(5cm) ・4人乗りバス ・トラック・くるま ・ネフスピール ・リグノ・プラステン ・マッサージリング ・布各種・ダンベル ・大きめのお手玉 ・長い筒状のおもちゃ ・トレインカースロープ ・レインボースロープ ・ジャンボスロープ ・ポットン落し ・NICスロープ ・押し箱 ・ポストボックス ・ハンマートーイ ・メタルフォン ・ベビーキューブ ・ディスクキューブ ・スナップ付きおもちゃ手玉 ・ペグ付きパズル	・レール汽車 ・木製ビーズ入れ ・マジックテープのおもちゃ ・ブレスレット ・ロンディのボットン落し ・そろばん	・マグネットあそび ・ゲーゲルタワー ・シェビーフォームの動物 ・チェーンつなぎ	・ひも通しブロック ・ジッパー付きおもちゃ ・ねじのおもちゃ	・ソフトベビー ・ステッキモザイク ・ボタン付きおもちゃ ・アキンモ ・ジャンボモザイク	・リモーザ ・つなぎピース ・はじめてのパズル
絵本	●やさい ・おててがでてきた ・がちゃがちゃどんどん	●うさこちゃんとどうぶつえん ・がたんごとんがたんごとん	●おにぎり ・うさこちゃんとうみ ・おつきさまこんばんは	●もけらもけら ・たまごのあかちゃん	●かじだ しゅつどう! ・どうぶつのあかさん	●ぞうくんのさんぽ ・わたしのワンピース

274

巻末資料

14 まどか保育園2歳児の絵本の年間計画

(平成24年度)

	園長	主任	担当

4・5月	6・7月	8・9月	10・11月	12・1月	2・3月
●わたしのワンピース ・いっぱいやさいさん ・こけこっこー ・ころころにゃーん	●はっぱのおうち ・コッコさんとあめふり ・もけらもけら ・せっけんつけて ぶくぶくぷわー	●おでかけのまえに ・ひまわり ・かばくん ・はけたよ はけたよ	●もりのなか ・ちいさなねこ ・おおきなかぶ ・みんなうんちみーつけた	●めのまどあけろ ・コッコさんのおみせ ・てぶくろ ・ちいさないえが ありました	●ままです すきです ・すてきさんくん ・はなをくんくん ・きょだいな きょだいな ・ぐりとぐら

15 まどか保育園 3・4・5歳児クラス　絵本の年間計画

園長		主任		担当	

(平成24年度)

	昔話	ものがたり(四季)	科学	シリーズ	ものがたり	年少	ことば・詩・絵のみ	その他	定番
4月	・おおきなかぶ		・ぼくだんごむしあり	・ぐりとぐら ・おやすみなさい こうさぎさん ・あそぼうといわれて	・ぼくはあるいてまっすぐで ・わたしとあそんで ・ぐるんぱのようちえん ・かしこいビル ・3じのおちゃにきてください	・はらぺこあおむし	・のはらうた(年間) ・ままですすきですすきですてきです	・うさぎのくに	・モーモーまきばのおきゃくさま
5月	・ふしぎなたけのこ	・おたまじゃくしの101ちゃん	・はははのはなし ・だんごむしのしっぽだよ	・そらまめくんのベッド ・くんちゃんのはじめてのがくげい会	・せかい中みんなにいってやすピーマン ・おさるとぼうしうり ・とんことり ・こすずめのぼうけん ・おうちのじかんにきたらごすてきなさん人にんぐみ	・ぞうくんのさんぽ	・きまでだいな	・ぼくのはね	・さんびきのやぎのがらがらどん ・みどりのねこ
6月	・あめ	・あめ	・ほたる ・あめだからはれ ・みずたまレンズ	・アンガスとあひる ・11ぴきのねこ ・こっこさんとあめ ・せんたくのばあさん	・そらいろのたね ・おさんぽがっぴーさんとガンピーさんのふなあそび ・おじさんのかさ ・しずくのぼうけん ・しのはけむりのやぎのすっこ	・きょうふれっぞり	・かえるがみえる	・クリーナおばさんとカミナリおばあさん	・ふしぎなこいとカーさんもって いるおかえ
7月	・たなばた	・うみべのバリー	・にゅうどうぐも ・せみとりめいじん ・やぶかのはなし ・ほたるがひかる	・11ぴきのねこのこと ・げんきなマドレーヌ ・ぐらちゃんと3ぺぺち ・くりのきえんいつうよく	・ペーコンわすれちゃだめよ ・どろんこハリー ・かえるだんなのけっこん ・ちいさなヒッポ ・おおかみだいすき ・3人のうちいさなにんきょ	・ティッチ	・きょうはみんなででまがりだ	・はじめてのキャンプ	・めっきらもっきらどおどおい ・はじめてのおつかい
8月	・いっすんぼうし	・カブトくん	・はなのはなし ・やどかりくんのうちさがし	・うみべのベリー ・11ぴきのねこ ・あまがえるりょこうがっこ ・ぐんぐんのかものキャップ	・おきまちゃんとかっぱ ・ゆうちゃんのみきをセーラー ・なつのいちにち ・ねむむやねぼけしのうえで ・あつまれキャンプ	・ありとすいか	・ことばあそび	・さんまいのおふだ	・あっそのせい・トマトさん

巻末資料

9月	・だいくとおにろく	・つきのぼうや	・どんぐりノート ・木の実のノート ・20本の木のノート ・かき	・まいごのアンナス ・ピーターのいす ・つきのぼうや	・おつきさまとって ・ぼくにげちゃうよ ・りんごのなかのビリー ・あたまのえにりんごが	・ロージーのさんぽ	・ことばあそびうた また	・3びきのクマ	・おつきさまって どんなあじ
10月	・さんびきのこぶた	・おおきなおおきなおいも	・つくったのだれ ・はだしのおうさま ・のげいじゅうから ・きのこのはなし	・ドドーヌとだいすきな ・はなのじどうしゃ ・こっこさんのかお	・ばあおばさんのおかいもの ・ぶたぶたくんのおかいもの ・わごのはどれくらいのびる ・おなかのかし ・おばけりんご ・ゼラチンゼリーひとくちくいおに	・わたしのワンピース	・これはみのみのび	・ことりのぼんぽ	・ラチとライオン ・やまえでのえ ・かさじぞう
11月	・からからやま	・もりのおばけ	・おうばのしたをのぞいてみたら	・まあちゃんのまほう	・マリールイズですずのちほう ・もりのかくれんぼう ・きみのかんがいちをもらい ・キャシューブライズバル	・おたすけことび	・もりもりくまさん	・ピーターのくぶえ	・おおきなおおきな おいも ・しょうぼうじどう うしゃじブタ
12月	・かさじぞう	・ふゆがりやのサンタ	・ふゆめがっしょだん いだくて	・アンガスとねこ ・せかいの ・うんしん ・マドレーヌのお ・クリスマスの ・くりとくりのお ・ぷりくま	・おきごとねずえび ・くまのコールデンブック ・アンディくりもれくん ・ばあちゃんのクリスマス ・かげぼうし	・おかたづけことび ・のクリスマス	・きょうさだいねうれない	・クリメンタイン のふゆじたく ・うまきのクリス マス	
1月	・てぶくろ	・でんぐのこま	・ふゆめがっしょだん ・うどん ・しもばしら	・マドレーヌとい ばあうぶく ・かいじゅうたちのひ ・ちいさなうすできた ター	・べびいのクリスマタマ ・もりのまぶれ ・かいじゅうたちのひ ・ちいさなうすできた ター	・きれいなゆきた ッチ		・じゅうにしいもの かたり	・たこをあげぼう ・とまねこぎろ ・ハリーのせー ター
2月	・かえるをのんだ ととさん	・はるよこい	・しもばしら ・わた	・ひとまねこすこ ・びょういんくい ・まめとはに	・まっくろねりい ・おやすみなさいフランシス ・はるよ、とびらをあけて ・ぼく、びょうきじゃないよ	・わにわにのこち そう	・たんぽぽんと だんころりん	・ゆきのひ	・じごくのそうべ え ・100まんびきの ねこ
3月	・つるにょうぼう	・はるかぜとぷう	・おへそのひみつ ・おふねをくだった ・らんたになるの	・ねこばあさんは じめてのおつか い	・ピエールおとらむおか ・いびきがきんしゅう ・きゅうあたしめのこねし ・デーのはるみつどり	・はなをくんくん	・ヨツケリなしを とっといで	・おすれられない おくりもの	・ちいさなおおち おおかみ おおかみくんに えたかな ・ちいぐろさんぽ

16 まどか保育園における絵本ノート

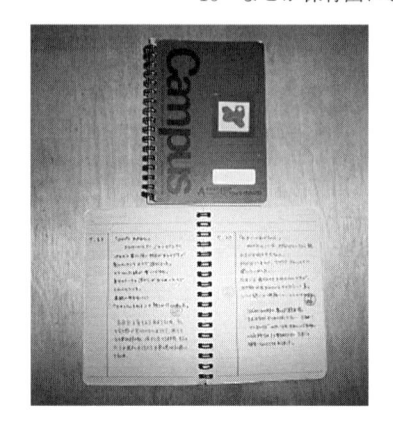

〈解　説〉
　絵本ノートは，まどか保育園が家庭における絵本の読みあいに対する保護者の意識を高めるために実施している保育実践である。毎週末に保育園の利用児が保護者（または保育者）とともに園内の絵本を借り，家庭での読みあいを保護者が記録するノートである。保育者は，その保護者が書いた記録を読んで，コメントを書いている。

17 真生保育園の絵本貸し出しシステム

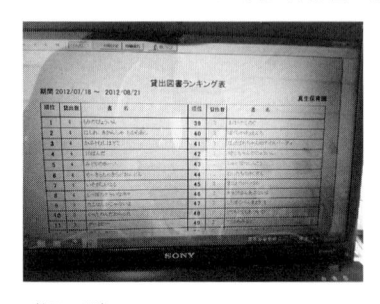

〈解　説〉
　真生保育園では，「こどものとも」が開発した図書貸し出し管理システムを導入し，家庭における読みあう活動を支えている。保育者は毎月のように，クラスや子ども一人ひとりに貸し出した絵本の集計をして人気の傾向や子どもの特徴を把握し，保護者に対する言葉かけやお勧めする絵本などの支援を検討している。

巻末資料

18　有馬聡子氏が発行したおたよりの一部

〈解　説〉

　保育者である有馬聡子氏が2005～2009年に発行したおたより34枚の資料を元に保護者に対する読みあう活動の紹介方法についてインタビュー調査を実施。有馬氏は，日々の読みあう活動を記録している。子どもたちと保育者が絵本などを読みあった後，日々の生活や遊びのなかで絵本の世界をどのように楽しんでいるのかが保護者に伝わるようなおたよりを毎月発行している。

19 清心保育園5歳児クラスにおける絵本の読みあう活動と保育者の関わり

(平成24年度)

	4月	5月	6月	7月
活動のねらい	・絵本やおはなしの世界の楽しさを知り、気づきの目を持つ。	・絵本やおはなしの世界の楽しさがわかり、気づきを楽しむ。	・日々の気づきで蓄えた材料を使って、保育士と遊び、楽しさを心で感じる。	・日々の気づきで蓄えた材料を使って、保育士と遊び、楽しさを心で感じる。
年間のねらい	*年長児としての意欲と自信を持って、様々な活動に取り組んでいく *社会生活に必要な基本的生活習慣が身につく			*様々な活動を通して運動
保育者の関わり【配慮点・留意点】	①子ども一人ひとりを知る（信頼関係をつくり、子どもの好みを知る） ②遊びの材料を蓄える（季節ごとに）（発見に対する子どもとの楽しさの共有） ③気づきを楽しむ（子ども同士の楽しさの共有を見守る） ④遊びの世界に誘う（子どもと保育者の遊びを通して心で感じ合う）		⑤遊びの世界を広げる（子どもと子どもと遊びを広げ、共感 ⑥外と中をつなぐ（室内	
絵本	『サラダとまほうのおみせ』・『エルマーのぼうけん』・『はるかぜどう？』・『おなべおなべにえたかな？』・『ちょろりんととっけー』・『ばばばあちゃんシリーズ』	『ちょろりんととっけー』・『からすのパンやさん』・『エルマーのぼうけん』・『みずたまレンズ』・『はるかぜとぷう』・『やさいノート』	『ちょろりんととっけー』・『ばばあちゃんシリーズ』・『さんまいのおふだ』・『1ぴきのねこ』・『ねぱすけスーザとあかいトマト』	『かいじゅうたちのいるところ』・『せみとりめいじん』・『マクドナルドさんのやさいアパート』・『およぐ』・『おっきょちゃんとかっぱ』
絵本とつながるヒト・モノ・コト	わらべ唄、折り紙、けん玉、パズル、ちんゲーム、植物（桜、四つ葉、タンポポ、なずな、シロツメクサ、ホトケノザ、カタバミ、ゆきやなぎ、ミミナグサ、オオイヌノフグリ、菜の花、カラスノエンドウ、ツツジ、ポピー、よもぎ、ミント、ハルジオン、カラスエンドウ豆、草イチゴ、木の芽、梅）、花はじき、川沿い遊び、お花見、土、虫（だんごむし、ナメクジ、てんとう虫、蝶々）、地図、エルマーのカードゲーム、昆虫カード、じゃんけん電車、ラキュー、散歩、魚探し、お楽しみ会、たけのこ観察、とかげ、鯉のぼりづくり、しずく、積み木（はるかぜとぷうの動物園づくり）、カブラ、ボックリ、滑り台、きっこちゃんのスープづくりごっこ、ぴょんぴょん小岩渡り、泥だんごづくり、砂遊び、ブランコ、花びらキャッチ、ラキュー（はるかぜとぷうの動物園づくり）、折り紙、春探しゲーム、泥だんごろがし、しずく、鉄棒、花冠づくり、わた毛摘み、針と糸の編み物、オオバコすもう、雨、たけのこクッキング、カブラ	虫（だんごむし、毛虫、てんとう虫、てんとう虫のサナギと幼虫、蝶々のサナギと幼虫、ラミーカマキリ、蛍、のこぎりクワガタ、ワラジ虫）、植物（四つ葉、シロツメ草、夏野菜の種植え・苗植え、水遊び）、パンジー、菜の花の豆、オオバコ、バラ、小菊、草イチゴ、ポピー、ジャスミン、木の芽、梅、竹林、さくらんぼ、あじさい、よもぎ、ドクダミ）、トカゲ、散歩、アオサギ、からす、カモ、ヤモリ、鯉のぼり、水浴び、オオバコずもう、フランコ、ボックリ、こぶたの体操ゲーム、ビーピー豆の笛作り、滑り台、春のいいもの探しゲーム、お楽しみ会、たけのこ観察、折り紙、シルエット劇場、遠足、水たまり、どろんこ遊び、砂遊び、びゅんびゅんゴマ、魚釣りごっこ、電車ごっこ、わらべ唄、花冠づくり、ラキュー（はるかぜとぷうの動物園づくり）	虫（蛍、ミミズ、ダンゴ虫、ナメクジ、幼虫、アリツマグロヒョウモンの幼虫、サナギ、バッタ、ハグロトンボ、アメンボ、モノサシトンボ、ヤブガミ蜘蛛）、植物（あじさい、夏野菜の育ち、木の蔓、カボス、びわ、芋の苗植え、ゴーヤのつぼみ、田んぼ、猫じゃらし、梅、アヤメ、キュウリの収穫、マリーゴールド、ツユクサ、ほたる）、カモ、アオサギ、ヘビ、カエル、おたまじゃくし、ザリガニ、砂遊び、絵本、折り紙、砂だんご作り、散歩、川遊び、カワニナ、シジミ、トカゲ、オオバコすもう、ボックリ、縄跳び列車、ちょろりんごっこ、水遊び、小石ゲーム、お手玉、図鑑、フリスビー、ボックリじゃんけん、お手玉、しずく、雨、台風、お楽しみ会、六月のいいもの探しゲーム（図鑑で調べる）、てるてる坊主づくり、葉っぱの舟遊び、虫の声、泥だんごろがし、河原探検、積み木（はるかぜとぷうの動物園づくり）、ラキュー（はるかぜとぷうの動物園づくり）	雨、散歩、植物（猫じゃらし、ヤブカラシ、ミニトマト、カンナ、ゴーヤの花、トウモロコシむき、夏野菜の収穫、ハス、オクラ）、虫（アブラゼミ、ニイニイゼミ、クマゼミ、ツクツクボウシ、セミの抜け殻、アリ、シオカラトンボ、アメンボ、ダンゴムシ、トンボ、ナメクジ、ハグロトンボ、オオシオカラトンボ、オシロアリ、ザリガニ、植物図鑑、プラネタリウムの星、七夕、しずく、わらべ唄、雷、水たまり、カードゲーム、川探検、砂遊び、ザリガニ吊り、プール、セミ捕り、あしかけじゃんけん、お楽しみ会、せみとかめいじんのまねごっこ、地域のお祭り、泥水遊び、絵本、水の顔付け遊び

天気、季節、服、

巻末資料

8月	9月	10月	11月
・絵本やおはなしの世界と今をつなげて遊ぶ。子ども同士の関係を作る。	・絵本やおはなしの世界と今をつなげて遊ぶ。思いやりの心を育てる。	・子ども同士の関わりを深め、室内と戸外の遊びをつなげ、広げる。	・子ども同士の関わりを深め、室内と戸外の遊びをつなげ、広げる。
機能を高め、喜んで活発に遊ぶ		*仲間の必要性を実感し仲間の一人としての自覚や自しみや信頼感を高める	

の積み重ねを大切にする）

遊びへつなげる・一人ひとりの個性の発揮）

⑦気づきを見守る（子ども自らの発想でおはなしの世界とつなげる）

| 『せみとりめいじん』・『たろうめいじんのおくりもの』・『わっしょいわっしょいぶんぶんぶん』・『大どろぼうホッツェンプロッツ』・『ちょろりんととっけー』・『ばばばあちゃんのなんでもおこのみやき』・『ヒコリはたけにいく』・『かわあそび』・『おやすみわにのキラキラくん』・『たなばた』・『ほしのきんか』 | 『ちょろりんととっけー』・『つきのほうや』・『ふたりはともだち』・『かわあそび』・『たろうめいじんのたからもの』 | 『ちょろりんととっけー』・『ながくつしたのピッピ』・『ふたりはともだち』・『ばしん！ばん！どかん！』 | 『もりのてぶくろ』・『ながくつしたのピッピ』・『ふたりはともだち』・『たねのずかん』・『ばばあちゃんのやきいもたいかい』・『もりのかくれんぼう』・『あのね、サンタのくにではね』・『もりのこびとたち』・『ヘンゼルとグレーテル』・『しずくのぼうけん』・『おおきなおおきなおいも』 |
| 散歩、虫（セミ捕り、ニイニイゼミ、アブラゼミ、ツクツクボウシ、ナメクジ、トンボ、イナゴ、キリギリス、バッタ、みの虫、クワガタの幼虫、ダンゴムシ、タマ虫、コオロギ）、プール、ザリガニ、アオサギ、植物（夏野菜の収穫、ハイビスカス、朝顔、サルスベリ、ドングリの赤ちゃん、おちば、ひまわり、青い柿、ヘクソカズラ、しいの実、松ぼっくり）、水遊び、虫のカードゲーム、あしやけジャンケン、どろんこ池作り、花火師遊び、泥遊び、水の顔つけ遊び、砂遊び、水鉄砲、雲、トカゲ、シャボン玉遊び、色水遊び、わらべ唄、お楽しみ会、秋の空、どろんこおこのみやき作り、魔法使いツワッケルマン遊び、プール発表会、びゅんびゅんごま、ザリガニ観察、顔つけ選手権、魔法使いのほうき探し、やることリスト、運動会遊び、いいもの集め、プラネタリウム | 散歩、お泊まり保育、植物（おちば、もみじ、どんぐり、おしろい花、イチョウの葉、彼岸花、すすき、コスモス）、虫（タマムシ、バッタ、エンマコオロギ、トンボ、キリギリス、トノサマバッタ、クワガタの幼虫、ナツアカネトンボ、トンボの産卵）ザリガニ、カニ、鳩、トカゲ、かけっこ、人形、カードゲーム、絵本、秋祭り、雨、おもば拾い、アイロンビーズ、モザイクステック、泥だんご作り、石でらくがき、魔法のほうき探し、滑り台、バラバルーン、秋祭り、雨、おもちゃ拾い、ボックリ、雨やどり、ボックリ、ちょろりんのしっぽ遊び、お楽しみ会、玉入れ合戦、ぴょんぴょん小岩跳び、3並べゲーム、どろんこ遊び、顔つけ遊び、秋の風、虫探し、探険遊び、太鼓、魚釣り遊び、絵本、バスティー君（人形）との出会い、電車ごっこ、川遊び、手紙ごっこ、縄とび、幼虫の観察、影あそび、フラフープ、運動会の練習、いい音探し、小石探し、紅白リレー、ドングリ観察、積み木（がまくんとかえるくんの世界づくり） | 運動会の練習、バラバルーン、太鼓、フラフープ、散歩、虫（コオロギ、バッタ、蝶々の幼虫、カマキリ、カマキリの卵）植物（おちば、コスモス、ヘクソカズラ、キンモクセイ、おしろい花、くっつき榛、つる草、松ぼっくり、ドングリ、みかん、じゅず玉、しいの実、柿の実）、トカゲ、滑り台、地域のゴミ拾い、運動会、秋の雲ねん遊び、ブランコ、木で大鼓遊び、ボックリ、ピッピびゅんゴマ、砂遊び、ピッピ歩き、自由の発見家遊び、おちばあそびごっこ、ねじ、釘、金具、神社のお参り、ちょろりんのしっぽごっこ、がまくんと似たあそび遊び、バスティー君（人形）との生活、電車ごっこ、裸足でわらべ唄、こすり絵、お楽しみ会、頭を使ったゲーム遊び、わなげ、カードゲーム、予定表作り、木に変身遊び、ケケケンバ、泥んこ選手権、縄跳び、もりのかくれんぼうごっこ、ピッピの木登り、ビッピのサメごっこ、学習発表会（小学校）野見学、車いすバスケットボール観戦、芋掘り、松葉のふわふわジャンプ、転がし遊び、泥だんごづくり、ツイスターゲーム、かまくんとかえるくんの世界づくり） | 縄跳び、散歩、植物（大きな葉、おちば、菊、種、干し柿、ゆず、桜のつぼみ、冬野菜の育ち、もみじいちょう、オナモミ、さざんか、ぎんなん）、虫（バッタ、ナメクジ、縁の幼虫）切り株バランス渡り、小石ゲーム、ピッピの馬競争、ピッピ歩き、釣り遊び、三火遊び、お家づくり、カエル、ロープくだり、ロープ登り、しずく、木ばたり、秋の遊び、恐竜なりきり選手権、いのちのこぶ博物館、大学づくり、ピッピからのお手紙、ショウガ入りクッキーづくり、ココア会、ピッピの木登り、ひみつの場所づくり、自発見家遊び、ひっき桶おしゃれコレクション、ピッピのお話の秋遊び、風もりのかくれんぼうごっこ、影、ラキュー、雨、お楽しみ会、秋の素敵なものづくり（まつぼっくりやドングリでギャンドル立て作り）、体操、わらべ唄、ツイスターゲーム、イスとりゲーム、わらべ唄、リズム歩き、ペとペとん遊び、ポックリ、おひげの葉っぱあそび、もりのこびとごっこ、ヘンゼルとグレーテルごっこ、図鑑、けん玉、ラキュー、積み木、わらべ唄、地域の市場、コギガ、絵本、ロンディ、クリスマスツリーづくり、おちば布団、発表会のリハーサル、バスティー君（人形）との生活、芋掘り |

髪型、動作、靴、動物、人、虫、植物、飲み物、食べ物、車、場所、匂い、音、言葉、おもちゃ等、日常生活における

281

12月	1月	2月	3月
・日々の気づきを楽しみ，自分自身でおはなしの世界とつなげ遊びを深める。	・日々の気づきを楽しみ，自分自身でおはなしの世界とつなげ，友だちと遊びの世界を深める。	・友だちや保育士とおはなしや遊びの世界を共有し，自由に出入りして楽しむ。	・おはなしの世界を自由に行き来して遊び就学に向けて友だちとのつながりや心の育ちを大切にする。

信を持ち，友だちへの親　　＊様々な経験や対人関係の広がりを通し，自立心を高め，就学への意欲を持つ

⑧違いを楽しむ（子どもが一人ひとりの違いを認め合いながら，おはなしや遊びの世界を共有する）

『しずくのぼうけん』・『ながくつしたのピッピ』・『ばばばあちゃんシリーズ』・『もりのこびと』・『もりのてぶくろ』・『しわしわかんぶつおいしいよ』・『じめんのうえとじめんのした』	『ながくつしたのピッピ』・『しずくのぼうけん』・『小さなスプーンおばさん』・『ふたりはともだち』・『びゅんびゅんごまがまわったら』・『ばばばあちゃんシリーズ』・『くまのこウーフ』・『エルマーのぼうけん』・『おおどろぼうホッツェンプロッツ』・『ちいさいまじょ』		
散歩、石探し、もの発見家遊び、植物（ヒイラギもくせい、さざんか、干し柿、みかん）、もりのこびとたちごっこ、ばばばあちゃんに見せる発表会、しずくのぼうけんごっこ、びゅんびゅんゴマ、けん玉、発表会リハーサル、アイロンビーズ、ピッピの買い物ゲーム、双六あそび、発表会のプログラムづくり、織物、カードゲーム、びゅんびゅんゴマ作り、ピッピの木登り、滑り台、ひみつの場所づくり、ピッピの馬競争、魚釣りごっこ、雨、縄の買い物、地域の市場、正月の食材、するめの会（市場で買ったするめを食す会）、パスティー君（人形）との生活、積み木（ピッピの世界づくり）	羽根つき大会、散歩、予定表づくり、七草がゆ、図鑑、アオサギ、ジュウビタキ、キモキモレイ、サッカー、パスティー君（人形）との生活、縄跳び、初詣、おみくじ、お守り、ピッピの馬競争、植物（さざんか、椿、桜のつぼみ、）、ピッピがころんだあそび、積み木（ピッピの世界づくり）、ロンディー、ラキュー、びゅんびゅんゴマ、ゴルフ大会、お手紙ごっこ、けん玉、帽子とりゲーム、子どもたちがつくった双六、ドールハウス、ピッピ歩き、川沿いマラソン、鏡開き、ぜんざい作り、こぶたの体操ゲーム、マフラーづくり、帽子づくり、パズル、ぬり絵、地球儀、プリズモ、ビーズ、織物、大工さん、ままごと、編み物、しずくのぼうけんごっこ		

ヒト・モノ・コト

巻末資料

20 読みあう活動中の子どもの理解と保育の理解と支援．保育計画中心型

★ Session 1 読みあう活動中の子どもの理解と保育のねらい（90分）

ワークの流れ	オリエンテーション	日常の保育の振り返り	課題への取り組み		まとめ
	課題の説明と共有	課題を見つける	講習及び自己学習	学習の共有（意見交換）	振り返り
時間	20分	15分	35分	10分	10分
目的	・研修の目的を理解し、参加者の参加意欲を導き出す。	・日常の保育を振り返り、これまでの取り組みと今後の取り組みの違いを認識する。・日常の子どもの様子を理解する。	・日常の子どもの様子を持った読みあう活動を計画する。	・互いの計画内容を共有し、自らの読みあう活動の保育計画を振り返る。	・ワークで学んだことや気づいたことを共有する。
内容	1. 研修担当者の挨拶 2. 保育における読みあう活動の意義の説明。 3. 本日の流れの説明。 4. 研修ルールの説明。 5. グループ分け（ワークシートA1にグループの参加者氏名を記入する）。 6. 参加者同士の自己紹介。 7. 絵本を読みあう。	1. 日常の保育の振り返り、ワークシートA1に記入する。 2. ワークシートA2に記入する。 3. 内容をグループ内で発表し合う。	1. 読みあう活動における読みあう活動のねらいを立てる（ワークシートA3に記入）。 2. 日常の子どもの様子から読みあう活動のねらいを立てる（ワークシートA3に記入）。 3. 読みあう活動の内容を考える（ワークシートA3に記入）。 4. 絵本を選択する（ワークシートA3に記入）。 5. 保育の流れ（保育前・中の保育の流れ）を立てる（ワークシートA3に記入）。	1. グループ内で互いの保育計画案（ワークシートA3）を発表し合う。 2. 互いの内容に対して意見交換をする。	1. 今回のワークを振り返り、学んだことや気づいたことを共有する。 2. 研修全体を振り返る。 3. 振り返りシートA1に意見等を記入する。
用意するもの	・ワークシートA ・筆記用具	・ワークシートA ・筆記用具	・ワークシートA ・筆記用具	・ワークシートA ・筆記用具	・ワークシートA ・振り返りシートA1 ・筆記用具
進行役の留意点	1. 研修の意義と目的を明確に説明する。 2. 参加者が互いに参加しやすい場をつくる。 3. グループ分けには経験年数にばらつきがあるように配慮する。	1. 日常の子どもの様子や保育を具体的な方法で説明する。 2. グループでの発表しやすいように、進行役は声をかけながら、援助しているグループには、援助する。	1. 保育計画の説明の際には、具体的な実践例を提示して説明する。 2. ワークシートAの記入方法を具体的に説明する。 3. 自己学習に取り組む上で、学習が進行しない人または、グループがある場合には、互いに話し合い内容を明示する。 4. ヒト・モノ・コトを資料として配布する。	1. 経験年数の浅い人から発表するように、発表中のよい内容をワークシートA4に記入するように伝える。	1. 学習成果を明確にしていけるように、振り返りシートA1には学習成果のアンケート項目を入れる。 2. 次回のワークについてながる振り返りを行い、意欲を持たせるようにまとめを行う。

283

★ Session 2 　絵本・読みあう活動の知識と保育技術 (60分)

ワークの流れ	オリエンテーション 課題の説明と共有	絵本の知識を得る 知識を深める	課題への取り組み 講義及び自己学習	課題への取り組み 学習の共有 (意見交換)	まとめ 振り返り
時間	5分	20分	15分	10分	10分
目的	・研修の目的を理解し、参加意欲を導き出す。	・研修者からの講義によって絵本の知識を深める。	・読みあう活動中に必要な保育技術を理解する。	・互いに絵本を読みあいながら、読みあう活動に必要な保育技術を振り返る。	・ワークで学んだことや気づいたことを共有する。
内容	1. 本日の研修内容の説明 2. 本日の流れの説明 3. 研修者の説明 4. グループ分け (前回のワークと同様のグループ)	1. 研修者からの講義によって読みあう活動に必要な絵本の知識を得る。 2. 参加者同士の好きな絵本紹介を通して、絵本の知識を得る (ワークシートA4)。	1. 読みあう活動に必要な保育技術を説明する。	1. グループ内で互いの読みあう保育技術をアドバイスしあう。 2. 互いに受けたアドバイスをワークシートA5に記入する。	1. 今回のワークを振り返り、学んだことや気づいたことを書き出す (ワークシートA6)。 2. グループで順に発表しあう。 3. 研修全体を振り返り「振り返りシートAJ に意見等を記入する。
用意するもの		・ワークシートA ・筆記用具	・ワークシートA ・筆記用具	・ワークシートA ・筆記用具	・ワークシートA ・振り返りシートA ・筆記用具
進行役の留意点	1. 前回の研修の振り返りと、ワークの内容をつなげる。 2. 研修の意義を目的を明確に説明する。 3. 参加者が互いに参加しやすい場をつくる。	1. 実際の絵本を使用しながら説明する。 2. 参加者が互いに参加しやすい場をつくる。	1. 読みあう際には、具体的なアンケート結果を提示して説明する。	1. 経験年数の浅い人から発表するように伝える。 2. 発表中のよい内容や発見したことは、ワークシートA8に記入するように伝える。	1. 学習成果を明確にしていけるように「振り返りシートA」はアンケート項目を入れる。 2. 次回のワークにつながる振り返りを行い、意欲を持たせるようなまとめを行う。

巻末資料

★ Session 3　読みあう活動と日常の保育がつながる保育計画（90分）

ワークの流れ	オリエンテーション	日常の保育の振り返り	課題への取り組み		まとめ
	課題の説明と共有	課題を見つける	講習及び自己学習	学習の共有（意見交換）	振り返り
時間	5分	15分	40分	10分	10分
目的	・研修の目的を理解し、参加者の参加意欲を導き出す。	・日常の保育の振り返りとこれまでの取り組みと今後の取り組みの違いを認識する。・日常の子どもの様子を理解する。	・日常の子どもと生活のつながりを持つ読みあう活動後の保育の計画を理解する。	・互いの計画内容を共有し、自らの読みあう活動後の保育計画を振り返る。	・ワークで学んだことや気づいたことを共有する。
内容	1. 本日の研修内容の説明2. 本日の流れの説明3. 研修ルールの説明4. グループ分け（前回のワークと同様のグループ）	1. 日常の保育の振り返り、ワークシートA7に記入する。2. 実践事例を読み、保育と子どもの様子からワークシートA8にワークで考えたことを記入する。3. 内容をグループ内で発表し合う。	1. 清心保育園の、読みあう活動に必要な保育実践の説明をする。2. 年間計画と絵本と遊びの年間計画からつながりを発見するワーク（ワークシートA9に記入）。3. 参加者各自が自らの保育の年間計画と日ごろの読みあう活動とのつながりがあるかをワークシートA10に記入）4. 読みあう活動を家庭へつなげる方法を考える（ワークシートA11）	1. グループ内で互いの保育計画案（ワークシートA12）を発表しあう。2. 発表の内容に対して、意見交換する。	1. 今回のワークを振り返り、学んだことや気づいたこと（ワークシートA12）を書きしあう。2. 研修を全体で振り返り、グループシートAに意見等を記入する。
用意するもの		・ワークシートA・筆記用具	・ワークシートA・筆記用具	・ワークシートA・筆記用具	・ワークシートA・振り返りシート・筆記用具
進行役の留意点	1. 前回の研修の振り返り、ワークの内容をつなげる。2. 研修の意義と目的を明確に説明する。3. 参加者が互いに参加しやすい場をつくる。	1. 日常の子どもの様子や保育を振り返り方法を具体的に説明する。2. ワークシートAで発表しやすいように、進行が滞っているグループには、声をかけながら、援助する。	1. 保育計画の説明の際には、具体的な実践例を提示して説明する。2. ワークシートAの記入方法を具体的に説明する。3. 自己学習に取り組むとしくグループには、互いに話し合うことに促す。	1. 経験年数の浅い人から発表するように伝える。2. 発表中のよい内容を発表したことは、ワークシートA12に記入するように伝える。	1. 学習成果を明確にしていけるように、振り返りシートAには学習成果のアンケート項目を入れる。2. 保育実践に向けての意欲を高める。

285

21 読みあう活動の研修プログラム第1版B「絵本・読みあう活動の知識と保育技術中心型」

★ Session 1 読みあう活動中の子どもの理解と保育のねらい（60分）

ワークの流れ	オリエンテーション	日常の保育の振り返り	課題への取り組み		まとめ
	課題の説明と共有	課題を見つける	講習	学習の共有（意見交換）	振り返り
時間	15分	10分	20分	10分	5分
目的	・研修の目的を理解し、参加者の参加意欲を導き出す。	・日常の保育を振り返り、これまでの取り組みと今後の取り組みの違いを認識する。 ・日常の子どもの様子を理解する。	・日常の子どもと生活のつながりを持った読みあう活動の重要性を理解する。	・ワークで学んだことや気づいたことを共有する。	・ワークで学んだことや気づいたことを振り返る。
内容	1. 研修担当者の挨拶 2. 保育における読みあう活動の意義と研修内容の説明をする。 3. 本日の流れの説明をする。 4. 研修ルールの説明をする。 5. グループ分けをする（ワークシートB2に参加者氏名を記入する）。 6. グループ内の参加者同士が自己紹介	1. 日常の読みあう活動を振り返り、ワークシートB1に記入する。 2. 日常の子どもの様子を振り返り、ワークシートB2に記入する。 3. 内容をグループ内で発表し合う。	1. 読みあう活動前の日常の子どもの様子と生活のつながりを持った保育を展開することの重要性を説明する。	1. グループ内で互いの学んだことや気づいたことを発表する（ワークシートB3）。 2. 互いの内容に対して、意見交換をする。	1. 研修を全体で振り返る。「振り返りシートB」に記入し、意見等を記す。
用意するもの	・ワークシートB ・筆記用具	・ワークシートB ・筆記用具	・ワークシートB ・筆記用具	・ワークシートB ・筆記用具	・ワークシートB ・振り返りシートB ・筆記用具
進行役の留意点	1. 研修の意義と目的を明確に説明する。 2. グループ分けには経験年数にばらつきがあるように配慮する。	1. 日常の子どもの様子や保育を振り返る方法を具体的に説明する。	1. 読みあう活動の日常の子どもの様子や生活のつながりを持った保育の説明の際には、具体的な実践事例を提示して説明する。	1. 発表中のよい内容や発見したことは、ワークシートB3に記入するように伝える。	1. 学習成果を明確にしていけるように、振り返りシートBには学習成果のアンケートを入れる。 2. 次回のワークについてから意欲を持たせるようなまとめを行う。

巻末資料

★ Session 2　絵本・読みあう活動の知識と保育技術（120分）

ワークの流れ	オリエンテーション 課題の説明と共有	日常の保育の振り返り 知識を深める	課題への取り組み 講習及び自己学習	学習の共有（意見交換）	まとめ 振り返り
時間	10分	20分	70分	10分	10分
目的	・研修の目的を理解し、参加者の参加意欲を導き出す。	・研修者からの講習によって読みあう活動に必要な絵本の知識を得る。	・読みあう活動に必要な保育技術を学ぶ。	・互いの読みあう活動の保育技術の計画内容を共有し、自らの学習計画を振り返る。	・ワークで学んだことや気づいたことを共有する。
内容	1．本日の研修内容の説明をする。 2．本日の流れの説明をする。 3．グループルールの説明をする。 4．グループ分けをする（前回のワークと同様のグループ）。 5．絵本を読みあう。	1．研修者からの講習によって読みあう活動に必要な絵本の知識を得る。 2．参加者同士の絵本紹介を通して、絵本の知識を得る。（ワークシートB4）	1．読みあう活動に必要な保育技術を説明する。 2．日常の保育を振り返り、活動中に不足していた技術を見つけ出す読みあう活動に必要な保育技術を習得する（ワークシートB5に記入）。 3．読みあう活動のための学習計画を立てる（ワークシートB6に記入）。 4．参加者が互いに絵本を読みあいアドバイスをしあう（ワークシートB7に記入）。	1．グループ内でお互いの読みあう活動の保育計画案（ワークシートB8）を発表しあう。 2．お互いの内容に対して、意見交換をする。	1．今回のワークを振り返り、学んだことや気づいたことを共有する（ワークシートB9）。 2．グループで順に発表しあう。 3．研修を全体を振り返り、[振り返りシートB]に意見等を記入する。
用意するもの	・ワークシートA ・筆記用具	・ワークシートA ・筆記用具	・ワークシートB ・筆記用具	・ワークシートB ・筆記用具	・ワークシートB ・振り返りシート ・筆記用具
進行役の留意点	1．前回の研修を振り返りの内容につなげる。 2．研修の意義と目的を明確に説明する。	1．実際の絵本を使用しながら説明する。	1．読みあう活動に必要な保育技術の説明の際には、具体的なアンケート結果を提示して説明する。 2．ワークシートBの記入方法を具体的に説明する。	1．発表中のよい内容や発表したことは、ワークシートB9に記入するように伝える。	1．学習成果を明確にしていくように、振り返りシートB・はば学習成果のアンケート項目を表中のよい内容を発表したことは、ワークシートB9に記入するように伝える。 2．改回のワークについてが意欲を持たせるようなまとめを行う。

287

★ Session 3 読みあう活動と日常の保育がつながる保育計画（60分）

ワークの流れ	オリエンテーション	日常の保育の振り返り	課題への取り組み		まとめ
	課題の説明と共有	課題を見つける	講習及び自己学習	学習の共有（意見交換）	振り返り
時　間	5分	10分	25分	10分	10分
目　的	・研修の目的を理解し、参加者の参加意欲を引き出す。	・日常の保育を振り返り、これまでの取り組みと今後の取り組みの違いを認識する。 ・日常の子どもの様子を理解する。	・日常の子どもの様子と生活につながりを持った読みあう活動後の保育計画を理解する。	・互いのワークの学習結果を共有し、読みあう活動と日常の保育をつなげる保育計画への理解を深める。	・ワークで学んだことや気づいたことを共有しあう。
内　容	1. 本日の研修内容の説明をする。 2. 本日の流れの説明をする。 3. 研修ルールの説明をする。 4. グループ分けをする（前回のワークと同様のグループ）。	1. 日常の読みあう活動後の子どもの様子を振り返り、ワークシートB10に記入する。 2. 内容をグループ内で発表しあう。	1. 清心保育園の読みあう活動の実践紹介とその実践に必要な保育計画の説明をする。 2. 年間計画と絵本と遊びの年間計画からつながりを発見するワークに取り組む（ワークシートB10に記入）。	1. グループ内で互いの学習結果（ワークシートB10）を発表しあう。 2. 互いの内容に対して、意見交換する。	1. 今回のワークを振り返り、学んだことや気づいたことを共有しあう（ワークシートB11）。 2. 研修を全体で振り返り、「振り返りシートB」に意見等を記入する。
用意するもの		・ワークシートB ・筆記用具	・ワークシートB ・筆記用具	・ワークシートB ・筆記用具	・ワークシートB ・振り返りシートB ・筆記用具
進行役の留意点	1. 前回の研修を振り返り、ワークの内容をつなげる。 2. 研修の意義と目的を明確に説明する。	1. 日常の子どもの様子や保育の振り返り方法を具体的に説明する。	1. 保育計画の説明の際には、具体的な実践例を説明して用い、ワークシートBの記入方法を説明する。	1. 発表中のない内容を発表しなかったことは、ワークシートBに記入するように伝える。	1. 学習成果を明確にしていけるように、ワークシートBには学習成果のアンケート項目を入れる。 2. 保育実践に向けての意欲を高める。

288

22 読みあう活動の保育者研修プログラムワークシート C

研修参加日 　　年　　月　　日	○好きな果物：（　　　　　）（　　　　　） ○好きな動物：（　　　　　）（　　　　　）
メンバーの名前：	

ワークシートC1：読みあう活動の中で,子どもたちはどのように絵本の世界を楽しんでいますか？

ワークシートC2：読みあう活動の中で,子どもたちはどのように成長・発達していると考えますか？

ワークシートC3：年間計画と連動している絵本はどれでしょうか？

○アカ…

○黄色…

○オレンジ…

○紫…

○緑…

プログラムC Session1 振り返りシート

1. 次の質問にお答えください（あてはまる数字を○で囲んでください）

   (1) あなたの年齢と保育者経験年数を教えてください。
   　○（　　　　　　　　　　）歳
   　○保育経験（　　　　　　　　）年目

   (2) あなたの好きな果物と動物を2つずつ書いてください。
   　○果物　（　　　　　　　　）（　　　　　　　　　　）
   　○動物　（　　　　　　　　）（　　　　　　　　　　）

   (3) Session1の満足度は何％ですか？
   　　0　10　20　30　40　50　60　70　80　90　100％

   (4) Session1の内容はいかがでしたか？
   　　　　1　　　　　2　　　　　　3　　　　　　4　　　　　5
   　　よくなかった　あまりよくなかった　どちらでもない　よかった　とてもよかった

   (5) Session1の研修では，新しい発見や気づきはありましたか？
   　　　　1　　　　　2　　　　　　3　　　　　　4　　　　　5
   　　まったくなかった　あまりなかった　どちらでもない　まあまああった　けっこうあった

   (6) Session1の研修で，今後のあなたの仕事に生かせることはありましたか？
   　　　　1　　　　　2　　　　　　3　　　　　　4　　　　　5
   　　まったくなかった　あまりなかった　どちらでもない　まあまああった　けっこうあった

2. Session1の研修内容で理解が深まった点を具体的に教えてください

3. Session1の研修内容について，研修者側で改善が必要な点を具体的に教えてください

ご協力をいただきまして，ありがとうございました。

	ワークシートC4：紹介された絵本の題目・作者・内容についてメモする
①	
②	
③	
④	
⑤	
⑥	
⑦	
メモ	

巻末資料

ワークシートC5：グループのメンバーからのアドバイスで気づいたこと，考えたこと

プログラムC Session2 振り返りシート

1. 次の質問にお答えください（あてはまる数字を〇で囲んでください）

(1) あなたの年齢と保育者経験年数を教えてください。
　　〇（　　　　　　　　　　　）歳
　　〇保育経験（　　　　　　　　　　　）年目

(2) あなたの好きな果物と動物を2つずつ書いてください。
　　〇果物　（　　　　　　　　　　）（　　　　　　　　　　　　）
　　〇動物　（　　　　　　　　　　）（　　　　　　　　　　　　）

(3) Session2の満足度は何%ですか？
　　　　　0　10　20　30　40　50　60　70　80　90　100%

(4) Session2の内容はいかがでしたか？
　　　　　　1　　　　　2　　　　　3　　　　　4　　　　　5
　　　よくなかった　あまりよくなかった　どちらでもない　よかった　とてもよかった

(5) Session2の研修では，新しい発見や気づきはありましたか？
　　　　　　1　　　　　2　　　　　3　　　　　4　　　　　5
　　　まったくなかった　あまりなかった　どちらでもない　まあまああった　けっこうあった

(6) Session2の研修で，今後のあなたの仕事に生かせることはありましたか？
　　　　　　1　　　　　2　　　　　3　　　　　4　　　　　5
　　　まったくなかった　あまりなかった　どちらでもない　まあまああった　けっこうあった

2. Session2の研修内容で理解が深まった点を具体的に教えてください

3. Session2の研修内容について，研修者側で改善が必要な点を具体的に教えてください

　　　　　　　　　　　　　　　ご協力をいただきまして，ありがとうございました。

巻末資料

23　研修前のアンケート調査（質問紙）

　先生方は日ごろの保育で，子どもたちとともに絵本や物語等を読んでいることと思います。私は，今回の研修で参加していただきました先生方にどのような効果があったのかを明らかにしていきたいと思い，このアンケートを企画しました。お名前や園名をお書きいただく必要はありません。また，答えづらい箇所は空欄で結構です。趣旨をご理解いただき，ご協力いただけますよう，お願いします。

淑徳大学　仲本　美央

Ⅰ．下記の質問にお答えください。

　　好きな果物を2つお答えください：（　　　　　　　）（　　　　　　　）
　　好きな動物を2つお答えください：（　　　　　　　）（　　　　　　　）

あなたが，この1ヶ月で取り組んでいる読みあう活動の状況についての考えをおたずねします。

　　※　設問について，正しいとか，間違っているということはありませんので，率直にお答え下さい。
　　※　記入の仕方：番号のあてはまる方に○をつけてください。

　Ⅰ．絵本および読みあう活動の知識・技術についておたずねします。
　※　設問について，正しいとか，間違っているということはありませんので，率直にお答えください。

	まったく あてはまらない	どちらかといえば あてはまらない	どちらとも 言えない	どちらかといえば あてはまる	非常に あてはまる
例）各設問に「あてはまる」程度をお答えください。下の例では「どちらかといえばあてはまる」ので，「4」に○をつけています。					
0．いつもかかさず，歯をみがいている	1	2	3	④	5
1．保育者がいろいろな絵本を知って，見る目を持っている	1	2	3	4	5
2．絵本のレパートリーを増やしている	1	2	3	4	5
3．絵本を繰り返し読んでいる	1	2	3	4	5
4．絵本の下読みをしている	1	2	3	4	5
5．絵本のストーリーへの理解を深めている	1	2	3	4	5
6．保育者自身が絵本の内容に対して理解を深めている	1	2	3	4	5
7．絵本の楽しみ方を見つけている	1	2	3	4	5
8．絵本の題名・作者名・出版社名を読んでいる	1	2	3	4	5
9．表・裏表紙を見せる	1	2	3	4	5
10．保育者がページをめくる	1	2	3	4	5
11．ページのめくり方に配慮している	1	2	3	4	5
12．ページをめくる間，絵を読む時間を作る	1	2	3	4	5
13．落ち着いた声で読む	1	2	3	4	5
14．じっくり読む	1	2	3	4	5
15．ゆっくり，丁寧に読む	1	2	3	4	5
16．読む速度を工夫している	1	2	3	4	5
17．子どものペースに合わせて読む	1	2	3	4	5
18．声の調子に配慮する	1	2	3	4	5

巻末資料

19. 声の大きさに配慮する	1	2	3	4	5
20. 聞き取りやすい声で読む	1	2	3	4	5
21. 優しい声で読む	1	2	3	4	5
22. 穏やかな声で読む	1	2	3	4	5
23. 大きな声で読まない	1	2	3	4	5
24. 抑揚をつけ過ぎない	1	2	3	4	5
25. 軽い抑揚(声の強弱)をつける	1	2	3	4	5
26. 言葉のリズムを楽しむようにしている	1	2	3	4	5
27. 音を感じながら読む	1	2	3	4	5
28. 心地よいリズムを工夫する	1	2	3	4	5
29. 心地よく読む	1	2	3	4	5
30. 絵本を読むタイミングに配慮している	1	2	3	4	5
31. 食事の用意をする時に読む	1	2	3	4	5
32. 給食前に読む	1	2	3	4	5
33. 決まった時間に読む	1	2	3	4	5
34. おやつの前に読む	1	2	3	4	5
35. お話の時間を日課に入れる	1	2	3	4	5
36. 子どもの要求がある時に読む	1	2	3	4	5
37. ゆったりした時間に読む	1	2	3	4	5
38. 落ち着いて読めない時間帯は控える	1	2	3	4	5
39. 少数の子どもと関わる時に読む	1	2	3	4	5
40. 自由遊びの時間に読む	1	2	3	4	5
41. 子どもが絵本を読んだり,見たりしているところを見守る					
	1	2	3	4	5
42. 子どもたちが絵本を見るだけでなく,楽しみを味わうようにする					
	1	2	3	4	5
43. 子どもが満足するまで読む	1	2	3	4	5
44. 絵本に親しむように関わる	1	2	3	4	5
45. 絵本の楽しさを伝える	1	2	3	4	5
46. 絵本の中の言葉を楽しみながら読む	1	2	3	4	5
47. 絵を読む楽しさをいつまでも持ち続けられるようにする					
	1	2	3	4	5
48. 楽しい場面,悲しい場面などを感情を込めて読む					
	1	2	3	4	5
49. 保育者なりの思い入れを持って絵本を読む	1	2	3	4	5
50. 登場人物の心情を伝えられるような読み方をする					
	1	2	3	4	5
51. 主人公の気持ちを声で表現する	1	2	3	4	5
52. 作者の気持ちになって,一言一言を大切に読む					
	1	2	3	4	5
53. 何かを感じ取ってくれるような読み方をする					
	1	2	3	4	5
54. 子どもたちに伝わるように読む	1	2	3	4	5
55. 子どもたちに語りかけるように読む	1	2	3	4	5
56. 表情豊かに読む	1	2	3	4	5

57. 大げさな読み方をしない	1	2	3	4	5
58. 余計な言葉を使わない	1	2	3	4	5
59. 無理に聞かせない	1	2	3	4	5
60. 読む間に配慮する	1	2	3	4	5
61. 一方的なもので終わらないようにする	1	2	3	4	5
62. 言葉を大切にしている	1	2	3	4	5
63. フレーズを大切にしている	1	2	3	4	5
64. 子どもに強制することのないようにする	1	2	3	4	5
65. 絵本の内容以外のことを言わない	1	2	3	4	5
66. その本を本気で読む	1	2	3	4	5
67. 絵本が主役となるような読み方をする	1	2	3	4	5

Ⅱ. 絵本および読みあう活動時の子どもへの理解とその支援についておたずねします。

1. 子どもの意欲や好奇心を深めるようにしている
　　　　　　　　　　　　1　　2　　3　　4　　5
2. 想像力を育てるようにしている　1　　2　　3　　4　　5
3. 子どもが嬉しさを持つようにしている　1　　2　　3　　4　　5
4. 子どもの聴く力を考えるようにしている　1　　2　　3　　4　　5
5. 絵本の時間を子ども自身の財産となるようにしている
　　　　　　　　　　　　1　　2　　3　　4　　5
6. 子どもが身近に絵本を感じるようにしている
　　　　　　　　　　　　1　　2　　3　　4　　5
7. 絵本の経験による聴覚や視覚で子どもの発達を支援するようにしている
　　　　　　　　　　　　1　　2　　3　　4　　5
8. 絵本を読む事を積み重ねることによって子どもの生きる力を育てるようにとしている
　　　　　　　　　　　　1　　2　　3　　4　　5
9. 子どもたちの見えない力を絵本で育てるようにとしている
　　　　　　　　　　　　1　　2　　3　　4　　5
10. 絵本を読む事を積み重ねることによって子どもの豊かな心を育てるようにしている
　　　　　　　　　　　　1　　2　　3　　4　　5
11. 子どもの気持ちを大切にするようにしている
　　　　　　　　　　　　1　　2　　3　　4　　5
12. 心の成長につなげるようにとしている
　　　　　　　　　　　　1　　2　　3　　4　　5
13. 子ども自身が絵本で感じて成長できるようにしている
　　　　　　　　　　　　1　　2　　3　　4　　5
14. つぶやきや発言を受け止めるようにしている
　　　　　　　　　　　　1　　2　　3　　4　　5
15. 子どものつぶやいた感情に寄り添うようにしている
　　　　　　　　　　　　1　　2　　3　　4　　5
16. 子どもの疑問に思うことを考えるようにしている
　　　　　　　　　　　　1　　2　　3　　4　　5
17. 子どもの声（言葉）を拾うようにしている
　　　　　　　　　　　　1　　2　　3　　4　　5
18. 言葉のキャッチボールをするようにしている

		1	2	3	4	5
19.	声をかけるようにしている	1	2	3	4	5
20.	読んでいる時に相づちをうつようにしている					
		1	2	3	4	5
21.	1対1の関わりを大切にするようにしている					
		1	2	3	4	5
22.	楽しい時間を過ごせるようにしている	1	2	3	4	5
23.	大好きな大人が絵本を読んでくれる時間になるようにしている					
		1	2	3	4	5
24.	幸せな気持ちを大切にしている	1	2	3	4	5
25.	子どもたちの感じたことを大切にしている					
		1	2	3	4	5
26.	繰り返し読んで欲しいという要求に応えるようにしている					
		1	2	3	4	5
27.	気持ちを交わせるようにしている	1	2	3	4	5
28.	保育者が思ってる絵本や子どもに対する思いを伝えるようにしている					
		1	2	3	4	5
29.	保育者が絵本に出てくる内容と同じおもちゃやモビール等を指差しながら読むようにしている					
		1	2	3	4	5
30.	子ども同士のやりとりを大切にしている					
		1	2	3	4	5
31.	内容を互いに楽しみ合うようにしている					
		1	2	3	4	5
32.	心を通い合わせるようにしている	1	2	3	4	5
33.	登場人物の心情を伝え合うようにしている					
		1	2	3	4	5
34.	子どもたちと話しをしながら読むようにしている					
		1	2	3	4	5
35.	子どもたちとの会話の中で楽しむようにしている					
		1	2	3	4	5
36.	子どもたちと夢中になるほど読むようにしている					
		1	2	3	4	5
37.	目を合わせて確認しないようにしている					
		1	2	3	4	5
38.	目を合うようにしている	1	2	3	4	5
39.	共感し合う時間を大切にしている	1	2	3	4	5
40.	通じ合えたと感じることを大切にしている					
		1	2	3	4	5
41.	雰囲気や気持ちでつながるようにしている					
		1	2	3	4	5
42.	子どもに共感するようにしている	1	2	3	4	5
43.	また，読みたいという子どもの気持ちを大切にしている					
		1	2	3	4	5
44.	子どもの感情を大切にしている	1	2	3	4	5
45.	子どもの関心を受け取るようにしている					

	1	2	3	4	5
46. 一緒に考えるようにしている	1	2	3	4	5
47. 子どもと一緒に楽しむ時間を大切にしている	1	2	3	4	5
48. 友達と顔をあわせるようにしている	1	2	3	4	5
49. 友達と一緒に行動するようにしている	1	2	3	4	5
50. 楽しみながら読むようにしている	1	2	3	4	5
51. 大人や友達と楽しむようにしている	1	2	3	4	5
52. 保育者も一緒に楽しむようにしている	1	2	3	4	5
53. みんなで楽しむようにしている	1	2	3	4	5
54. 微笑み合うことを楽しむようにしている	1	2	3	4	5
55. 一緒に見るようにしている	1	2	3	4	5
56. 一緒にドキドキするようにしている	1	2	3	4	5
57. 喜びを共有するようにしている	1	2	3	4	5
58. 共有する経験を大切にしている	1	2	3	4	5
59. 子どもと共有している	1	2	3	4	5
60. コミュニケーションを大切にしている	1	2	3	4	5
61. 相手に対しての信頼関係を築けるようにしている	1	2	3	4	5
62. 子どもの気持ちに共感する言葉がけを大切にしている	1	2	3	4	5
63. 似た場面を口ずさむようにしている	1	2	3	4	5
64. 一緒に口ずさむようにしている	1	2	3	4	5
65. 言葉を真似るようにしている	1	2	3	4	5
66. 子どもにとって自分だけの特別な時間になるようにしている	1	2	3	4	5
67. 保育者と二人の時間を過ごすようにしている	1	2	3	4	5
68. 子どもの保育者と関わりたい気持ちを大切にしている	1	2	3	4	5
69. スキンシップへの配慮をしている	1	2	3	4	5
70. 肌や声で触れ合うことを大切にしている	1	2	3	4	5
71. 子どもが発見することを楽しむようにしている	1	2	3	4	5
72. 子どもの発見を大切にしている	1	2	3	4	5
73. 子どもたちの気づきを大切にしている	1	2	3	4	5
74. 子どもが絵本の面白さに気づくようにしている	1	2	3	4	5
75. 子どもが面白い発見をするようにしている	1	2	3	4	5
76. 子どもの新しい発見を大切にしている	1	2	3	4	5
77. 子どものアイデアをつなげるようにしている	1	2	3	4	5

巻末資料

78. 子どもの発想を大切にしている	1	2	3	4	5
79. 子どもへの理解を大切にしている	1	2	3	4	5
80. 子どもがどのような意識なのかを大切にしている					
	1	2	3	4	5
81. 子どもの読んで欲しい気持ちを大切にしいる					
	1	2	3	4	5
82. 絵本に関連する子どもの行動を見落とさないようにしている					
	1	2	3	4	5
83. 子どもが絵本から気づいた気持ちを保育者が見逃さないようにする					
	1	2	3	4	5
84. 言葉を覚えていることに気づくようにしている					
	1	2	3	4	5
85. 子どもの絵本を見る視点の変化に気づくようにしている					
	1	2	3	4	5
86. 反応の違いに気づくようにしている	1	2	3	4	5
87. 気づかないような物を見つけるようにしている					
	1	2	3	4	5
88. 子どもの表情を大切にしているにしている					
	1	2	3	4	5
89. 子どもの仕草を大切にするようにしている					
	1	2	3	4	5
90. 保育者が気づいて関わるようにしている					
	1	2	3	4	5
91. 子どもの興味を受け取るようにしている					
	1	2	3	4	5
92. 気持ち（反応）を大切に受け止めるようにしている					
	1	2	3	4	5
93. 読んであげたいという気持ちを持って関わるようにしている					
	1	2	3	4	5
94. 共感を求める子どもに答えるようにしている					
	1	2	3	4	5
95. 子どもに安心感を与えるようにしている					
	1	2	3	4	5
96. 目に見えないものを楽しむようにしている					
	1	2	3	4	5
97. 絵本の世界の見えないものと想像する中で交遊するようにしている					
	1	2	3	4	5
98. 子どもが絵本の主人公になりきることを大切にしている					
	1	2	3	4	5
99. 現実世界との類似点を大切にしている					
	1	2	3	4	5
100. 現実世界でも楽しめるようにしている					
	1	2	3	4	5
101. 絵本の世界に手紙を書くようにしている					
	1	2	3	4	5

102. 絵本の世界から手紙をもらうようにしている
　　　　　　　　　　　　　1　　　　2　　　　3　　　　4　　　　5
103. 絵本の世界に入っていけるようにしている
　　　　　　　　　　　　　1　　　　2　　　　3　　　　4　　　　5
104. 一緒に絵本の世界の入り口に立つようにしている
　　　　　　　　　　　　　1　　　　2　　　　3　　　　4　　　　5
105. 子どもたちと一緒に絵本の世界に入るようにしている
　　　　　　　　　　　　　1　　　　2　　　　3　　　　4　　　　5
106. 絵本の世界の入口を探すようにしている
　　　　　　　　　　　　　1　　　　2　　　　3　　　　4　　　　5
107. 子どもがお話の世界に足を踏み入れるようにしている
　　　　　　　　　　　　　1　　　　2　　　　3　　　　4　　　　5
108. 想像するきっかけを作るようにしている
　　　　　　　　　　　　　1　　　　2　　　　3　　　　4　　　　5
109. 子どもの感性や創造を感じるようにしている
　　　　　　　　　　　　　1　　　　2　　　　3　　　　4　　　　5
110. 子どもたちの創造の世界を広げるようにしている
　　　　　　　　　　　　　1　　　　2　　　　3　　　　4　　　　5
111. 絵本の世界に関し，子どもたちと想像を膨らませるようにしている
　　　　　　　　　　　　　1　　　　2　　　　3　　　　4　　　　5
112. 想像の世界のイメージを共有するようにしている
　　　　　　　　　　　　　1　　　　2　　　　3　　　　4　　　　5
113. 子どもたちと絵本のファンタジーの世界を楽しむようにしている
　　　　　　　　　　　　　1　　　　2　　　　3　　　　4　　　　5
114. ファンタジーの世界を共有するようにしている
　　　　　　　　　　　　　1　　　　2　　　　3　　　　4　　　　5
115. 現実と空想を行ったり来たりする世界を大切にしている
　　　　　　　　　　　　　1　　　　2　　　　3　　　　4　　　　5
116. 新たな世界の扉が開くようにしている
　　　　　　　　　　　　　1　　　　2　　　　3　　　　4　　　　5

Ⅲ．読みあう活動に向けて，あなたが日常で取り組んでいることについておたずねします。

1. 絵本によって子どもに生まれた芽を保育者として育むようにしている
　　　　　　　　　　　　　1　　　　2　　　　3　　　　4　　　　5
2. 保育者である自らの感性を磨く　　1　　　　2　　　　3　　　　4　　　　5
3. 読みあうことに具体的なイメージを持つ
　　　　　　　　　　　　　1　　　　2　　　　3　　　　4　　　　5
4. 絵本を好きである　　　　1　　　　2　　　　3　　　　4　　　　5
5. 保育者である自らが絵本を楽しめるようにする
　　　　　　　　　　　　　1　　　　2　　　　3　　　　4　　　　5
6. 読みあうことを心から楽しむようにする
　　　　　　　　　　　　　1　　　　2　　　　3　　　　4　　　　5
7. 保育者である自らが良い絵本や文化と出会う努力をする
　　　　　　　　　　　　　1　　　　2　　　　3　　　　4　　　　5

巻 末 資 料

Ⅳ．読みあう活動に関する保育計画・環境設定に関しておたずねします。

1．絵本の選択に配慮している　　　　　1　　2　　3　　4　　5
2．ねらいや目的を持って絵本を選ぶ　　1　　2　　3　　4　　5
3．言葉のきれいな絵本を選ぶ　　　　　1　　2　　3　　4　　5
4．繰り返しのある絵本を選ぶ　　　　　1　　2　　3　　4　　5
5．心の栄養となる絵本を選ぶ　　　　　1　　2　　3　　4　　5
6．優しい気持ちになれる絵本を選ぶ　　1　　2　　3　　4　　5
7．乱暴だったり，意地悪な気持ちにならない絵本を選ぶ
　　　　　　　　　　　　　　　　　　1　　2　　3　　4　　5
8．美しいと感じられる絵本を選ぶ　　　1　　2　　3　　4　　5
9．絵のきれいな絵本を選ぶ　　　　　　1　　2　　3　　4　　5
10．保育者自身が面白いと感じた絵本を選ぶ
　　　　　　　　　　　　　　　　　　1　　2　　3　　4　　5
11．保育者自身の心に響いた絵本を選ぶ　1　　2　　3　　4　　5
12．絵本の世界に入っていけるように絵本選びをする
　　　　　　　　　　　　　　　　　　1　　2　　3　　4　　5
13．ワクワクする絵本を選ぶ　　　　　　1　　2　　3　　4　　5
14．想像世界が広がる絵本を選ぶ　　　　1　　2　　3　　4　　5
15．面白いと感じられる絵本を選ぶ　　　1　　2　　3　　4　　5
16．身近なところから別の世界へ入れる絵本を選ぶ
　　　　　　　　　　　　　　　　　　1　　2　　3　　4　　5
17．身近に見て感じたものや興味を持ったものにつながる絵本を選ぶ
　　　　　　　　　　　　　　　　　　1　　2　　3　　4　　5
18．子どもが感情移入できる絵本を選ぶ　1　　2　　3　　4　　5
19．楽しみを共有できる絵本を選ぶ　　　1　　2　　3　　4　　5
20．月齢・年齢に合わせた絵本を選ぶ　　1　　2　　3　　4　　5
21．子どもの発達に合わせた絵本を選択する
　　　　　　　　　　　　　　　　　　1　　2　　3　　4　　5
22．薦めてもらった絵本は必ず読む　　　1　　2　　3　　4　　5
23．古典の絵本を選ぶ　　　　　　　　　1　　2　　3　　4　　5
24．子どもの一人ひとりの好みの絵本を知る
　　　　　　　　　　　　　　　　　　1　　2　　3　　4　　5
25．動物や食べ物，乗り物の絵本を選ぶ　1　　2　　3　　4　　5
26．食べ物をテーマとした絵本を選ぶ　　1　　2　　3　　4　　5
27．生活へとつながる場面のある絵本を選ぶ
　　　　　　　　　　　　　　　　　　1　　2　　3　　4　　5
28．連想できるような場面の絵本を選ぶ　1　　2　　3　　4　　5
29．子どもたちの身の回りのことについて書かれている絵本を選ぶ
　　　　　　　　　　　　　　　　　　1　　2　　3　　4　　5
30．子どもたちにわかりやすい内容の絵本を選ぶ
　　　　　　　　　　　　　　　　　　1　　2　　3　　4　　5
31．行事に合わせて絵本を選ぶ　　　　　1　　2　　3　　4　　5
32．季節に合う絵本を選ぶ　　　　　　　1　　2　　3　　4　　5
33．天気によって絵本を選ぶ　　　　　　1　　2　　3　　4　　5

34. 読みたいと思える絵本を選ぶ	1	2	3	4	5
35. 子どもの気に入った絵本を読む	1	2	3	4	5
36. 子どもが興味を持った絵本を選ぶ	1	2	3	4	5
37. 読みあう環境に配慮する	1	2	3	4	5
38. 読みあう環境づくりを大切にする	1	2	3	4	5
39. 静かな環境で読む	1	2	3	4	5
40. 落ち着いた状況（気持ち）を整える	1	2	3	4	5
41. 絵本を読む時間があたたかいと思える環境を作る					
	1	2	3	4	5
42. 読みあう場所を考える	1	2	3	4	5
43. 読みあうスペースに配慮する	1	2	3	4	5
44. 子どもを膝の上に座らせる	1	2	3	4	5
45. 隣に座ったり，向かい合わせで読みあう					
	1	2	3	4	5
46. 1対1で読みあう	1	2	3	4	5
47. 1対数人で読みあう	1	2	3	4	5
48. 読みあう人数を少なくする	1	2	3	4	5
49. 集団で読みあう	1	2	3	4	5
50. 一日一回は読みあう	1	2	3	4	5
51. 絵本がおもちゃにならないようにする	1	2	3	4	5
52. 絵本を読む事に誘いかける	1	2	3	4	5
53. 気持ちを切り替えるために読みあう	1	2	3	4	5
54. 立ち位置に配慮する	1	2	3	4	5
55. 近すぎない距離で読みあう	1	2	3	4	5
56. 座る位置に配慮している	1	2	3	4	5
57. 絵本の持ち方（位置）に配慮している	1	2	3	4	5
58. 見えやすい位置で読みあう	1	2	3	4	5
59. 絵本が見えやすい工夫をする	1	2	3	4	5
60. 聴こえる環境を整える	1	2	3	4	5
61. 子どもの様子を意識しながら読む	1	2	3	4	5
62. 子どもが興味を深める時間を大切にする					
	1	2	3	4	5
63. 子どもが自然や不思議なことを調べられるようにする					
	1	2	3	4	5
64. 数冊室内に用意する	1	2	3	4	5
65. 子どもたちの見えるところに絵本を設置する					
	1	2	3	4	5
66. 自由に絵本を取れるようにする	1	2	3	4	5
67. 絵本棚に工夫する	1	2	3	4	5
68. 絵本コーナーを作る	1	2	3	4	5
69. 絵本に出てくる装飾をする	1	2	3	4	5
70. 子どもに安心感を実感させる	1	2	3	4	5
71. 子どもの気持ちを落ち着かせる	1	2	3	4	5
72. 落ち着いた雰囲気作りをする	1	2	3	4	5
73. 保育者のぬくもりを感じさせる	1	2	3	4	5

74. 読みあう時の空気を大切にする	1	2	3	4	5
75. 感想を聞かないようにする	1	2	3	4	5
76. 保育者の持っているイメージを押しつけないようにしている					
	1	2	3	4	5
77. 保育者の思いを押しつけようとしないようにしている					
	1	2	3	4	5
78. 子どもたちと余韻に浸る	1	2	3	4	5
79. 余韻を残しながら読む	1	2	3	4	5
80. 読んだ後に子どもへ質問をする	1	2	3	4	5
81. 読み終わってから話しをする	1	2	3	4	5
82. 子どもに絵本の内容をつぶやく	1	2	3	4	5
83. 思いついたことを子どもに聞く	1	2	3	4	5
84. 読みあったことを生活につなげる	1	2	3	4	5
85. 読みあったことを散歩につなげる	1	2	3	4	5
86. 読みあったことを食育につなげる	1	2	3	4	5
87. 読みあったことを遊びに活かす	1	2	3	4	5
88. 読みあったことを遊びにつなげる	1	2	3	4	5
89. 読みあったことについて遊びを一緒に楽しむ					
	1	2	3	4	5
90. 読みあったことから遊びへと気持ちを向けるようにしている					
	1	2	3	4	5
91. 絵本を遊びへとつなげる提案をする	1	2	3	4	5
92. 絵本の模倣遊びをするようにしている	1	2	3	4	5
93. 読みあったことをごっこ遊びに展開する	1	2	3	4	5
94. 絵本の場面を真似る	1	2	3	4	5
95. 読みあったことについて子ども主体で活動を楽しむ					
	1	2	3	4	5
96. 読みあったことについて表現することを大切にする					
	1	2	3	4	5
97. 絵本から得られた子どもの思いを表現できるようにする					
	1	2	3	4	5
98. 読みあったことを製作物で表現する	1	2	3	4	5
99. 読みあったことと関連した物を作って楽しむ					
	1	2	3	4	5
100. 読みあったことをおもちゃで再現する	1	2	3	4	5
101. 読みあったことをおもちゃで表現する	1	2	3	4	5
102. 読みあったことをロンディーやモザイクステッキで表現する					
	1	2	3	4	5
103. 読みあったことをラキューで表現する	1	2	3	4	5
104. 読みあったことを積み木コーナーで表現する					
	1	2	3	4	5
105. 絵本の世界をクッキングで表現する	1	2	3	4	5
106. 絵本で見た体験を現実でやってみる	1	2	3	4	5
107. 絵本の内容に関する遊びの時に，その話に合う言葉がけをする					
	1	2	3	4	5

	1	2	3	4	5
108. 日常生活のものを絵本に出てくる人物，ものにたとえるようにしている	1	2	3	4	5
109. 絵本の中に出てくるものを見つける	1	2	3	4	5
110. 何気ないやりとりに絵本の一節を入れる	1	2	3	4	5
111. 保育者と子ども，または子ども同士で絵本の台詞を生活の中で言う	1	2	3	4	5
112. 絵本に関して保護者とのコミュニケーションをとる	1	2	3	4	5
113. 保護者に絵本を紹介する	1	2	3	4	5
114. 保護者に絵本を知ってもらうようにしている	1	2	3	4	5
115. 月刊絵本を家庭でも共有できるようにしている	1	2	3	4	5
116. 親子で絵本を読む時間を設定してもらうようにしている	1	2	3	4	5
117. 絵本の貸し出しをする	1	2	3	4	5
118. 保護者へおたよりを発行している	1	2	3	4	5
119. 保護者へ絵本のあらすじを紹介する	1	2	3	4	5
120. 絵本を読んでいる子どもたちの反応を紹介する	1	2	3	4	5
121. 絵本を読んだ子どもたちの反応から見所や裏話を紹介する	1	2	3	4	5
122. 絵本ノート（家庭での読みあう活動の日記）の活動を行う	1	2	3	4	5
123. 家で絵本を楽しむ様子ややりとりを記録してもらう	1	2	3	4	5
124. 家庭での読みあう活動について丁寧な記録をする	1	2	3	4	5

※ アンケートにご協力いただきまして，ありがとうございました。

巻末資料

24 読みあう活動の保育方法に関する分類

	第1分類	第2分類	第3分類（カテゴリー名称）
1	保育者がいろいろな絵本を知って、見る目を持つ	絵本に関する知識を増やす	絵本の知識・技術の習得
2	絵本のレパートリーを増やす		
3	繰り返し読む	読む練習をする	
4	下読みをする		
5	絵本のストーリーに関する理解を深める	絵本の内容に関して理解	
6	保育者が絵本の内容に関して理解を深める		
7	絵本の中の楽しい箇所を見つける		
8	絵本の題名・作者名・出版社名を読む	読む導入・終結の配慮	
9	表・裏表紙を見せる		
10	保育者がページをめくる	ページのめくり方に対する配慮	読みあう時の保育技術
11	ページのめくり方に配慮している		
12	ページをめくる間、絵本を読む時間を作る		
13	落ち着いた声で読む	読むペースの配慮	
14	じっくり読む		
15	ゆっくり、丁寧に読む		
16	読む速度を工夫している		
17	子どものペースに合わせて読む		
18	声の調子に配慮する	読む声の配慮	
19	声の大きさに配慮する		
20	聞き取りやすい声で読む		
21	優しい声で読む		
22	穏やかな声で読む		
23	大きな声で読まない		
24	抑揚をつけ過ぎない		
25	軽い抑揚（声の強弱）をつける		
26	言葉のリズムを楽しむようにしている	読むリズムの配慮	
27	音を感じながらリズムを読む		
28	心地よいリズムを工夫する		
29	心地よく読む		
30	絵本を読むタイミングに配慮している	読むリズムの配慮	
31	食事の用意をする時に読む		

307

	第1分類	第2分類	第3分類(カテゴリー名称)
32	給食前に読む	読む時間の配慮	読みあう時の保育技術
33	サークルタイムの時間に行う		
34	おやつの前に読む		
35	読む時間を日課に入れる		
36	子どもから要求がある時に読む		
37	ゆったりした時間に読む		
38	落ち着いて読める時間帯は控える		
39	少数の子どもと関わる時に読む		
40	自由遊びの時間に読む		
41	子どもが絵本を読んだり、見たりしているところを見守る		
42	子どもたちが絵本を見るだけでなく、楽しみを味わうようにする		
43	子どもが満足するまで読む	絵本の内容に合わせた読み方に関する保育者の配慮	
44	絵本に親しむように関わる		
45	絵本の楽しさを伝える		
46	絵本の中の言葉を楽しみながら読む		
47	絵本を読む楽しさをいつまでも持ち続けられるようにする		
48	楽しい場面、悲しい場面などを感情を込めて絵本を読む		
49	保育者なりの思い入れを持って絵本を読む		
50	登場人物の心情を伝えられるように読む		
51	主人公の気持ちになって、表現する		
52	作者の気持ちを汲み取って、一言一言を大切に読む		
53	何かを感じ取ってくれるような読み方をする		
54	子どもたちに伝わるように読む		
55	子どもたちに語りかけるように読む		
56	表情豊かに読む		
57	大げさな読み方をしない		
58	余計な言葉を使わない		
59	無理に聞かせない		
60	読み方に配慮する	絵本の内容に合わせた読み方に関する保育者の配慮	読みあう時の保育技術
61	一方的なもので終わらないようにする		
62	言葉を大切にしている		

308

巻末資料

	第1分類	第2分類	第3分類（カテゴリー名称）
63	フレーズを大切にしている		
64	子どもに強制することのないようにする		
65	絵本の内容以外のことを言わない		
66	本気で読む		
67	絵本が主役となるような読み方をする		
68	子どもの意欲や好奇心を深める	子どもの意欲や好奇心を深める	
69	子どもの想像力を育てる	子どもの想像力を育てる	
70	子どもが嬉しさを持つ	子どもが嬉しさを持つ	
71	子どもの聴く力を育てる	子どもの聴く力を育てる	
72	絵本の時間を大切に絵本を感じる	子どもにとって絵本を読みあう体験の大切さ	子どもに対する保育者のねらいや願い
73	子どもが身近に絵本を感じられるようにする		
74	絵本の経験による聴覚や視覚を用いることによって子どもの発達を支援する		
75	絵本を読む事を積み重ねることによって子どもの生きる力を育てる	読みあう活動によって子どもに育まれる様々な力を育てる	
76	子どもたちの内面の力を絵本で育てる		
77	子どもの豊かな心を育てる		
78	子どもの気持ちを大切にする		
79	心の成長につなげる		
80	子ども自身が絵本を通して成長できるようにする		
81	つぶやきや発言を受け止める	読みあう時間における保育者と子どもとのやりとり（心の通じ合い）に対する配慮	子どもと保育者、子ども同士の共感・共有
82	子どものつぶやきや感情に寄り添う		
83	子どもの疑問に思うことを考える		
84	子どもの声（言葉）を拾う		
85	言葉のキャッチボールをする		
86	声をかける		
87	読んでいる時に相づちをうつ		
88	1対1の関わりを大切にしている		
89	楽しい時間を過ごせるようにしている		
90	大好きな大人が絵本を読んでくれる時間になるようにする		
91	幸せな気持ちを大切にする		
92	子どもたちの感じたことを大切にする		

309

	第1分類	第2分類	第3分類（カテゴリー名称）
93	繰り返し読んで欲しいという要求に応える	読みあう時間における子どもとのやりとり（心の通じ合い）への配慮	子どもと保育者、子ども同士の共感・共有
94	気持ちを交わせるようにしている		
95	保育者が絵本に出てくる内容とおもちゃやモビールなどを指差しながら読む		
96	子ども同士のやりとりを大切にする		
97	内容を互いに楽しみ合う		
98	心を通い合わせる		
99	登場人物の心情を伝え合う		
100	子どもたちと話しをしながら読む		
101	子どもたちとの会話の中で楽しむ		
102	子どもたちと夢中になるほど読む		
103	絵本の内容を確認しない		
104	目を合うようにしている		
105	共感し合う時間を大切にする	子どもに対する共感	
106	通じ合えたと感じることを大切にする		
107	通っているものがある		
108	気持ちを通じ合わせる時間にする		
109	雰囲気や気持ちでつながる		
110	子どもに共感する		
111	また読みたいという子どもの気持ちを大切にする	子どもに対する共感	
112	子どもの感情を大切にする		
113	子どもの関心を受け取る		
114	子どもと一緒に考える		
115	子どもと一緒に楽しむ時間を大切にする	子どもと保育者が一緒に楽しむ	
116	友達と顔をあわせる	友達との共有	
117	友達と一緒に行動する		
118	楽しみながら読む		
119	大人や友達と楽しむ		
120	保育者も一緒に楽しむ	子どもと保育者が一緒に楽しむ	
121	みんなで楽しむ		
122	微笑み合うことを楽しむ		
123	一緒に見る		

巻末資料

	第1分類	第2分類	第3分類（カテゴリー名称）
124	一緒にドキドキする		
125	喜びを共有する		
126	共有する経験を大切にする	子どもとの共有	
127	子どもと共有する		子どもと保育者、子ども同士の共感・共有
128	コミュニケーションを大切にする		
129	相手に対しての信頼関係を築く		
130	子どもの気持ちに共感する言葉がけを大切にする		
131	似た場面を口ずさむ		
132	一緒に口ずさむ		
133	言葉を真似る	子どもとのコミュニケーション	
134	子どもにとって自分だけの特別な時間を過ごす		
135	保育者と二人の時間を過ごす		
136	保育者と関わりたい気持ちを大切にする		
137	スキンシップへの配慮		
138	肌や声で触れ合うことを大切にする		
139	子どもが発見できるようにする		
140	子どもの発見を大切にする		
141	子どもたちの気づきを大切にする	子どもの発見に対する保育者の視点	子どもに対する保育者の気づきや関わり
142	子どもが絵本の面白さに気づくようにする		
143	子どもが面白い発見をする		
144	子どもが新しい発見を大切にする	子どもの発見に対する保育者の視点	子どもに対する保育者の気づきや関わり
145	子どものアイデアをつなげる		
146	子どもの発想を大切にする		
147	子どもへの理解を大切にする	子どもの発想に対する保育者の視点	
148	子どもがどのような意識なのかを大切にする		
149	絵本に読んで欲しい気持ちを大切にする		
150	絵本に関連する子どもの行動を見落とさない		
151	子どもが絵本から気づいた気持ちを保育者が見逃さないようにする	子どもの気持ち・行動に関する保育者の関心	子どもに対する保育者の気づきや関わり
152	子どもが言葉を覚えていることに気づく		
153	子どもの絵本を見る視点の変化に気づく		
154	反応の違いに気づく		

311

	第1分類	第2分類	第3分類（カテゴリー名称）
155	気づかないようなものを見つける	子どもの気持ち・行動に関する保育者の関わり	子どもに対する保育者の気づきや関わり
156	子どもの表情を大切にする		
157	子どものしぐさを大切にする		
158	保育者が気づいて関わる		
159	子どもの興味を受け取る		
160	気持ち（反応）を大切に受け止める		
161	読んであげたいという気持ちを持って関わる		
162	保育者が読んであげたいという気持ちになる		
163	共感を求める子どもに答える		
164	子どもが安心感を持つ		
165	目に見えないものを楽しむようにしている	子どもと一緒に目に見えないものを楽しむ	子どもの想像世界に対する理解
166	絵本の世界の見えないものを想像する中で交遊する		
167	子どもが絵本の主人公との類似点を大切にする	子どもが絵本の主人公との類似点を大切にする	
168	現実世界との類似点を大切にする	現実世界でも楽しめる	
169	現実世界に応用する		
170	絵本の世界に手紙を書く	絵本の世界に手紙を書く	
171	絵本の世界から手紙をもらう	絵本の世界から手紙をもらう	
172	絵本の世界に入っていけるようにする	子どもと一緒に絵本の世界に入る	
173	一緒に絵本の入り口に立つ		
174	絵本の世界の入口を探す		
175	子どもたちと一緒に絵本の世界に入る		
176	絵本のお話の世界に足を踏み入れるようにする		
177	想像するきっかけを作る		
178	子どもの感性や想像を感じるようにする		
179	子どもたちの想像の世界を広げる	想像の世界を共有する	子どもの想像世界に対する理解
180	絵本の世界に関し、子どもたちと想像を膨らませる		
181	想像の世界のイメージを共有する		
182	子どもたちと絵本のファンタジーの世界を楽しむ		
183	ファンタジーの世界を共有する		
184	現実と空想の世界を行ったり来たりする世界を共有する		
185	新たな世界の扉が開く		

312

巻末資料

	第1分類	第2分類	第3分類（カテゴリー名称）
186	絵本によって子どもに生まれた芽を保育者が太陽となり、雨　時には肥料となって支える	絵本によって子どもに生まれた芽を保育者が太陽となり、雨、時には肥料となって支える	
187	保育者自身の感性を磨く	保育者自身の感性を磨く	保育者の資質・教養の向上
188	具体的なイメージを持つ	具体的なイメージを持つ	
189	保育者自身が絵本を好きである		
190	保育者自身が絵本を楽しめるようになる	保育者自身が読みあう活動へ興味や関心	
191	心から楽しむようにする		
192	保育者自身が選び良い絵本や文化と出会う努力をする		
193		絵本の選択に配慮する	
194	ねらいや目的を持って絵本を選ぶ	ねらいや目的を持って絵本を選ぶ	
195	言葉のきれいなものを選ぶ	言葉に配慮した絵本選択	読みあう状況・環境に対する配慮
196	繰り返しのあるものを選ぶ		
197	心の栄養となる絵本を選ぶ	絵本の内容が子どもに読まれる気持ちへとつながる絵本選択	
198	優しい気持ちになれるものを選ぶ		
199	乱暴だったり、意地悪な気持ちにならないものを選ぶ		
200	美しいと感じられるものを選ぶ		
201	絵がきれいなものを選ぶ	絵本の内容が子どもに育まれる気持ちへとつながる絵本選択	
202	保育者自身が面白いと感じたものを選ぶ		
203	保育者の心に響いたものを選ぶ		
204	絵本の世界に入っていけるように絵本選びをする		
205	ワクワクするものを選ぶ		
206	想像世界が広がるものを選ぶ		
207	面白いと感じられるものを選ぶ	子どもの心情・感情に配慮した絵本選択	
208	身近なところから別の世界へ入れるものを選ぶ		
209	身近に見て感じたものや興味を持ったものにつながる絵本を選ぶ		
210	子どもが感情移入できる絵本を選ぶ		
211	楽しみを共有できる絵本を選ぶ		
212	月齢・年齢に合わせた絵本を選ぶ	子どもを見つめた保育の視点からの絵本選択	読みあう状況・環境に対する配慮
213	子どもの発達に合わせた絵本を選択する		
214	薦めてもらった絵本は必ず読む		
215	古典のものを選ぶ		

	第1分類	第2分類	第3分類(カテゴリー名称)
216	個人の好みの絵本を知る		
217	動物や食べ物、乗り物の絵本を選ぶ		
218	食べ物をテーマとした絵本を選ぶ		
219	生活とつながる場面を選ぶ	生活とのつながりからの絵本選択	
220	連想できるような場面の絵本を選ぶ		
221	子どもたちの身の回りのことについて書かれている絵本を選ぶ		
222	子どもたちにわかりやすい内容を選ぶ		
223	行事に合わせて絵本を選ぶ		
224	季節に合う絵本を選ぶ	季節・天気に合わせた絵本の選択	
225	天気によって選ぶ		
226	読みたいと思える絵本		
227	子どもの気に入った絵本を読む	子どもが読みたい絵本の選択	
228	子どもが興味を持った絵本を選ぶ		
229	環境に配慮する		
230	環境づくりを大切にする	読みあう環境への配慮	
231	静かな環境で読む		
232	落ち着いた状況(気持ち)を整える	読みあう環境に対する配慮	
233	絵本を読む時間があたたかいと思える環境を作る		
234	読む場所を考える		
235	読むスペースに配慮する	読みあう場所に対する配慮	
236	膝の上に座らせる		
237	隣に座ったり、向かい合わせて読む		
238	1対1で読む		
239	人数少人数で読む	読みあう人数に対する配慮	
240	人数を少なくする		
241	集団で読む		
242	一日一回は読む	一日一回は読む	
243	絵本がおもちゃにならないようにする	絵本を読む事に誘いかける	
244	絵本を読む事に誘いかける		
245	気持ちを切り替えるために読む	気持ちを切り替えるために読む	
246	立つ位置に配慮する		
247	近すぎない距離で読む		

314

巻末資料

	第1分類	第2分類	第3分類（カテゴリー名称）
248	座る位置に配慮している	読みあう位置に対する配慮	読みあう状況・環境に対する配慮
249	絵本の持ち方（位置）に配慮している		
250	見えやすい位置で読む		
251	聴こえやすい工夫をする	聴こえる環境を整える	
252	子どもの様子を意識しながら読む	子どもの様子を意識しながら読む	
253	興味を深める時間を大切にする	興味を深める時間を大切にする	
254	自然や不思議なことを調べられるようにする	絵本の配置・設置に対する配慮	
255	数冊室内に用意する		
256	自由に絵本を取れるようにする		
257	子どもたちの見えるところに絵本を設置する		
258	絵本棚に工夫する		
259	絵本コーナーを作る		
260	絵本に出てくる装飾をする	絵本に出てくる装飾をする	読みあう活動中の雰囲気づくり
261	絵本の大切さを繰り返し伝える	絵本の大切さを繰り返し伝える	
262	子どもの気持ちを落ち着かせる	子どもに安心感を実感させる	
263	落ち着いた雰囲気作りをする	落ち着いた雰囲気を作る	
264	保育者のぬくもりを感じさせる	保育者のぬくもりを感じさせる	
265	空気を大切にする	空気を大切にする	
266	感想を聞かないようにする	感想を聞かないようにする	
267	保育者の持っているイメージを押しつけない	保育者の思いやイメージを押しつけない	
268	保育者の思いを押しつけようとしない		
269	余韻たっぷり余韻に浸る	余韻への配慮	読みあう活動後の雰囲気づくり
270	余韻を残しながら読む		
271	読んだ後に子どもから話しをする	読み終えた後の子どもと保育者との対話	
272	読み終わってから絵本の内容をつぶやく		
273	思いついたことを聞く		
274	生活につなげる	日常生活へつなげる	
275	散歩につなげる		
276	食育につなげる		

315

	第1分類	第2分類	第3分類（カテゴリー名称）
280	遊びに活かす		
281	遊びにつなげる		
282	遊びを一緒に楽しむ		
283	遊びへと気持ちを向ける	絵本の世界を遊びへつなげる	
284	絵本を遊びにつなげる提案をする		読みあう活動と日常生活をつなげる
285	絵本の模倣遊びをする		
286	ごっこ遊びに展開する		
287	絵本の場面を真似る		
288	子ども主体で絵本活動を楽しむ	絵本の世界を表現する	
289	表現することを大切にする		
290	絵本から得られた子どもの思いを表現できるようにする		
291	製作物で表現する		
292	関連した物を作って楽しむ	製作物やおもちゃで絵本で得た体験を表現する	
293	おもちゃで再現する		
294	おもちゃで表現する		
295	ロンディーやモザイクステックで表現する		
296	ラキューで表現する	絵本で見た体験を現実でやってみる	
297	積み木コーナーで表現する		
298	絵本の世界をクッキングで表現する		
299	絵本で見た体験を現実でやってみる		読みあう活動と日常生活をつなげる
300	絵本の内容に関する遊びの時に、その話に合う言葉がけをする	絵本に出てきた言葉や場面を日常生活の中で表現する	
301	日常生活のものを絵本に出てくる人物、ものにたとえるようにしている		
302	絵本の中に出てくるものを見つける		
303	何気ないやりとりに絵本の一節を入れる		
304	保育者と子ども、または子ども同士で絵本の台詞を生活の中で言う		
305	絵本に関して保護者とのコミュニケーションをとる	絵本に関して保護者とのコミュニケーションをとる	
306	保護者に絵本を紹介する		
307	保護者に絵本を知ってもらう		
308	月刊絵本を家庭でも共有できるようにしている	絵本を通じて家庭へ働きかける	
309	親子で絵本を読む時間を設定する		

巻末資料

	第1分類	第2分類	第3分類(カテゴリー名称)
310	絵本の貸し出しをする		読みあう活動を家庭へつなげる
311	保護者へおたよりを発行している		
312	保護者へ絵本のあらすじを紹介する	読みあう活動時の子どもたちの姿を保護者へ伝える	
313	絵本を読んでいる子どもたちの反応を紹介する		
314	絵本を読んだ子どもたちの反応から見所や裏話を紹介		
315	絵本ノートの活動を行う		
316	家で絵本を楽しむ様子ややりとりを記録する	家庭における読みあう活動を薦める	
317	丁寧な記録をする		

317

索　引

あ　行

アイスブレーカー　88
愛着形成　26
青本　3
『赤い鳥』　5
赤本　3
遊びの援助　97
アンケート　91
育児　22
一要因分散分析　185
一斉保育　34
巌谷小波　3
内田老鶴圃　6
エヴァンス，エドモント　2
エピソード記録　86
えほん育児学　16
絵本　i
　——とあそびの年間計画　111
　——の扱い方　101
　——の貸し出しシステム　112
　——の紹介　101
　——ノート　111
　——の読み方　101
絵巻物　3
園外研修　91
園内研修　88
『幼子のオペラ』　2
おたより　112
お伽画貼　3
『おとぎの世界』　5
お伽噺　2
お話し会　30
親と子の20分間読書　9

か　行

カウンセリングマインド　96
『科学絵本』　5
家事　22
語りかけ　73
家庭教育　5
　——手帳　30
　——ノート　30
カリキュラム　37
環境構成　97
玩具　2
慣習　17
感情　ii, iv
聞き手　13
聞く力　39
黄表紙　3
キャリア発達　98
教育基本法　82
教員公務員特例法　82
共通体験　40
『金の船』　5
空間把握能力　11
空想・ふれあい　76
寓話　33
草双紙　3
クリエイティヴ・カリキュラム　45, 49
グループ学習　160
クレイン，ウォルター　2
黒本　3
経験　ii
経済協力開発機構　80
計算能力　11
言語習得　27
言語スキル　27
言語能力　11

319

『研修ハンドブック』 85
語彙力 39
公益財団法人全日本私立幼稚園幼児教育研究
　　　機構 91
合巻 3
講義形式 89
口碑伝説 3
口話 4
国際行動発達学会 77
子育て支援 96
ごっこ遊び 49
言葉 iv
　　──かけ 73
子ども i
　　──・子育て支援給付 81
　　──読書年 29
　　──の管理危機 96
　　──の読書の推進活動計画 31
　　──の発達 97
　　──を一人も落ちこぼれにしないための
　　　2001年法 53
『コドモアサヒ』 5
『コドモノクニ』 5
『子供の友』 5
『こどものとも』 7
コミュニケーション 16
コミュニティ 26
コメニウス 1
コールデコット，ランドルフ 2
コンピテンシー 81

さ 行

災害発生時の対応 96
思考力 39
自己肯定感 39
自己点検・自己評価 96
実話 33
指導計画 42
児童出版美術 5
児童出版物 5
児童書 i

児童福祉法 81
児童文学 4
社会情緒領域 79
社会性 79
社会的スキル 79
自由運動主義 5
就学前教育カリキュラム（Lpfö98） 45
自由主義教育運動 6
修身的・教訓的保育 33
集団 ii, 80
　　──訓練 34
縦断研究 78, 210
集中力 39
手技 33
情愛的関係 18
唱歌 33
障害児保育 96
情操 4
食育 96
職員の資質の向上 83
身体的発達 45
信頼関係 39
神話 33
スキンシップ 16
図形認識能力 11
素話 4
性格特性 24
生活体験 ii
『世界図絵』 1
説話 3
0歳児健診 10
全米乳幼児保育協会 45, 47
　　──の認証システム 45
早期学習目標 45
相互作用 iii
創作物語 3
想像 ii
　　──力 20
　　──力・創造力 21
創造 ii
　　──的発達 45

索　引

た　行

大正自由教育運動　5
大正デモクラシー　5
対人的・文化的交流　27
談話　4, 33
チームワーク　88
中央教育審議会答申　28
追体験　40
トイ・ブックス　2
東京女子高等師範学校　5
導入　42
童美連　→日本児童出版美術連盟
童謡　2
読書運動　9
読書基金（Stiftung Lesen）　31
読書量　24
読解力　23

な　行

奈良絵本　3
ニーズ　v
日本児童出版美術連盟　5
人間関係　23

は　行

働きかけ　73
発達的ニッチ　17
初山滋　5
パネルシアター　96
『母の友』　7
場面づくり　42
反社会的問題行動　79
ヒアリング　91
非言語的な反応　40
ビデオカンファレンス　89
ビデオ記録　86
ヒト・モノ・コト　iv, 113
表現活動　39
福音館書店　7
ブックスタート　10

――支援センター　11
――バック　10
物理社会的環境　17
フレーベル会　33
ブレーンストーミング　71
文化的環境　17
米国国立小児保健衛生研究所　51, 78
ヘッドシップ　98
保育カリキュラム　44
保育環境評価スケール　44, 45
保育記録　96
保育技術　168
保育実技演習　87
保育実践記録　57
保育者　i
　　――研修　81
　　『――研修の進め方ガイド』　88
　　――としての資質向上研修俯瞰図　85
『保育所保育指針』　ii, 33
保育制度　80
保育の質　77
保育のねらい　iii
保育方法　i, iii
保育マネージメント　98
『保育要領――幼児教育の手引き』　34
『ボウボウアタマ』　2
保護者からのクレーム対応　97
ホフマン，ハインリッヒ　2
ボランティア　18
堀内徹　10

ま　行

民主主義　5
昔話　3
椋鳩十　9
物語　ii
　　――理解　23
文部科学省　31

や　行

柳田国男　4

321

遊嬉　33
幼・保・小の連携　96
養育者　17
養育者向けガイド　18
幼児期の教育　82
幼児教育振興アクションプログラム　83
幼児教育の改善・充実調査研究　88
『幼稚園教育要領』　ii, 33
幼稚園保育及設備規程　33
幼稚園令　34
幼稚園令施行規則　34
読みあい　i, 14
読みあう　14
読みあう活動　i
　——に関する保育者研修プログラム第1版　105
　——に関する保育者研修プログラム第2版　158
読み書き能力　11
読み語る　16
読み聞かせ　i
　——効果モデル　25
　——の日　31
読み手　13

ら行

ライフコース　98
ライフサイクル　98
リーダーシップ　98
リテラシースキル　26
リフレクション　87
労働環境　80

労働条件　80
ロールプレイ　89

欧文

Bonferroni　196
Competence Requirements in Early Childhood Education and Care　80
Developmentally Appropriate in Early Program　48
Dialog reading　53
ECERS-R（Early Enviroment Rating Scales-Revised Education）　49
ELG（Early Learning Goal）　→早期学習目標
EPPE（Effective Preschool and Primary Education）　78
ISSBD（International Society for the Study of Behaivioural Development）　→国際行動発達学会
ITERS-R（Infant and Toddler Environment Rating Scale-Revised Edition）　49
KJ法　71
NAEYC　→全米乳幼児保育協会
NCLB法　→子どもを一人も落ちこぼれにしないための2001年法
NICHD　→米国立小児保健衛生研究所
NPOブックスタート　11
OECD　→経済力開発機構
SPSS11.5　61
STARプロジェクト　79
What Works Clearinghouse　53
WWC　→What Works Clearinghouse

著者紹介

仲本美央（なかもと・みお）
 1973年生。
 1996年 北海道教育大学教育学部幼稚園教員養成課程卒業。
 1998年 北海道教育大学大学院教育学研究科学校教育専攻学校教育専修修士課程修了。教育学修士。
 2014年 筑波大学大学院人間総合科学研究科ヒューマン・ケア科学専攻博士3年制課程修了。博士（学術）。
 現　在 淑徳大学総合福祉学部准教授。
 主　著 『子育て支援と保育ママ——事例にみる家庭的保育の実際』（共編）ぎょうせい，2011年。
   『子ども支援の現在を学ぶ——子どもの暮らし・育ち・健康を見つめて』（共編）みらい，2013年。
   『絵本でつくるワークショップ——体感しよう絵本の世界』（共著）萌文書林，2014年。

絵本を読みあう活動のための保育者研修プログラムの開発
——子どもの成長を促す相互作用の実現に向けて——

2015年4月20日　初版第1刷発行　　〈検印省略〉

定価はカバーに
表示しています

著　者　　仲　本　美　央
発行者　　杉　田　啓　三
印刷者　　中　村　勝　弘

発行所　株式会社　ミネルヴァ書房
607-8494 京都市山科区日ノ岡堤谷町1
電話代表　(075)581-5191
振替口座　01020-0-8076

© 仲本美央，2015　　　　　　　中村印刷・新生製本

ISBN978-4-623-07328-3
Printed in Japan

保育者と学生・親のための乳児の絵本・保育課題絵本ガイド

福岡貞子・礒沢淳子 編著
B5判／164頁／本体1800円

多文化絵本を楽しむ

福岡貞子・伊丹弥生・伊東正子・池川正也 編著
B5判／132頁／本体1800円

ベーシック絵本入門

生田美秋・石井光恵・藤本朝巳 編著
B5判／234頁／本体2400円

大人が子どもにおくりとどける40の物語

矢野智司 著
四六判／296頁／本体2400円

──────── ミネルヴァ書房 ────────
http://www.minervashobo.co.jp/